Guillén Landrián
o el desconcierto fílmico

Guillén Landrián
o el desconcierto fílmico

Julio Ramos
Dylon Robbins (eds.)

Almenara

Consejo Editorial

Luisa Campuzano   Waldo Pérez Cino
Adriana Churampi   Juan Carlos Quintero Herencia
Stephanie Decante   José Ramón Ruisánchez
Gabriel Giorgi   Julio Ramos
Gustavo Guerrero   Enrico Mario Santí
Francisco Morán   Nanne Timmer

© los autores, 2019
© Almenara, 2019

www.almenarapress.com
info@almenarapress.com

Leiden, The Netherlands

ISBN 978-94-92260-34-5

Imagen de cubierta: © W Pérez Cino, 2019

All rights reserved. Without limiting the rights under copyright reserved above, no part of this book may be reproduced, stored in or introduced into a retrieval system, or transmitted, in any form or by any means (electronic, mechanical, photocopying, recording or otherwise) without the written permission of both the copyright owner and the author of the book.

JULIO RAMOS | DYLON ROBBINS
Prólogo a Guillén Landrián 7

GRETEL ALFONSO
Regresar a La Habana con Guillén Landrián. Entrevista 21

I. EL ARCHIVO A CONTRAPELO

JUAN ANTONIO GARCÍA BORRERO
Nicolás Guillén Landrián: el fantasma del café 37

DEAN LUIS REYES
Exhumaciones de Nicolás Guillén Landrián 47

RAFAEL ROJAS
Documentos en la sombra. Asedios al texto
fílmico de Nicolás Guillén Landrián 59

MANUEL ZAYAS
Cine, archivo y poder. Entrevista 71

II. EL DESFASE RACIAL

JULIO RAMOS
Guillén Landrián: cine, poesía y locura 85

ODETTE CASAMAYOR-CISNEROS
Espejos: mirando al negro en el mirar
de Nicolás Guillén Landrián 109

ANNE GARLAND MAHLER
«Todos los negros y todos los blancos y todos tomamos café». Raza y desigualdad laboral en *Coffea Arábiga* de Nicolás Guillen Landrián 127

JORGE LUIS SÁNCHEZ
Nicolás Guillén Landrián en la historia del documental cubano. Entrevista 149

III. LA INTERVENCIÓN EXPERIMENTAL

RAYDEL ARAOZ
Baracoa. Una trilogía de la montaña 165

RUTH GOLDBERG
El extraño caso de *Reportaje* (1966). Historiografía y políticas de la duda en los filmes de Nicolás Guillén Landrián . . . 185

OLGA GARCÍA YERO
Guillén Landrián. Fundador de imágenes 199

LIVIO DELGADO
Filmar con Guillén Landrián. Entrevista 213

IV. LA MEDIACIÓN TECNOLÓGICA

DYLON LAMAR ROBBINS
Ruido 225

ERNESTO LIVON-GROSMAN
Nicolasito's Way: los sinuosos caminos de la estética revolucionaria 251

JUAN CARLOS RODRÍGUEZ
De la ciudad como rutina a la ciudad como proceso productivo. La Habana de los años sesenta en los documentales de Nicolás Guillén Landrián 267

JESSICA GORDON-BURROUGHS
Muted: La vida digital de Nicolás Guillén Landrián 285

Filmografía de Nicolás Guillén Landrián 297

De los autores 299

Prólogo a Guillén Landrián

Julio Ramos | Dylon Robbins

Habían pasado casi treinta años desde la expulsión de Guillén Landrián del ICAIC en 1972 cuando varios de sus documentales experimentales volvieron a resonar en el Cine Chaplin de La Habana, recuperados en la primera Muestra de Jóvenes Realizadores celebrada en el año 2000. La segunda Muestra de Realizadores reincidió con una retrospectiva más completa en 2003, ubicando al cineasta proscrito en el centro de los debates sobre las políticas de la forma y las instituciones del cine en Cuba. Los testimonios recogidos por Yaima Leiva Martínez (2015) sobre el relieve que cobran sus documentales experimentales entre los cineastas y críticos formados durante el llamado Periodo Especial de los años noventa consignan el *estremecimiento* que producen los filmes iconoclastas de Guillén Landrián cuando se vuelven a ver (como por «primera vez») en el Cine Chaplin, tras casi tres décadas de invisibilidad y silenciamiento en los archivos del ICAIC.

Los trabajos de Guillén Landrián estremecen, en efecto, la percepción habitual de las cosas y de los cuerpos. En la medida en que transforman el horizonte de las formas reconocibles –sus marcos genéricos, sus principios de coherencia y continuidad–, estos documentales impactan no sólo los sentidos sino también las categorías normativas, instituidas, del régimen cinemático en su relación más íntima con el gobierno de la vida. Su obra es relativamente breve y aparentemente «menor»: consta de varios cortometrajes documentales producidos entre 1962 y 1972, de los cuales se conocen copias de *En un barrio viejo* (1963), *Un festival* (1963), *Ociel del Toa* (1965), *Los del baile* (1965),

Retornar a Baracoa (1966), *Reportaje* (1966), *Coffea Arábiga* (1968), *Desde La Habana ¡1969! Recordar* (1970), *Taller Claudio A. Camejo Línea y 18* (1971) [también conocido como *Taller de Línea y 18*], *Un reportaje sobre el puerto pesquero* (1972), *Nosotros en el Cuyaguateje* (1972) y *Para construir una casa* (1972). Unos años antes de su muerte hizo *Inside Downtown* (2001), codirigida con Jorge Egusquiza en La Florida.

Aun cuando el peso político de la censura a Guillén Landrián a partir de 1972 –luego de un primer encarcelamiento en Isla de Pinos entre 1965 y 1966– ha sido reconocido y denunciado dentro y fuera de Cuba[1], son muy escasos los estudios críticos sobre sus documentales. También han sido escasas las investigaciones que contribuyan a elucidar algunos aspectos poco conocidos de su vida, de su compleja relación con la Revolución, su aparente marginalidad y su relación con las comunidades cubanas y latinas en los Estados Unidos. Incluso su relación con el afrocubanismo y con los debates sobre el racismo en la historia cubana –oblicuamente presentes en sus documentales– se han estudiado muy poco (al respecto, véanse en este volumen los trabajos de A. G. Mahler, J. Ramos y D. L. Robbins, además de la entrevista a J. L. Sánchez).

Tal como insiste una de las conocedoras más agudas de su obra, su viuda, Gretel Alfonso –quien lo acompañó durante sus últimos quince años de vida, desde el destierro de Cuba en 1989 hasta su muerte en Miami en el 2003–, Guillén Landrián siempre se consideró un revolucionario, demasiado radical e iconoclasta para convivir con los poderes de turno, ya fuera en Cuba, Miami o Nueva York (véase la entrevista a G. Alfonso incluida en este volumen). Apenas se conocen unos pocos de los centenares de cuadros y dibujos que Guillén Landrián hizo a lo largo de su vida, o su poesía, que permanece inédita casi en su totalidad.

---

[1] Véase por ejemplo la aproximación a Guillén Landrián que propone Lillian Guerra (2012) en el contexto más amplio de *Visions of Power in Cuba. Revolution, Redemption, and Resistance 1959-1971*, especialmente 341-351.

Si pensamos que el acontecimiento Guillén Landrián –inseparable de las revisiones históricas que suscita esta obra– es posiblemente tan significativo para la historia cultural de las últimas dos décadas como lo fue la censura en el «caso *PM*» para la década del sesenta y luego el «caso Padilla» para la del setenta, tendremos una mejor idea de la energía desatada por aquella primera Muestra de Jóvenes Realizadores en La Habana, presidida por un crítico y gestor clave, Juan Antonio García Borrero, quien ya en los años noventa había introducido algunos trabajos de Guillén Landrián en el excepcional espacio camagüeyano de El Almacén de la Imagen. Es decir, la Muestra del 2000 tenía algunos antecedentes que conviene recordar. Las proyecciones en El Almacén de la Imagen dieron lugar a las primeras discusiones «públicas» sobre Guillén Landrián a mediados de los noventa, estimuladas también por la insistencia de cineastas como Jorge Luis Sánchez –primero en la Asociación Hermanos Saíz y luego en el ICAIC– contra el silenciamiento casi absoluto de su obra en el medio y en la historiografía del cine cubano.

Ya para entonces ambos, García Borrero y Jorge Luis Sánchez, conocían seguramente el extraordinario artículo de un crítico sagaz, Juan Antonio Évora, quien en 1989 había escrito que *Coffea Arábiga* (1968) de Guillén Landrián era el documental más importante que había salido de los laboratorios del ICAIC[2]. La ironía de Évora es contundente: el artículo se titulaba «Santiago Álvarez y el documental», pero destacaba la importancia de Guillén Landrián y de Sara Gómez, cuyos documentales casi no habían recibido atención crítica hasta la fecha del trabajo de Évora, un ensayo escrito para el catálogo de una retrospectiva de cine de la Revolución coordinada por el investigador brasileño Paulo Antonio Paranaguá en el Centro Pompidou de París. La ironía llegaba por partida doble, notable: primero, por la mención

---

[2] «Si me preguntaran cuál es para mí el mejor documental salido de los laboratorios del ICAIC durante estos treinta años, respondería seguramente que *Coffea Arábiga* de Nicolás Guillén Landrián» (Évora 1989: 130).

prominente de Guillén Landrián (y también de Sara Gómez) en un ensayo sobre Santiago Álvarez, y segundo, porque *Coffea Arábiga* era un filme censurado que no se había mostrado públicamente en Cuba desde su producción en 1968. Un documental realizado por un cineasta proscrito quien –desde el momento de su expulsión del ICAIC en 1972 hasta su exilio en Miami en 1989– había sufrido cerca de quince años de encarcelamiento, internamientos psiquiátricos y múltiples tratamientos de electrochoque.

A su vez, el éxito de las proyecciones durante la Primera Muestra de Jóvenes de Realizadores, a la que le siguió una retrospectiva más completa en la segunda edición, presidida por J. L. Sánchez en 2003, tiene una relevancia política que desborda las interpretaciones y las gestiones anteriores. Ambas ediciones de la Muestra ubicaron el cine de Guillén Landrián en el corazón de una revisión mayor de la historia y de los archivos custodiados del cine cubano, propiciando un cambio radical en las prácticas, poéticas y modos de producción de un «nuevo» cine documental en la década del 2000 (véase el ensayo de Rafael Rojas en este volumen). Tal revisión histórica es uno de los correlatos de la perplejidad y el desconcierto que producen los documentales cuando vuelven a ser vistos «por primera vez», ahora en el marco de un debate sobre la relación entre arte, Estado y censura, que renovaba las discusiones estético-políticas sobre la experimentación formal, algo que varios cineastas y críticos de la nueva generación identificaban con los trabajos de las neovanguardias y los legados de las vanguardias históricas. Gustavo Pérez Fernández, cineasta de Camagüey, recuerda por ejemplo que durante la Muestra del año 2000 vio «casi la totalidad de la obra en el formato en que habían sido concebidas y en la sala más paradigmática de nuestro país: el cine Chaplin. De allí salí con la impresión de haber asistido al descubrimiento de la vanguardia del audiovisual cubano» (Leiva Martínez 2015: en línea). Raydel Araoz, cineasta y escritor, le comenta a Leiva Martínez «el impacto que sentí con sus obras *Coffea Arábiga*, *Desde La Habana*

¡1969! Recordar, y *Taller de Línea y 18*; estos fueron los primeros documentales que vi de él, en un momento en que, deslumbrado con la experimentación vanguardista y neovanguardista que había ocurrido fuera de la isla, comencé a buscar referentes nacionales» (2015: en línea). En otra entrevista, Dean Luis Reyes, crítico, docente y programador de cine –cuyas investigaciones han sido un referente imprescindible de aquella misma generación de cineastas alternativos inspirada en parte por el redescubrimiento de Guillén Landrián a comienzos del siglo– recuerda las primeras impresiones que le produjeron los filmes:

> cuando se vieron juntos *Coffea Arábiga, Desde La Habana ¡1969! Recordar, Taller de Línea y 18*, más todo lo demás [...] un golpe directo al mentón, y la marca se empezó a ver al año siguiente [...] Recuerdo que el día que se puso *Desde La Habana ¡1969! Recordar* en el Chaplin en 35 mm, había un silencio que no se oía ni una mosca. Alguien que estaba sentado delante de mí en la luneta se viró y me dijo «después de esto la historia del cine cubano no es igual». Era Manuel Iglesias, un editor cubano. Recuerdo que después conversamos en otro lugar, y yo le decía que toda la historia nos la habían contado mal, le faltaba una pieza básica, decisiva... Guillén Landrián. Incluso, él me decía, «ahí está *Memorias del subdesarrollo*, ahí está Santiago Álvarez».[3]

Aquellas proyecciones de los documentales de Guillén Landrián y las discusiones suscitadas por las Muestras de Jóvenes Realizadores en el 2000 y 2003 estimularon los dos primeros trabajos decisivos que contribuyeron a la identificación del *corpus* fílmico de Guillén Landrián y del nuevo contexto polémico en que emergen o participan las interpretaciones posteriores de sus filmes. Nos referimos, primeramente, a las investigaciones de Manuel Zayas en las bóvedas del ICAIC –un trabajo de archivo que conllevó además un *transfer*

---

[3] Entrevista con Julio Ramos (2012). Parte de la misma entrevista se publicó en Ramos 2013, pero la parte sobre Guillén Landrián ha quedado inédita.

en telecine de los materiales disponibles durante la pre-producción del extraordinario documental sobre el proceso creativo de Guillén Landrián, *Café con leche*, la polémica tesis de grado de Manuel Zayas en la Escuela Internacional de Cine y TV en 2003. Hacia esa misma fecha, poco después de las primeras dos Muestras de Jóvenes Realizadores, Dean Luis Reyes escribe *Contra el documento* (2005), un polémico ensayo-manifiesto que establece los términos del debate crítico contra el canon documentalista habitualmente identificado con la figura de Santiago Álvarez. El ensayo, un comentario sobre el «nuevo» documentalismo del Periodo Especial, ejemplificado por los trabajos de Gustavo Pérez, Jorge Luis Sánchez y Cremata, no discute explícitamente la obra censurada de Guillén Landrián. Sin embargo, *Contra el documento* apareció con una dedicatoria *A Nicolasito Guillén Landrián*, gesto que inscribe ya la revisión radical de la historia de las formas documentales que motivará unos años después el segundo libro de Reyes, *La mirada bajo asedio* (2010), que contiene el trabajo más importante que se ha escrito sobre Guillén Landrián, «El iluminado y su sombra», un recuento de la trayectoria fílmica del realizador donde Reyes elabora su influyente hipótesis sobre el *documental reflexivo* de Guillén Landrián. De modo que tanto el filme de Zayas, *Café con leche*, como la revisión histórica que propone Reyes fueron puntos de partida decisivos en los debates sobre el cine alternativo o independiente en Cuba, lo que da una idea de la intensidad que ha tenido el *revival* de Guillén Landrián en el contexto cubano (véanse también en este volumen los trabajos de Reyes y la entrevista a Zayas).

Esta compilación de ensayos y entrevistas incluye contribuciones de varios de los críticos y cineastas cubanos a quienes debemos el redescubrimiento inicial de los documentales de Guillén Landrián (J. L. Sánchez, J. A. García Borrero, O. García Yero, M. Zayas y D. L. Reyes), así como trabajos de otros investigadores que han intervenido posteriormente en el debate. El volumen incluye también valiosos testimonios de Gretel Alfonso y de Livio Delgado, camarógrafo de

Guillén Landrián en cinco de sus primeros documentales (*En un barrio viejo*, *Ociel del Toa*, *Retornar a Baracoa*, *Reportaje*, y también *El Morro*, que al parecer se ha perdido). Estas entrevistas complementan la investigación biográfica de Zayas en *Café con leche*, a la que se sumaron luego otros dos documentales sobre aspectos de la vida de Guillén Landrián en el exilio: *Nicolás: El fin pero no es el fin* (2005), dirigido por Jorge Egusquiza; y *Retornar a La Habana con Guillén Landrián* (2013) codirigido por Raydel Araoz y J. Ramos.

Si bien este libro no responde a una pregunta única ni a un hilo fuerte que busque la «continuidad» de un libro orgánico, lxs lectorxs encontrarán aquí una serie de abordajes a los aspectos formales y los contextos de la experimentación fílmica en el documentalismo de Guillén Landrián. Al coordinar el volumen (entre 2013 y 2017), los editores hemos querido presentar una serie de trabajos analíticos e históricos que den a conocer mejor su obra fílmica. El silenciamiento que sufrió Guillén Landrián en Cuba ha sido objeto de múltiples discusiones y comentarios, pero con frecuencia esas mismas discusiones soslayan la atención específica a sus trabajos.

Nada arbitrarias, las secciones temáticas que organizan el volumen ilustran cuatro categorías clave en las discusiones críticas sobre los trabajos de Guillén Landrián: *archivo, raza, experimentación* y *mediatizaciones*. La primera, «El archivo a contrapelo», considera al director y su obra en relación con su trayectoria histórica y explora las implicaciones de su trabajo en el presente. La segunda, «El desfase racial», sigue los distintos hilos de la negritud que atraviesan sus películas, ya sea como fenómeno formal y estético o como cuestión histórica y temática. En la tercera sección, «La intervención experimental», convergen reflexiones sobre el desplazamiento, la exploración y la experiencia en varios filmes que evidencian un giro antropológico. La cuarta y última sección, «Mediatizaciones», se propone una reconsideración de la relevancia de la relación entre Guillén Landrián y los medios, las tecnologías de inscripción, reproducción y transmisión en sus filmes y sus efectos en la recepción histórica y contemporánea.

Cualquier reconsideración de la producción cinematográfica de Guillén Landrián implica una trayectoria a contrapelo del orden del archivo para seguir un camino contrario a su organización y a sus funciones ambivalentes, articulaciones que consignan una paradoja recurrente: preservar es a veces esconder, proteger se vuelve prohibir, y localizar frecuentemente se iguala a desaparecer. Son movimientos paradójicos que exigen ubicarse a contrapelo de la memoria oficial en búsqueda de esas figuras y formas que, como señala García Borrero, han sido relegadas a un estado «fantasmal» (véase el ensayo de García Borrero en este volumen). Esa condición «fantasmal» resuena en otras referencias a la biografía y la obra de Guillén Landrián, tal como propone Dean Luis Reyes en su análisis de una producción documental de los jóvenes realizadores que estudia, para quienes dialogar con la estética y temática del director proscrito constituye una «exhumación» de *otra* historia del cine cubano, porque la prevaleciente, en palabras de Reyes, «había sido mal contada». Es esta otra historia «mal contada» la que, según Rafael Rojas, ha estimulado a una nueva generación de realizadores jóvenes –y a críticos, como el mismo Dean Luis Reyes– a llevar a cabo una «arqueología» cinematográfica que se identifica con el imaginario documental fundado en las técnicas particulares de Guillén Landrián, tal como demuestra el trabajo de archivo de Manuel Zayas en las bóvedas del ICAIC. Según cuenta Zayas en su entrevista, no sorprende que Julio García Espinosa, cuando aún dirigía la EICTV donde estudiaba Zayas, describiera el trabajo de archivo y el documental *Café con leche* como un intento de «resucitar» a Guillén Landrián. Después de todo, el mismo Guillén Landrián había explorado –a contrapelo– lo que Rojas describe como «la racionalidad modernizadora [del] socialismo del Estado» (véase el trabajo de Rojas en este volumen), el discurso político que sostenía las normas representativas del cine institucionalizado, con articulaciones ejemplares en el género documental, particularmente en la obra de Santiago Álvarez. Tal vez es eso lo que define, por lo menos en parte, su tono, como diría García Borrero, «herético» e «irreverente»; lo que da forma a una política de la representación que desestabiliza la división entre sujeto y objeto del tradicional documental expositivo, tal como observa Reyes en su importante trabajo sobre Guillén Landrián en *La mirada bajo asedio*.

Como nos recuerda Mirta Yáñez, entrevistada en el documental *Café con leche*, Guillén Landrián fue percibido en la década del sesenta no sólo como «desbordado», sino también como marcado por una serie de otros excesos: era «demasiado creativo», «demasiado popular» y «demasiado negro». Junto con Sara Gómez, fue uno de los pocos realizadores negros de aquella primera generación de cineastas cubanos. Además, su nombre anunciaba su parentesco con su tío, el poeta Nicolás Guillén, figura emblemática del enraizamiento vanguardista en las tradiciones afrodiaspóricas desde la publicación de *Motivos de son* (1930). En este orden de ideas, Julio Ramos propone volver a repensar las genealogías del afrocubanismo al abordar la relación entre la poesía y el cine. Es en la cinematización de los objetos audio-visuales de archivo, en su organización formal y temática, donde se articula «una pregunta sobre la relación problemática entre la identidad (la subjetivación) racial y la experimentación» formal en la década de los años sesenta y setenta en Cuba. El peso de la densidad formal de sus filmes le ha permitido, en este sentido, una lectura que se enfoca en lo que el director J. L. Sánchez señala como un aspecto de la obra de Gullén Landrián «absolutamente estetizante, pero no vacuo» porque en su «obra siempre va a emerger su condición racial, su experiencia de vida». Y de hecho, para Odette Casamayor Cisneros esa experiencia de vida se manifiesta en la «intimidad» que caracteriza sus retratos de personajes negros con una cercanía y una familiaridad que interrumpe un uso más paradigmático, «universal» (blanco) del cine como instrumento de objetivación de la otredad o de la negritud, comparable al proyecto incompleto de Pier Paolo Pasolini, *Appunti per un' Orestiade africana* (1970). Para Anne Garland Mahler, en cambio, son las últimas de sus películas las que exhiben una «estética tricontinental», que respondería a una geopolítica tercermundista que sirve al director como un contexto representativo para subvertir el pretexto didáctico del documental cubano y para desarrollar una crítica del legado colonial de la división racializada del trabajo en los proyectos estatales de los sesenta, como la zafra de los diez millones y el cordón de cafetales alrededor de la Habana. Tales son las tensiones formales y sociales que constituyen el desfase racial y sus vicisitudes audiovisuales en Guillén Landrián.

La subversión de los lenguajes cinematográficos prevalecientes coincide con la percepción del realizador como «un bandido cineasta o un cineasta bandido», como lo recuerda el camarógrafo Livio Delgado. Delgado refiere cómo el director comenzaría en el ICAIC como un sujeto «totalmente distinto», «un hippie adelantado», cuyo trabajo inicial fue alabado por el director Julio García Espinosa, Vicepresidente del ICAIC (y por el mismo Alfredo Guevara, su fundador y Presidente). Es en aquella etapa temprana de su obra cuando los gérmenes de la experimentación más elaborada ya comienzan a aparecer, formando parte de una enfática intervención experimental que, según Raydel Araoz en su ensayo para este volumen, se nota ya en los tres filmes que el director había realizado con Livio Delgado en Oriente, la Trilogía de Baracoa: *Ociel del Toa* (1965), *Reportaje* (1966) y *Retornar a Baracoa* (1966). Araoz señala los no tan sutiles deslindes formales en ese periodo, caracterizado por un trabajo de campo con sujetos ante los cuales la cámara se deja seducir por lo que pretende capturar, convirtiéndose en una cámara «hipnotizada» que «baila» con los personajes filmados. Es tal vez por este tipo de gestos que Olga García Yero sugiere que Guillén Landrián «busca develar relaciones subterráneas y distorsionadas», mientras preserva la opacidad de sus sujetos. Con las pocas excepciones de directores como Bernabé Hernández, estas son operaciones formales que, como señala Ruth Goldberg, «contradice[n] la narrativa triunfalista oficial de la época», como por ejemplo el caso de *Reportaje*, cuando «inserta provocadoras escenificaciones, desconcertantes asincronías entre imagen y sonido, música temática, cámara lenta y efectos de sonido dentro de un aparentemente simple "reportaje"». En el último de estos tres filmes, como señala Araoz, hay un mayor uso de materiales audiovisuales de archivo, como la foto fija o las grabaciones de programas de radio, cuando la edición comienza a cobrar una mayor importancia en el desarrollo temático de su trabajo, tal que «se abre a una poética de libre asociación, donde las imágenes se suceden no por la secuencialidad lógica del discurso sino por asociaciones analógicas que le otorgan una visualidad ecléctica y alucinada».

Es, además, a través de las tecnologías mediáticas que Guillén Landrián propone el artefacto como objeto en sí, un estatuto que desestabiliza la relación entre evidencia y análisis y que apunta a la singular materialidad en la cual se sustenta el contenido temático, su reproducción y su transmisión. En su ensayo, Ernesto Livon-Grosman considera esta tendencia como parte de una rearticulación del concepto de Guy Debord de *détournement*, según el cual la mediación permite «el abandono del sentido original a favor de la resignificación de cada elemento del conjunto». Estos elementos incluyen tanto la dimensión visual como la sonora, permitiendo desfasajes productivos entre sonido e imagen que rompen con los códigos del cine institucionalizado para crear disonancias generalizadas y extra-sonoras. Estos son los «ruidos» que Dylon Robbins traza en el periodo y en el cine de Guillén Landrián, marcado ya por el cuño particular de una sensibilidad sonora en el ICAIC. Es un ruido que evidencia, además, la mediación, y que configura prácticas de escucha y visibilidad con implicaciones para la percepción del espectador hipotético. En el trabajo de Juan Carlos Rodríguez se pone de relieve cómo estas mismas operaciones mediáticas, particularmente sus elementos reproductivos, se relacionan con otra historia de los espacios y los territorios, según los cuales las tecnologías del cine contribuyen al desarrollo de un imaginario urbano. Para Guillén Landrián, dice Rodríguez, «la ciudad es también un flujo informativo multimedios, un paisaje heterotópico de imágenes que acentúan el valor polisémico del proceso productivo». Vista así la centralidad de los medios, como un problema en el trabajo del director, es esencial reflexionar sobre los modelos contemporáneos de la mediación, como el internet, un aparato y red que ha desplazado la lógica de la reproducción a favor de la lógica de la transmisión. Es en esta línea que Jessica Gordon-Burroughs reflexiona sobre las iteraciones de sus filmes en el lugar diáfano del archivo de YouTube. A la luz de la técnica audiovisual de Guillén Landrián, estos nuevos medios exigen una mayor consideración de las «fronteras constantemente redibujadas», de la «evolución de los cánones» y de sus «implícitas y cada vez más inciertas categorías de lo "nacional", lo "público" y el "horizonte social de la experiencia"».

Para concluir, hay que notar que a este volumen lo antecedió un trabajo colaborativo inicial publicado bajo el título de «Especial Nicolás Guillén Landrián» en *La Fuga, Revista de Cine* (2013), coordinado por Ramos y Robbins para recordar los veinte años desde la muerte del cineasta en Miami, en 2003. El *dossier* de *La Fuga* –un primer intento de dar a conocer mejor la obra y las discusiones estético-políticas en torno a Guillén Landrián en un contexto latinoamericano– incluía versiones preliminares de algunos de los trabajos publicados ahora en este volumen, además de las entrevistas a G. Alfonso, L. Delgado y M. Zayas. Agradecemos la generosidad (y la espera) de nuestros colaboradores en *El desconcierto fílmico,* y especialmente el estímulo y la paciencia de Waldo Pérez Cino, director de Almenara Press en Holanda.

Bibliografía

Guerra, Lillian (2012): *Visions of Power in Cuba. Revolution, Redemption, and Resistance 1959-1971.* Chapel Hill: The University of North Carolina Press.

Leiva Martínez, Yaima (2015): «Los frutos de la "mala semilla": El legado de Guillén Landrián en los realizadores cubanos de hoy». En *Inter Press Service en Cuba,* 24 de julio: <http://www.ipscuba.net/espacios/altercine/atisbos-desde-el-borde/los-frutos-de-la-mala-semilla/>.

Reyes, Dean Luis (2004): *Contra el documento.* Santiago de Cuba: Cauce.

— (2011): «Nicolás Guillén Landrián: El iluminado y su sombra». En *La miradabajo asedio. El documental reflexivo cubano*. Santiago de Cuba: Ediciones de Oriente.

RAMOS, Julio (2013): Entrevista con Julio Ramos. «Las paradojas del cine independiente cubano: Entrevistas a Fernando Pérez, Dean Luis Reyes y Claudia Calviño». En *Imagofagia* 8: <http://www.asaeca.org/imagofagia/index.php/imagofagia/article/view/439>.

Regresar a La Habana con Guillén Landrián
Entrevista a Gretel Alfonso[1]

JULIO RAMOS: *No es común regresar del exilio en los Estados Unidos a vivir en Cuba. ¿Cómo llegaste a esa decisión?*

GRETEL ALFONSO: Primero te contaré que en los finales de la vida de Nicolás eso lo planificamos juntos. Me preguntó qué iba hacer cuando él no estuviera y sugirió esa vieja idea intuida desde antes de la salida «definitiva» en el 89. Una nostalgia precoz que siempre tuve, incluso antes de salir de Cuba, porque jamás quise emigrar para parte alguna. Quería permanecer en La Habana siempre, me gustaba estar en Cuba... tenía nostalgia de una Cuba ideal para mí, aunque quizás anhelaba un desplazamiento vertical hacia el cosmos o a Madagascar, pero nunca salir para ningún lugar definido por la política.

Cuando Guillén le dio sustancia, cuerpo, a esta idea de retornar a La Habana pensé, para mis adentros, llevármelo conmigo, a Nicolás, cuando muriera, no dejarlo en tierra extraña. Nicolás fallece en julio 20 del 2003, a las 9 y 20 de la noche, y me hice cargo de los asuntos pertinentes...

JR: *¿Planearon enterrarlo acá en La Habana?*

GA: A Nicolás no le interesaba para nada un cuerpo muerto, o sea, esa petición nunca la hubiese hecho. Ocurrió que si yo venía a

---

[1] Esta entrevista a Gretel Alfonso, viuda de Guillén Landrián, fue hecha por Julio Ramos el 14 de abril de 2012 en La Habana; la primera de una serie de entrevistas que encaminaron al documental *Retornar a La Habana con Guillén Landrián* (2013), realizado por Raydel Araoz y Julio Ramos, apareció originalmente en *laFuga* 15 (<http://www.lafuga.cl/regresar-a-la-habana-con-guillen-landrian/662>). El texto transcrito de la entrevista fue editado luego por Gretel Alfonso.

Guillén Landrián con Gretel Alfonso en Miami [cortesía de Gretel Alfonso].

vivir a Cuba tenía que venir con sus restos. De pronto me dio grima traer sólo sus cenizas, y quise hacer lo que sabía era más difícil, traer su cuerpo para enterrarlo aquí.

JR: *¿Ya habías decidido volver para quedarte en La Habana?*

GA: Mira, lo que nunca me planteé fue regresar sin Nicolás vivo o muerto. Yo subiéndome al avión de La Habana a Miami en el 89 tuve la intuición devastadora de que iba a retornar y así se lo dije a mami; así, de esas cosas que no se sabe ni cómo, ni cuándo, pero yo retorno… Y también cuando me subí al avión supe que Nicolás no iba a regresar vivo, pero que iba a regresar, iba a regresar. Esas intuiciones femeninas.

JR: *¿Hubo problemas con el gobierno cubano para enterrarlo en Cuba tras las circunstancias del exilio político en el 88?*

GA: Exceptuando lo caro que es el trámite y que el hermano de Nicolás me sugirió sepultarlo en Miami, no hubo objeciones a esta decisión personal, y el 15 de agosto del 2003 volamos a Cuba.

JR: *¿Por qué había estado preso?*

GA: Hubo múltiples internamientos y encarcelamientos, hasta un último, que fue estando conmigo. Los años ochenta fueron una década particularmente miserable. Ya Nicolás sabía que no había retorno al cine, sino una lucha por la sobrevivencia y una persecución constante. Así fueron los ochenta, poco alimento, acusaciones vagas de «peligrosidad», visitas policíacas constantes… y en los intervalos un retorno intenso a la pintura.

JR: *¿Se conocieron en esos mismos años ochenta?*

GA: Yo conocí a Guillén en el 87 en La Habana, en Miramar, donde me lo presentan formalmente. Porque antes ya había visto y admirado a Guillén cuando era una niña, entre los 7 y los 9 años en lo que se llamó el Consejo Nacional de Cultura, de visita con mi madre que tenía que ver con la institución. Estaba en la recepción de ese lugar que ahora es el Ministerio de Cultura, cuando vi irrumpir en el espacio esa figura de seis pies, gigantesca, con unas sandalias franciscanas; y observé aquellos pies desnudos, siempre tuvo algo resplandeciente, «un gran querube armado», y lo amé instantáneamente. Nos casamos años después en el 88, cuando yo tenía 28 años. Pero antes ni siquiera de establecer una relación personal con él, en un entretiempo, entre una prisión y otra de Nicolás, me encontraba fortuitamente con él. Una vez estaba en una parada de bus, iba de lo más embellecida con un peinado para una foto de carné de la universidad, fue por allá por el 80, y apareció Nicolás en Miramar, porque su hijo vivía allí, por mi misma zona y me dijo «¿Usted es modelo?», y yo me dije, «¡mira quién está aquí!». Tenía un aire insólito y me asusté de aquel aire enrarecido.

JR: *¿En aquellos años estabas terminando tu educación universitaria?*

GA: No, la empezaba en el Curso para Trabajadores. Mira, yo fui una niña emocionalmente muy sensible, tuve una juventud muy depresiva, francamente de pensamientos extraños a los demás, y eso resultó en muchos intentos fallidos de estudiar con pulcritud. Yo entré por oposición a la universidad, en un curso para trabajadores, oposición en el sentido que hicieron un examen para entrar, y aprobé ese examen. Pero me era muy difícil concentrarme en los estudios, y en las bibliotecas los silencios también me desconcentraban. De tal manera que sólo aprobaba con los máximos, por intuición, por nerviosismo, sudaba muchísimo, temblaba enormemente en los exámenes y antes de los exámenes, o sea tenía una vida universitaria muy sobresaltada.

JR: *¿Habías visto algo del cine de Guillén Landrián cuando lo conociste personalmente?*

GA: Lo vi; pero, fíjate, yo entré a ver una película de ficción y en los preámbulos de la película había un noticiero y un documental, y recuerdo que pusieron este documental y que excepcionalmente el público que iba a ver sólo una película comercial aplaudió. Era un documental de Guillén Landrián, lo pusieron en el cine Yara. Esa fue una visión experimental. El cine de Guillén Landrián aún hoy no se ve en Cuba.

JR: *¿Cuál te parece que es su película más importante?*

GA: Bueno, mira, *El Morro, Congos Reales, Rita y El Son* continúan perdidos, no aparecen, de modo que no podemos decir nada de ellos. Cada uno de los documentales que he estudiado tiene su propia importancia antropológica, sociológica, estética; su belleza inmanente y la memoria de Nicolás volcada en el tema. Desde la banda sonora hasta la edición, *Desde La Habana ¡1969! Recordar* me parece una síntesis de su tiempo y simultáneamente un pronóstico profundamente autobiográfico. *En un barrio viejo* me parece un infinito de belleza inmaculada. *Nosotros los del Cuyaguateje*, un misterio. La trilogía del Toa: *Ociel del Toa, Retornar a Baracoa* y *Plenaria Campesina*, con *Los del Baile*, un destape de la idiosincrasia profunda de esos lares, dan cuenta de lo sufrido. La edición de *Coffea Arábiga*, el ritmo de un pensamiento inequívoco e inapresable.

JR: *Y su última película en Miami, ¿cómo la hicieron?*

GA: *Inside Downtown* o *Downtown adentro* es un documental muy personal: la única institución que respaldó esta realización fue la monumental, incesante coherencia iniciática y masiva de Guillén Landrián y la ayuda de sus amigos Jorge Egusquiza Zorrilla, Álvaro Rangel, José Laera y también Gustavo Godoy hijo. Todos jóvenes amigos. La coordinación para hacer este, que resultara su último documental, fue hecha por Nicolás Guillén Hrístova, hijo. Este último documental fue premiado en el Festival de Cine del Uruguay con una Mención de Honor, una especie de justicia poética.

JR: *¿Cómo fue la vida en Miami? ¿Qué es lo que más recuerdas del viaje de La Habana a Miami?*

GA: Ese fue un día inolvidable, porque en La Habana, en los preámbulos del vuelo de las 10 de la noche, cayó la lluvia sin ciclón más grande que he visto, el agua me llegaba a los tobillos en la acera, donde nos recogió Alberto Pujol, padre (una coordinación que hizo Félix de la Uz), y se apareció puntual bajo aquella lluvia y entonces nos dirigimos al aeropuerto, pero el vuelo se retrasó un poco. No nos dejaron pasar al interior del aeropuerto. Afuera estábamos cuando ocurrió lo impensable: Livio Delgado, su fotógrafo de varios documentales, apareció, abrazó a Nicolás, lloraba. Así lo mejor del mundo intelectual de Cuba tuvo su representación en esta despedida singular.

No se dilató más la espera, nos fuimos a la cafetería. Me acuerdo que intenté merendar en la cafetería algo que tenía un sabor inmundo y que en una mesa contigua estaba sentado el poeta Pablo Armando Fernández, que iba en el mismo vuelo. Recuerdo que dejé los papeles en el mostrador, los papeles de todo el viaje. Subió más tarde al avión un joven que me entregó los papeles, y me dijo «sin estos papeles los regresan a La Habana». Me acuerdo de los formularios que llené a nombre de los dos para la entrada en los Estados Unidos. Me acuerdo de la brevedad del vuelo, de mi ahogo en el descenso.

JR: *¿Cómo fue la llegada a Miami?*

GA: La primera impresión caminando fuera del avión sin tocar suelo fue de asfixia, un aire diferente… Y me pregunté «¿qué hacemos aquí?».

Nos recibió un ministro de la Iglesia Evangélica que tramitaba préstamos para el pasaje de los refugiados y que nos dijo que no habláramos con la prensa. Cuando salimos había muchas cámaras y periodistas que habían confundido a Pablo Armando con Guillén Landrián.

JR: *¿Estaban muy afectados por el viaje?*

GA: Él ya había llorado, desde que supo que el viaje era inminente. Hasta había roto el examen médico que manda hacer la Oficina de Intereses, que hubo que volver hacer. Le partieron una pierna por esos días, estuvo meses con el yeso puesto. Fue a parar al Hospital Fructuoso Rodríguez, donde le atendió el Doctor Ignacio Frade, el cual nos conocía y nos permitió que Nicolás pasara a un régimen de internamiento de psiquiatría más leve y benigno con el Dr. Aníbal Frade, su hermano, que trabajaba en la sala de psiquiatría del Calixto García.

JR: *¿Cuántas veces lo habían internado?*

GA: Un número de veces indeterminado por mí. Parece que cuando yo era una niña de diez años ya Nicolás había sido internado unas cuantas veces. Para narrar esa historia, habría que hacer una investigación a fondo. Retomando la historia conocida por mí, hubo un momento en que el Capitán Bernabé Ordaz, director en funciones de Mazorra, llamó a la madre de Nicolás y frente a él, que estaba internado allí, les propuso lo siguiente: «Nicolás se queda a vivir aquí, pinta para nosotros y le damos 10 pesos cubanos al mes». Adelina protestó: «Pero usted está loco, por qué me ha hecho venir hasta aquí para eso».

JR: *¿Tuviste acceso a su expediente médico?*

GA: Antes de salir de Cuba, no sin obstáculos me dieron acceso a las generales de este expediente que se exigía como parte de los trámites en la Oficina de Intereses. Me costó varias idas y vueltas para que me dieran los datos en los archivos del hospital Psiquiátrico de La Habana. Hay un dato interesante: el expediente empezaba a los 35 años de edad.

JR: *¿Qué diagnóstico le habían hecho?*
GA: Esquizofrenia Paranoide.

JR: *¿Y él qué decía sobre este diagnóstico?*
GA: Que lo «esquizofrenizaron» en la prisión de Isla de Pinos en el 1965 o 66.

JR: *¿Y el expediente penal?*
GA: Tú puedes creer que no aparecía una causa que constituyese delito, ni común ni político. Yo fui con Nicolás a buscar ese expediente que en definitiva estaba abierto por peligrosidad, sin mencionar delito específico alguno. Cuando vinimos a ver no existían antecedentes penales. Una vez lo acusaron de algo gravísimo como eran los planes de atentado contra el comandante en jefe, pero por falta de pruebas todo terminó ante el tribunal como una acusación de diversionismo ideológico. Por aquello fue sancionado con dos años de privación de libertad.

JR: *¿En qué año fue la acusación del plan de atentado?*
GA: Es muy difícil de situar. Nicolás tenía una memoria para todo, pero una de las cosas es que su narración no incluía a veces fechas exactas. Cuando tú le preguntabas «¿En qué año?», él se quedaba recordando y decía «por ahí por el 76, 77...» y abanicaba los dedos.

JR: *Cuando Guillén Landrián sale de Isla de Pinos en el 66, el ICAIC vuelve a contratarlo. ¿Cómo se explica?*
GA: Gracias a Theodore Kristensen... que había sido junto a Joris Ivens uno de sus decisivos maestros en la realización de documentales. Ambos documentalistas de guerra fueron los que aceptaron la entrada de Nicolás al estudio y a la realización de cine documental. Una vez le pregunté a él «¿No te interesaba hacer cine de ficción?». Respondió que no era lo suyo... le gustaba más lo otro, el documental. Mientras tanto, Nicolás era ayudante de producción, o sea trabajaba rodando carretillas de utilería hasta el ICAIC o cualquier cosa que necesitara una producción, o recortando información de la prensa escrita.

JR: *¿Cómo había llegado al ICAIC?*

GA: Cuando Nicolás fue expulsado del ICAP y de la Escuela para Diplomáticos en 1960, se quedó sin empleo y buscaba qué hacer. Su primera esposa, Cristina Dalma Lagorio, actriz de la Comedia Nacional del Uruguay y trabajadora internacionalista en Cuba, donde se conocieron, le sugirió que probara suerte con la convocatoria abierta por el ICAIC.

JR: *Hay muchos mitos alrededor de la figura de Guillén Landrián... Sobre su marginalidad y vida en la calle, su conflictividad...*

GA: Puntos de vista de algo que la gente oyó y narra con su conocimiento mínimo y pueden darle interpretaciones equívocas. Pero Guillén era resplandeciente, y se veía en él esa mezcla de luz enigmática y al mismo tiempo tierna, que enloquece a los sencillos y a los otros arranca mucha envidia. Él era así, desde la voz, hasta la mirada, y la prestancia corporal: desprendía un halo de ensimismamiento, serenidad y mansedumbre.

Creo que Guillén tuvo desde niño las probabilidades matemáticas para haber tenido una vida difícil en Cuba. Bueno, su privilegio fue nacer en ese entorno familiar donde sabían qué hacer con los niños, cómo encauzar a un niño como él.

JR: *¿Qué te contaba de su familia de origen?*

GA: Era excepcional ese privilegio que tuvo de nacimiento. El padre de Guillén, Francisco Esteban Guillén Batista, abogado de profesión, estuvo noviando con su madre Fidelina Landrián Montejo (Adelina) por 14 años hasta que instalaron entre ambos el bufete privado y ella, diseñadora de interiores, mandó hacer los muebles, y se casaron. Ella fue instruida por monjas católicas y era muy buena diseñadora de interiores. Era una mujer hermosa, con una personalidad inteligente y fuerte: en Camagüey le decían la Venus de Ébano. Y era amiga de Fidelio Ponce, de Miguelito Valdés, de Wifredo Lam.

JR: *¿Era una familia de mucha educación literaria y participación política?*

GA: Sí. El abuelo, Nicolás Guillén Urra, orfebre, había sido alférez en el hospital de sangre mambí que comandaba Rosa la Bayamesa durante la Guerra de Independencia del 95. Al principio de la República fundó un periódico, *Las Dos Repúblicas*, en el que escribía los editoriales, y fue elegido senador por el Partido Liberal en Camagüey. Fue asesinado en la Guerra de 1912. El padre y el tío de Nicolás, muy jóvenes, se ganaron la vida como tipógrafos en la imprenta de este periódico que después de fallecido Guillén Urra la familia había perdido. Por tanto, en Camagüey, esta familia tenía tradición. Ya de niño el futuro documentalista participaba, escuchaba las tertulias y reuniones de sus padres con personalidades de la cultura política y de las artes. Su padre, el abogado Francisco Guillén, fue quien primero se afilió al Partido Socialista Popular y con ello decidió hacerse «abogado del pueblo de Camagüey». Recién salidos los versos del tío, el padre los leía para él. Y Adelina había sido fundadora de la primera Federación de Mujeres de Cuba, allá por el gobierno de Grau San Martín. Ambos fundaron las primeras sociedades negras llamadas Antonio Maceo. Recibían a muchos intelectuales, había mucho intercambio.

JR: *¿Cómo sería su relación con el tío y su poesía durante los años de su formación?*

GA: Tengo la convicción de que Nicolás Guillén Batista, su persona y su poesía indisolublemente unidas, prepararon el camino para Nicolás Guillén Landrián. Ma gusta imaginar cómo el niño Nicolás Marcial fue el primer niño en el mundo que escuchó esos versos y los entendió, y se enamoró con ellos de la vida cuando era «apenas una brizna de sueño y llanto». Llevaba los versos del tío en su vida cotidiana. Poseía el significado más alto de estas poesías. Y utilizaba estos versos como temas libres. Algunos dan título a series de su pintura: «Que aplauda y grite la flor», «Cuando céfiro en las frondas afinaba su violín»… hay en esta fusión enaltecida un amor incondicional y entusiasta.

JR: *Coffea Arábiga* y *Desde La Habana* incluyen lecturas de poemas en la voz *en off* del poeta. ¿Es cierto que quiso hacer un documental sobre el tío?

GA: El conocimiento y el amor que Guillén Landrián tuvo del poeta nacional Nicolás Guillén Batista hacen que me aflija la pérdida de la realización documental de esa vida, como quería el sobrino, pero que el ICAIC le negó a última hora.

JR: *Entiendo que Guillén Landrián fue fundador de uno de los primeros Cine Club de Camagüey. ¿Traía formación cinéfila de Camagüey?*

GA: A los 13 años en las Escuelas Pías de Camagüey, por iniciativa de Nicolás Ríos y con la anuencia de los padres escolapios, vieron el cine de Serguei Eisenstein, Buñuel y otros...

JR: *La figura de Nicolás Ríos nos lleva de vuelta a Miami, donde el amigo camagüeyano de la infancia de Landrián parece haber sido un contacto importante para ustedes...*

GA: Sí, Nicolás Ríos fue nuestro patrocinador ante el estado norteamericano en los trámites de llegada.

JR: *¿Dónde vivieron cuando llegaron a Miami?*

GA: Vivimos en Coral Gables, en los bordes, cerca del restaurante Versalles y la Calle 8, en Oviedo 38, más o menos un año y pico hasta que nos echaron.

JR: *¿Se hacía difícil pagarlo?*

GA: No estaba tan caro, pero se nos hizo difícil mantener el estudio en este lugar demasiado expuesto a los curiosos y simulados, entre ellos enemigos insospechados. De pronto nos quedamos sin dinero.

JR: *¿Guillén Landrián salía mucho a caminar por la ciudad de Miami?*

GA: Sí, necesitaba eso, se iba caminando hasta la oficina de Ramón Cernuda, uno de los directores del museo que le organizo la primera exposición. Siempre caminó mucho y se movía rapidísimo, pero rapidísimo. Cercano al don de la ubicuidad. A veces salía a comprar cigarros, a traer desayuno. Guillén era muy preocupado, siempre fue una persona a cargo, en todos los sentidos. Yo tenía obligación de cuidarlo en correspondencia. Nicolás era una persona que de pronto decía «hazme un gris paloma Gretel, apúrate». Decía «ahora qué vas a hacer de almuerzo». No le gustaban las novedades en cuanto a la comida. Café, mucho café y comidas que ya conociera, particularmente las de su infancia.

JR: *Y la cuestión racial en Miami, ¿cómo la vivieron?*

GA: Eso le preguntó Agustín Tamargo en Radio Mambí… A lo que Guillén respondió: «yo soy rubio y de ojos azules»…

JR: *¿Cómo recuerdas la relación de ustedes con las comunidades del exilio en Miami durante aquellos años?*

GA: Chico, debo decirte que no hubo más relaciones porque Nicolás muy de su casa, no aceptaba seducciones. Sí hubo exquisitos consumidores de arte emocionados ante el vínculo de la obra de arte con la Patria, personas educadas y sinceras que se relacionaron con Nicolás, se hicieron sus coleccionistas y siguieron atentamente su pintura con asiduidad.

JR: *¿Ambos estaban pintando?*

GA: Sí, ambos pintábamos, aunque si Guillén pintó 5 000 cuadros entre dibujos y pinturas, yo hice 100 en el mismo tiempo.

JR: *¿Vivían de la pintura?*

GA: Él no hizo otra cosa en los Estados Unidos, Guillén jamás trabajó en los Estados Unidos como no fuera en su arte, y era deseable que así fuera.

JR: *¿Por qué te parece deseable que se dedicara todo el tiempo a pintar?*

GA: Porque tenía un cuerpo de obra que realizar en las artes plásticas, una salud quebrantada por las torturas y las múltiples reclusiones y electrochoques y era comprensible que quisiéramos mantenernos en un ambiente de armonía, contentamiento, inspiración y fortaleza

Guillén Landrián pintando en un motel de Miami.

En la página siguiente, junto una de sus pinturas en hospedaje. Fotos de Gretel Alfonso.

que genera saber que estás haciendo lo que el momento requiere: la creación artística. Haz bien y no mires a quién.

Por mucho tiempo nosotros estuvimos de motel en motel. Nicolás se levantaba muy temprano a dibujar y pintar. Era de una creatividad en constante movimiento. Fue una vida dura, que él hizo muy llevadera con su respeto, dignidad y sosiego y en su contentamiento, ya que hacía el máximo de lo posible y no dejaba de vivir y crear.

JR: *¿Tienes recuerdos de los vecinos en los moteles?*

GA: Recuerdo una muchacha norteamericana, Erín, a la que retrató de memoria. Él era muy sociable y muy caballeroso, había rostros que se acercaban a él y él se acercaba a ellos. Siempre tuvo la perspectiva de un sociólogo…

Déjame decirte lo que me causaba asombro y gracia. Hubo moteles en que vivimos dos o tres meses o cuatro en la misma habitación, pero hubo moteles de donde había que salir por la mañana. De pronto me levantaba por la mañana, había que salir a una hora determinada y Nicolás había vaciado toda la mochila, había lavado toda la ropa que me quitaba –a veces tenía que ponérmela húmeda–, había hecho esto durante la noche mientras yo descansaba. Lo primero que hacía era empujarme a la bañera, cogía las toallas, las mojaba, me restregaba, imagino que estaba muy deprimida o muy triste. Luego me decía «acuéstate, descansa».

Así me empapaba de esa entereza, de maneras nuevas de enfrentar los retos, los desafíos, los contratiempos. Yo no creo que haya mucha

gente así, que pueda tener una vida en constante movimiento, pero al mismo tiempo de principios, austero y organizado. Yo no creo que haya mucha gente que tenga presencia de ánimo para eso, él sí.

JR: *¿Y qué se hicieron todos aquellos cuadros? ¿Hay posibilidad de identificar su paradero, con el fin, por ejemplo, de un catálogo para una exposición futura?*

GA: En Cuba adquirieron cuadros Tomás Gutiérrez Alea (†), Ingrid González, el gallego Posada (†), Pablo Milanés, Gloria Consuegra, la Embajada Británica, el ingeniero Esquenazi Mitrani, Jerry Scott, Gabriel García Márquez, Maxine Waters, entre otros. En los Estados Unidos, fundamentalmente en la Florida, los arquitectos Eric Maspons y Rolando Conesa, la baronesa Blanc, el eminente doctor Federico Justiniani y su noble esposa, Daisy Morales, Carmen Echemendía, Gustavo Godoy, Plato Mavroulis, Toti Martell, Cristina Rice y muchos más de Miami, Boca Ratón, Texas, y nuestro benefactor inolvidable de New York, el cubano Sr. Serrano. La mayoría se vendió, series completas. Es muy difícil sostener un mercado cuando tú no tienes un lugar estable donde vivir. Lo asombroso fue vender todo ese arte en los Estados Unidos.

JR: *¿Tuvo muchas exposiciones?*

GA: Mira, te voy a decir que Nicolás se entusiasmó en los inicios. Fíjate que se iba a inaugurar una exposición con una colección de cuadros que salieron de Cuba antes que nosotros, una exposición bellísima, y en dos meses se apresuró a pintar otros cuadros para completar los dos salones más pequeños del museo. Puso manos a la obra, se interesó por la pintura en spray, me acuerdo de un cuadro negro y amarillo soleado, abstracto que denominó *Como un Escolar Sencillo*. Me acuerdo a quién se lo vendimos y todo. Le patrocinaron $600 para que comprara los materiales que quisiera y pintó otros cuadros completos en spray, muy bellos: una impronta del gesto volcada en el plano.

JR: *¿En qué museo fue esta exposición?*
GA: En el Museo de Arte Cubano de Miami, en febrero del 90, o sea, dos meses después del arribo. Muy concurrida con espectadores con síndrome de Stendhal y también gente asechando rabiosos por dañar a Nicolás y asombrados de que no fuera un *bluff* creado por la política. Su arte conmovió realmente.

JR: *¿Qué piensas hacer con los materiales de Guillén Landrián que trajiste contigo a La Habana?*
GA: Una exposición de dibujos...

JR: *¿Guardas otro tipo de documentos o materiales?*
GA: Sabes, la primera exposición de Miami fue montada con poesía de Guillén Landrián. Hay un catálogo muy pequeño de esa exposición con las palabras al catálogo de Carlos Luis. Hay fotos impresas, algunos negativos y algunos textos autobiográficos, valorativos y poéticos.

JR: *¿Tienes planes de editar la poesía?*
GA: Nada me gustaría más.

JR: *¿En qué pensabas durante el viaje de regreso?*
GA: En volver a casa.

JR: *¿Y la llegada?*
GA: Descansé, una vez que vi a mi madre y a mi hermano en el aeropuerto, llegué a casa.

I.
El archivo a contrapelo

Nicolás Guillén Landrián:
el fantasma del café

Juan Antonio García Borrero

En Camagüey, la ciudad donde el cineasta Nicolás Guillén Landrián nació en 1938, hay un sitio llamado «Coffea Arábiga». Fue creado como parte de los festejos por los 500 años de la fundación de la villa, y es uno de los tantos espacios que conforman el Paseo Temático del Cine diseñado en esa zona. Al principio estaba ambientado con fotogramas del hoy famoso documental *Coffea Arábiga*, rodado en 1968, y se vendían diferentes modalidades de café, y había una foto inmensa de Nicolasito donde, al igual que algunos de los personajes que habitan sus películas, se empecinaba en mirar fijo a la cámara. Es decir: se empecinaba en desafiarnos con su mirada cuando nos colocábamos frente a él. Poco a poco las imágenes impresas se han ido desvaneciendo, y hoy apenas pueden apreciarse en las paredes. Al final, lo que quiso ser recuperación de una parte de la memoria cultural de la ciudad, o sea, memoria de uno de los grandes artistas que ha tenido la nación y Camagüey, ha terminado por reinstalar a su protagonista en el pedestal de los fantasmas donde también pernoctan Severo Sarduy y Carlos Victoria, por mencionar otros dos rehenes de las sombras culturales de la ciudad.

Hoy quien entra al Coffea Arábiga de Camagüey apenas tiene idea de quién fue ese individuo que inventó el mundo cuyo nombre identifica al espacio, el mismo individuo que sabemos comenzó a descubrir su vocación cinematográfica muy temprano en esta ciudad, de acuerdo a lo que apuntara alguna vez:

[...] yo cuando adolescente traté de hacer una película en 16 milímetros con un grupo de muchachos de Camagüey. Pero no se realizó porque no teníamos manera de editar. Mi madre, recuerdo, me compró una editora de esas corta-y-pega. Pero no pudimos editar la película. Conseguimos una cámara. Pero no se logró hacer el filme.

Lo curioso es que paralelo a la creciente indiferencia local en que se reinstala la figura de Guillén Landrián, su obra experimenta en los círculos académicos de la isla y más allá de ella un interés cada vez más creciente. Podría fijarse en el año 2000 la fecha de su resurrección en Cuba, con la exhibición de *Ociel del Toa* (1965) y *Coffea Arábiga* (1968) en la primera Muestra Nacional del Audiovisual Joven, aunque es en la Segunda Muestra de Nuevos Realizadores que se prepararía el ciclo que permitió apreciar buena parte de su obra, incluyendo el estreno de *Los del baile* (1965), *Reportaje* (1966) o *Desde La Habana ¡1969! Recordar* (1970).

Hasta ese momento Nicolás Guillén Landrián era una suerte de nombre asociado al enemigo rumor que siempre propicia la leyenda negra. Y si, como dice Lezama, «el rumor es como la mancha de lo que no se ve», ello es lo que explica lo poco que vimos y supimos durante tanto tiempo de su obra. Casi todo descansaba en la evaluación superficial de una personalidad irreverente, incómoda, que se prestaba para la maledicencia, el sarcasmo, y la evaluación y/o descalificación psicológica. De acuerdo a esas apreciaciones, el cineasta sería una suerte de lobo estepario, desequilibrado desde el punto de vista mental, y con dificultades para relacionarse con los otros, algo a lo que el director de fotografía Livio Delgado ha opuesto los siguientes matices:

> No estaba loco. Se habla mucha mierda de Nicolás. Era un hombre inteligentísimo. Iba contra todas las banderas. Lo que le gustaba era joder. Un jodedor de verdad. A veces era el día entero jodiendo. Dormía y jodía. A Titón lo volvía loco, porque lo choteaba, lo jodía, aunque lo quería mucho. (Sánchez 2014: 274).

No hay una sola manera de explicar la paulatina conversión de Nicolás Guillén en un fantasma dentro del cine cubano. Se podrán mencionar las razones políticas. O las personales. En realidad todo va actuando de un modo simultáneo dentro de un contexto mucho mayor que apela al cine como herramienta que legitima el proyecto revolucionario. A Guillén Landrián no lo expulsan del ICAIC, sino que no le es renovado el contrato de trabajo en la época en que, por esas fechas, recién se había celebrado el Primer Congreso de Educación y Cultura. Eran las fechas en la que según Tomás Gutiérrez Alea:

> [...] la Revolución ha dejado de ser ese hecho simple que un día nos vio en la calle agitando los brazos, desplegando banderas, gritando nuestros nombres y sintiendo que se confundían en uno solo. Ahora empieza a manifestarse, como la vida misma, en toda su complejidad. La nueva libertad se hace confusa, difícil de ejercer. Empiezan a confundirse las categorías. Las relaciones entre política y cultura son superficialmente amables, pero profundamente contradictorias. Aparecen los primeros actos de exorcismo, aunque no se llega a practicar ningún auto de fe. Hay escaramuzas que se resuelven en una tregua, en una especie de coexistencia pacífica. La transformación radical de un país subdesarrollado saca a la superficie otros problemas demás urgente solución. Los problemas de la cultura quedan en un segundo plano, lo cual no quiere decir que sean menos importantes: son menos urgentes. Y quizás más complejos. Es necesario darles tiempo. (1987: 293-294)

Lo curioso es que el cine de Nicolás Guillén Landrián en esos años es esencialmente pedagógico, si bien detrás de esa voluntad pedagógica nunca desaparecerá el distanciamiento crítico, la ironía, la disonancia como modo de resaltar la incomodidad ante el modelo de representación hegemónico. Pero eso no basta, ya se sabe, para garantizar la visibilidad de una obra. Todo lo contrario: en su caso fue el pretexto inmejorable para convertir a sus películas en algo inexistente. Hasta que llegó el crítico José Antonio Évora con aquel artículo sobre la obra documental de Santiago Álvarez que, paradójicamente, culminaba elogiando al entonces ignorado Guillén Landrián, al afirmar:

> Si se me preguntara cuál es para mí el mejor documental salido de los laboratorios del ICAIC durante estos treinta años, escogería seguramente *Coffea Arábiga* de Nicolás Guillén Landrián. He aquí una obra hecha por encargo –sobre el cultivo del café– en la que el realizador ha subordinado el tema a su deseo de hacer una radiografía del espíritu nacional enardecido por la agitación revolucionaria, lo que viene a ser un retrato exacto del país. (Évora 1990: 130)

Desde entonces los estudios sobre su obra han ido progresando de una manera impresionante, y no hablo sólo de un incremento numérico, sino de un crecimiento de las calidades interpretativas: del mero rumor crítico se ha pasado al enfoque académico, que de modo sistemático y sistémico describe el ambivalente universo construido en su documentalística. Ello incluye la impresionante labor arqueológica de Manuel Zayas, quien en el 2003 (año del fallecimiento del realizador) termina en la Escuela Internacional de Cine de San Antonio de los Baños su tesis de grado *Café con leche*, que contiene el testimonio casi póstumo de Guillén Landrián residiendo en Miami.

Como hablamos de una obra donde el autor se ha propuesto revolucionar el lenguaje artístico a través del uso creativo y herético de la imagen y el sonido, puede entenderse el predominio de esa interpretación que observa el texto ya concluido, y explica el modo en que esas cintas afectan nuestros sentidos, y nuestras maneras de leerlas. La rareza de esa obra, que nos sigue convocando para plantearnos las más impensadas hipótesis alrededor de su cine, tendría que ver con una voluntad de transgresión fílmica que ya intentaba legitimar Jean Epstein en 1926: «¿Por qué no aprovechar una de las más singulares cualidades del ojo cinematográfico, la de ser un ojo fuera del ojo, la de escapar al egocentrismo tiránico de nuestra visión personal? ¿Por qué obligar a que la emulsión sensible sólo repita las funciones de nuestra retina?».

Guillén Landrián se comprometió de modo vehemente con esa energía herética, y confieso que esa inclinación permanente a la irreverencia es lo que más me ha intimidado a la hora de escribir sobre su obra. Me lo han pedido varias veces, pero hay algo definitivamente misterioso que me impide asomarme a ese universo, y organizar de una manera orgánica, fluida, las ideas capaces de detallar el modo en que esas imágenes y sonidos me afectan como espectador. Supongo que influye el hecho de que yo también descubrí muy tarde esa obra, pero también está la evidencia de que ese conjunto de películas se resisten a ser domesticadas con facilidad. Por otro lado, la obra de Guillén Landrián es tan sensual (quiero decir, tan ajena a las pretensiones apolíneas que marcaban a la producción documental cubana de los años sesenta), que uno corre el riesgo de ejercer sobre ella lo que ya han llamado una *contextomía*.

Al ser imágenes que se bastan a sí mismas para provocar una verdadera conmoción, el análisis de su contexto de producción, su relación con la historia fangosa, sangrante, suele quedar a un lado, predominando en las exposiciones lo relativo al contexto de recepción: en casos así, uno termina enterándose más de las impresiones causadas en el receptor que de las complejidades que habitan de modo sutil en todo ese corpus de películas.

Cada una de sus cintas, sin embargo, aun cuando pudiesen estar representando la cumbre de la experimentación vanguardista, estaban aludiendo al mundo histórico en que se originaron. El mérito de esa obra es que fue capaz de prescindir de la dócil representación de lo que podía verse a través de la cámara, como pedía Epstein, para construir un universo lleno de sugerencias e interrogantes que aún mantiene vivo el discurso.

Esta obsesión por individuos inmersos en un ambiente donde parecería que nada pasa, no obstante el dramatismo de los cambios sociopolíticos, se pone de manifiesto desde sus primeros documentales. Allí están *En un barrio viejo* (1963) y *Los del baile* (1965), hermosísimos retratos de una comunidad de individuos que se dejan llevar, sin grandes contradicciones, por lo que la época va dictando: bailan, gozan, juegan dominó... Todavía no hay en estas cintas iniciales una mirada desafiante en su ambigüedad; es más bien la celebración poética de un espacio inclusivo (custodiado por la Revolución y sus íconos) que le concede visibilidad a esos sujetos (negros, pobres) antes excluidos del régimen visual establecido por lo que se entendía por «cine cubano».

Se trata de un ejercicio audiovisual, en cuanto a lo observacional, más fenomenológico que interpretativo. Es como si a Guillén Landrián le interesara aprehender el *ser ahí* de cada uno de los personajes que conforman esos barrios, lo cual siempre será más exigente que quedarse en las primeras impresiones que nos causa *ver* algo. Y si bien la tremenda sensibilidad de Livio Delgado para observar aquello que transcurre ante sus ojos y devolver lo visto sin la estridencia típica del que quiere «embellecer» los planos resulta decisiva en la conformación de la celebrada atmósfera, en verdad no bastaría la pericia del ojo especializado en descubrir la belleza: al contrario, tanto *En un barrio viejo* como *Los del baile* funcionan de modo excepcional gracias a un montaje que está pensando todo el tiempo en la provocación intelectual, no obstante la supuesta objetividad de lo que se muestra a través de lo observacional.

Pero en esa «racionalización» de lo que se observa lo que domina es la apropiación sentimental. De allí que a las lecturas formales que ya ha conocido su obra no estaría mal incorporarle el estudio de las conexiones establecidas en el plano de la disposición afectiva (en el sentido que describía Heidegger), tomando en cuenta que esa obra, si bien termina adquiriendo una personalidad muy propia, muy del individuo irreverente que la firma, forma parte de algo mayor que, quiera o no, debe influir en el autor: *el espíritu de la época*.

Al igual que Nietzsche convirtió al *resentimiento* en algo digno de ser atendido por la filosofía, Heidegger reveló la disposición afectiva como uno de los componentes esenciales de nuestras existencias. Llamar la atención sobre eso que en el plano ontológico es lo que en lo óntico mal describe nuestro estado de ánimo, adquiere una importancia enorme a la hora de entender el modo en que nos es dada la realidad que nos rodea, es decir, antes que esa realidad la definan en términos conceptuales (y dogmáticos) de los diversos poderes. Saber que antes de discutir «la realidad», antes de teorizarla, ya la estamos sintiendo, porque estamos en ella a través del zarandeo invisible que ejerce sobre nosotros, le incorporaría una nueva dimensión a la mirada crítica.

En el caso del cine cubano de los sesenta, hay allí todavía una zona virgen por explorar. El tremendo acontecimiento político que fue la Revolución de 1959 ha terminado por monopolizar y empobrecer las modalidades interpretativas alrededor de este cuerpo de películas. Por eso no podíamos imaginar que dentro del propio ICAIC se pudiese gestar una obra tan transgresora, tan insólita, como la de Guillén Landrián. Habituados al discurso cómodo que califica o descalifica sobre la base de lo que la Política (con mayúsculas) dictaminó en lo macro, perdimos de vista que el ICAIC, desde sus inicios, fue también un campo de batallas estéticas. Este empobrecimiento interpretativo se sigue poniendo de manifiesto, por ejemplo, cuando se habla de *PM* (1961), aquel documental de Sabá Cabrera Infante y Orlando Jiménez Leal que, antes de ser convertido en un hito político, se manifiesta simplemente desde esa disposición afectiva que habla de una Habana nocturna, bohemia, sensual, aprovechando el apogeo del «cine directo» y el Free Cinema.

Pensemos ahora en Nicolás Guillén Landrián como parte de una curiosidad dominada por la misma disposición afectiva. La misma que uno podría encontrar también en Sara Gómez y en Tomás Gutiérrez Alea, aun cuando a este último lo obsesione el posicionamiento público en términos ideológicos, y por ende la suya sea una curiosidad más racional. En vida, estos tres cineastas compartían una amistad que me atrevería a intuir prolongada en sus respectivas obras. Al concentrarnos en cada uno de ellos como autores tal vez no hemos reparado en que si quisiéramos, autorizados por una época que habla del *remix* como algo natural y hasta deseable, podríamos armar un nuevo filme cubano utilizando fragmentos de cada una de sus películas.

Imaginemos esa hipotética cinta que se inicia con la gente de *Los del baile* desarmándose al ritmo de Pello el Afrokán, que es el ritmo y la música que unirá de un modo invisible a los que también bailan en el comienzo de *Memorias del subdesarrollo* (1968), hasta que suena el disparo y la cámara se queda sobre el rostro petrificado de una mujer que nos observa fijo, y que se disuelve de modo sucesivo en las caras que *En un barrio viejo* también insisten en mantenernos la mirada. Luego podríamos encontrar a la muchacha negra que se prepara en la casa para el baile, asediada por la cámara con la misma tierna indiscreción con que Sara Gómez se involucra en *Guanabacoa: Crónica de mi familia* (1966).

El montaje, en ocasiones, permitirá que descubramos a los personajes en su contexto –en *Ociel del Toa* (1965) el silencio del protagonista contrastará con la locuacidad de los que exponen sus puntos de vista en *La otra isla* (1968), pero es que la información más veraz, la que trasciende hasta nosotros, sigue siendo la suma de lo que se dice y lo que no se dice–, y en otras, será responsable de que construyamos nuestra representación no a partir de lo que vemos, sino de lo que asociamos en la mente. Será un montaje epiléptico, como en ciertas zonas de *Memorias del subdesarrollo* y *Una pelea cubana contra los demonios* (1972), o como en *Coffea Arábiga* o *Desde La Habana, ¡1969! Recordar*.

¿Por qué no nos resulta tan difícil imaginar un filme así, proviniendo las imágenes de tres cineastas tan diferentes? Mi tesis es que Guillén Landrián, Sara Gómez y Gutiérrez Alea comparten una misma disposición afectiva (que es algo más sumergido y enigmático que la ideología) donde la duda, el apego a los matices, la angustia ante una realidad que se desborda de los encuadres posibles van marcando las principales preguntas e inquietudes creativas. Ninguno de los tres quiere ofrecer al público respuestas fáciles, aun cuando estén a favor del proceso revolucionario (o al menos, no se opongan al mismo), pues piensan que es la distancia crítica la que permite tomar conciencia de los posibles errores. Recordemos, por ejemplo, la respuesta que Sara Gómez brinda a la francesa Margarite Duras en un cuestionario que la última, interesada en conocer qué estaba pasando en la Cuba de entonces, pone en sus manos:

> Es necesario considerar que todas las preguntas de su cuestionario parten de premisas que yo estoy obligada a aceptar antes de responder, lo cual me intranquiliza de cierta forma… Usted me dice, ¿qué pasó aquí con…? Yo diría que aquí, en el terreno del individuo no pasó nada, sino que «todo está pasando», y está pasando por medio de una larga y dolorosa «disolvencia», para hablarle en términos cinematográficos. Yo pienso que si bien en lo que se refiere a los cambios revolucionarios en la base económica, estos se producen «por corte», no ocurre así en la escala de los valores éticos individuales. El arribismo, el espíritu de competencia están ahí, aquí, presente, y eso no me preocupa demasiado. Lo que sí creo es que el cambio básico de estructura tiende a canalizar este sentimiento individualista en función de la sociedad y de hecho a transformarlo. (*circa* 1967: mimeo)

¿Acaso no es lo mismo que está proponiendo Guillén Landrián en la primera etapa de su cinematografía? ¿No hay en ambos un interés por dejar a un lado la exaltación acrítica del momento histórico que están viviendo, para en cambio intentar comprender sus dinámicas más sumergidas, que suelen ser las más dolorosas para el individuo común?

Preguntémonos ahora de qué modo conecta lo anterior con el entusiasmo de esos jóvenes realizadores que hoy encuentran en el cine de Nicolasito un referente insoslayable. ¿Qué es lo que está permitiendo que ese conjunto de imágenes, concebidas en una época ya superada para siempre, adquieran relevancia para los nuevos cineastas?

Quizás con Nicolás Guillén Landrián tengamos que recordar lo que, por evidente, tal vez habíamos olvidado: que las películas firmadas por un autor forman parte de un conjunto mayor de formas cinematográficas. Y que esas formas se van configurando a partir de las apropiaciones muchas veces inconscientes que los creadores hacen de lo que está en el ambiente, en la época. Como analistas del discurso audiovisual tenemos la obligación de rastrear el diálogo sumergido que se establece, ya no entre cineastas contemporáneos, sino entre creadores que, atravesando sus respectivas fronteras temporales, vienen y van en ese interminable intercambio de libertades creativas. Entre nosotros, Nicolasito sería el gran iluminado (para utilizar la lúcida imagen acuñada por Dean Luis Reyes, uno de sus estudiosos más diligentes), el que mejor adivinó las posibilidades expresivas que brindaba el audiovisual más allá de esa linealidad canonizada por tanto documental al uso.

Bibliografía

Sánchez, Jorge Luis (2014): «Guillén Landrián: además de vivir, hacía cine. Entrevista a Livio Delgado y Juan Carlos Tabío». En *Coordenadas del cine cubano* 3. Santiago de Cuba: Editorial Oriente.

Gutiérrez Alea, Tomás (1987): «Vanguardia política y vanguardia artística». En *Alea, una retrospectiva crítica*. La Habana: Letras Cubanas.

Évora, José Antonio (1990): «Santiago Álvarez et le documentaire». En Paranagua, Paulo Antonio (ed.): *Le Cinéma cubain*. Paris: Éditions du Centre Pompidou.

Gómez, Sara (*circa* 1967): «Cuestionario de Margarite Duras a Sara Gómez». Archivos de la Cinemateca, mimeo.

Exhumaciones de Nicolás Guillén Landrián

Dean Luis Reyes

No puedo contener las ansias de anecdotizar. Al fin y al cabo, la teoría nace en la experiencia.

Aquella tarde, el lunetario del habanero cine Charles Chaplin estaba salpicado de gente; los tumultos de años recientes eran más bien raros durante las primeras Muestras de Nuevos Realizadores. El programa fílmico de ese día incluía cinco cortos de Nicolás Guillén Landrián. Pero cuando empezó a exhibirse *Desde La Habana ¡1969! Recordar* (1970) hubo una conmoción. La violencia del estilo de montaje, la complejidad de la estructura para proponer una lectura transversal de la historia cubana, más la sutil imprecación a los dogmas aplicados a la valoración de la experiencia del presente histórico, significó poco menos que un shock. La sensación general acabó siendo que la historia del cine cubano había sido mal contada.

Era el 22 de febrero de 2003. Desde el año 2000, cada edición de la Muestra de Nuevos Realizadores iba exhibiendo estas y otras obras desconocidas para la mayoría de los realizadores jóvenes que allí se reunían. El ICAIC de la década del 2000 exhumaba, ajeno a antiguas y casi olvidadas anécdotas, parte de sus archivos prohibidos o subvalorados. Sin grandes gestos historiográficos ni celebraciones, las pantallas veían la reaparición de obras a menudo ausentes de biofilmografías, cuando no se trataba de estrenos absolutos.

El caso de Landrián fue el más resonante. El impacto de sus películas se expandió a una velocidad inaudita. Comenzó a ser cita constante en los claustros de la Escuela Internacional de Cine y TV de San Antonio de los Baños y en la más modesta Facultad de Arte de los Medios de Comunicación Audiovisual del Instituto Superior de Arte de La Habana. La crítica empezó a valorarlo a la altura de Santiago Álvarez –para horror de muchas posturas acomodadas a los cánones vigentes– y por encima de la mayoría de los otrora bien legitimados realizadores de la no ficción cubana. A raíz de celebrarse en 2009 el medio siglo de fundado el ICAIC, una votación de la FIPRESCI local eligió a dos de sus obras –*Ociel del Toa* (1965) y *Coffea Arábiga* (1968)– entre las diez producciones más destacadas de la no ficción cinematográfica nacional.

El mismo 2003, el estudiante de la EICTV Manuel Zayas contó la historia de Landrián en su tesis de graduación, *Café con leche* (EICTV, 2003). Zayas dejó en la Mediateca de la escuela las copias de sus películas que más han circulado. Otro estudiante cubano se ocupó de digitalizar las cintas VHS, de editar dos DVD con menú y extra incluido –el corto de Zayas mismo– y de poner a circular una integral que, a estas alturas, y en ausencia de interés por parte del ICAIC de editar una de calidad profesional, circula profusamente. La misma que los profesores extranjeros visitantes usan en sus universidades y los críticos cubanos estudiamos sin detenernos en la infame calidad de las copias.

La diseminación ha tenido carácter vírico. Lo útil de esta metáfora es que elude una lógica lineal y discernible del proceso. Un virus es un factor caótico y su travesía sólo puede obedecer a una geometría fractal. El efecto sobre el presente de este repertorio, perteneciente a un periodo histórico lejano de la cinematografía cubana, no tiene semejante dentro de las prácticas culturales locales. Acaso sólo sea comparable, en la historia reciente, a la recuperación del legado del grupo Orígenes, que atravesó la década del ochenta e impactó tanto los estudios literarios como algunas de las tendencias creativas –sobre todo en la poesía– de la segunda mitad de ese decenio, hasta entrados los noventa. El impacto provocado por la exhibición de la obra de Landrián responde ejemplarmente a la idea del rizoma deleuziano:

una cepa subterránea que aguarda su momento para brotar (Deleuze & Guattari 1980).

Exploremos las consecuencias de esa germinación.

La primera de ellas es detectable en la dimensión formal de la no ficción cubana actual. Juan Carlos Cremata despliega su conocimiento enciclopédico del cine nacional de los años sesenta en una pieza de montaje que inaugura la transgresión del estilo histórico regente del documental cubano del ICAIC, cuando realiza *La Época, el Encanto y Fin de Siglo* (1999). Más informado por el cine experimental de la tradición neoyorquina, por las vanguardias europeas de los años veinte y por su experiencia como estudiante de la EICTV a fines de los años ochenta –cuando, bajo la tutoría de Fernando Birri, la investigación sobre las vanguardias históricas, el cine de Norman McLaren y el montaje dialéctico daban lugar a una corriente transgresora de los discursos tutelares del cine latinoamericano de izquierda, en un acto anti-academicista que se apagó pronto–, Cremata propone una elegía a la fragmentación de la experiencia del presente, como único método digno para dar cuenta de la pérdida de certidumbres que rondaba el final del siglo en Cuba.

El instinto lúdico que ya era consustancial a *Oscuros rinocerontes enjaulados (muy a la moda)* (1990), la tesis de graduación de Cremata en la EICTV, resurge ahora dentro de un tejido obediente más a la aventura de sentido del cine estructural que a la búsqueda de una verdad referencial. *La Época...* es una pieza donde prospera el montaje asociativo, el método del *collage* y la actitud ensayística, incluso auto-referencial. Cremata hace un manifiesto en torno a la evanescente noción insular, doliéndose y burlándose a un tiempo de la despreocupada y a la vez ingenua actitud con que la gente a su alrededor asume la transformación del paisaje urbano y afectivo.

Una meditación acerca de la acción del tiempo sobre el discernimiento humano en torno a la experiencia histórica es un rasgo que dota a *La Época...* de una sintonía curiosa con *Desde La Habana...* El elemento mejor asimilable a la traza del cine de Landrián es en esta pieza su fina ironía, su evasión de la solemnidad habitual del documental cubano del ICAIC, para sugerir lecturas pendulares e incluso contradictorias de los acontecimientos más serios. El montaje es precisamente el procedimiento de construcción de sentido que estimula constantes encontronazos y deslizamientos que eluden esa tendencia habitual en el documental institucional –dígase la gran tradición de la no ficción cinematográfica como herramienta de los «discursos de sobriedad», según indica Bill Nichols– hacia evitar la proliferación de sentidos con que se manifiesta la realidad (Nichols 1991: 41).

La estrategia proliferante echa mano del montaje como medio creador de sentidos en una dirección menos lineal que la habitual dentro del documental cubano clásico. Más allá del propósito agitador y estimulador de choques dialécticos, propio de la obra de Santiago Álvarez; de la ambición creadora a través de la puesta en escena, presente en Oscar Valdés; pero sobre todo del estímulo al documental como registro, huella, documento, que rige la mayoría de las piezas producidas dentro del ICAIC, esta corriente usa el montaje para proponer ensartes que vinculan a la no ficción menos con la tarea de dar cuenta de la estructura de lo visible que con un marcado interés por figurar lo inmaterial.

Por ejemplo, Gustavo Pérez, un realizador que ha dado lugar desde mediados de la década del noventa a un grupo de obras documentales muy diversas desde Camagüey, provincia del oriente cubano que goza de una cultura cinematográfica incomparable con otra ciudad del país fuera de La Habana, reconoce que Landrián fue la piedra de toque de su estilo en los 2000. *Sola* (2003) y *Despertando a Quan Tri* (2004) responden al deseo por explorar el espacio social donde otrora habitara la utopía. En el primer caso, dejando a la cámara navegar las ruinas de las becas estudiantiles ubicadas en remotos campos cubanos, hoy abandonadas; en el segundo, visitando un poblado de trabajadores agrícolas nacido en los años sesenta bajo la voluntad de industrializar la agricultura y bautizado en homenaje a una aldea mártir del asedio imperialista a Viet Nam.

Despertando a Quan Tri (2004), de Gustavo Pérez.

Estas piezas renuncian a la voz de Dios. Prefieren, en cambio, un perenne estilo observacional, sacar partido de las concatenaciones de sentido inducidas por la manipulación del asincronismo sonoro-visual y una puesta en escena muy calculada, la cámara fija, el plano estático. Adquieren un ritmo sinfónico, una cualidad lírica no forzada y una vocación plástica próxima al trabajo de representación del retrato.

Susana Barriga construye la fábula privada de un adolescente de la Sierra Maestra que no sabe si permanecer en su hogar o irse fuera a buscar fortuna, en *Patria* (2007). Lo que aparentaría obedecer a la lógica de la pieza de cámara tradicional acaba funcionando como un dispositivo próximo a la abstracción, donde se despliega una meditación acerca de los arraigos. La puesta en cámara de *Patria* tiende a justificar a su personaje muy próximo a los bordes del plano, potenciando una composición inarmónica, que subraya la tensión entre el afuera y el adentro, entre el irse y el permanecer. Y todo ello, sin una entrevista o declaración en *off* salvo cierta frase suelta de la madre, quien desgrana como de pasada su angustia por la posibilidad de perder la compañía del hijo.

Esta corriente de ambición abstracta desconfía de los procedimientos expresivos típicos del documental, que suelen establecer una relación automática entre el registro factual y la experiencia del mundo. En cambio, el documental cubano reciente por regla

Suite Habana (2003), de Fernando Pérez.

general recela de las verdades definitivas. Ello ha motivado, incluso, la violación del pacto naturalista propio de la operación testimonial, al excluir una fuente de objetividad referencial tan decisiva como es la voz humana. Buena parte de la no ficción cubana reciente opta por una elaboración no naturalista de la banda sonora: los parajes humanos transcurren ajenos a cualquier clase de discurso verbal, extirpando incluso las entrevistas.

Una obra tan destacada del cine cubano del ICAIC de la primera década del siglo como fue *Suite Habana* (Fernando Pérez, 2003) –el largo documental más apreciado y mejor recibido por el público cubano en la historia del cine nacional– lleva esa clase de manipulación a su máxima expresión, transformándola en el eje de su puesta en escena. Pérez elige dejar posar a sus personajes en instantes de pausa o introversión. Durante hora y media no se pronuncia palabra alguna. El definitivo peso icónico de semejante puesta en escena refuerza la cualidad simbólica, el gesto metafórico y el tono reflexivo de la obra resultante.

Realizadores como Rigoberto Jiménez, formado dentro del proyecto de televisión comunitaria de la Sierra Maestra denominado Televisión Serrana –uno de los centros revitalizadores de la producción documental local de las últimas dos décadas–, evolucionó de un estilo más cercano al método reporteril a otro donde la elaboración del material referencial es profunda. En *Los ecos y la niebla* (2004), la semblanza de un campesino aislado del resto de la civilización es recreada a partir de la construcción de una profundidad de campo sonora que evoca la respiración secreta de las montañas. En *Como aves del monte* (2005), la convivencia difícil de una pareja de ancianos también aislados y sobreviviendo en un ambiente precario, trenza una meditación acerca del tiempo con el ensayo de otra manera de elaborar el pacto de solidaridad del documentalista con sus personajes. Para ello, Jiménez construye un canal de diálogo entre los ancianos usando intertítulos en primera persona, que asemejan una conversación casi inexistente en la vida cotidiana de ambos.

Tales operaciones obedecen a una cuestión de fondo: la negociación del retorno del sujeto popular al centro de las preocupaciones del documental cubano. La obra documental del ICAIC de los años setenta en adelante se ocupó mayormente de sujetos ejemplares o de contener al pueblo como un concepto amorfo y sin contradicciones mayores. Mas el tratamiento del sujeto popular encuentra una mirada compleja en el cine de Landrián. Probablemente sea esta la demanda que sintoniza su re-emergencia con las necesidades secretas de la cultura audiovisual cubana de los 2000. Acaso el impacto real de su *revival* sólo pueda entenderse dentro de la agenda negadora de la no ficción local frente a su tradición.

El cine de Landrián pone en evidencia una rebelión contra la hegemonía del mediador intelectual autoritario del documental cubano. Rebelión que tiene lugar en la época en que era tejida la mirada de un cine fundado en valores de clase media intelectual, mayormente blanca y urbana, constituida alrededor de un imaginario eurocéntrico, la cual porta una verdad que busca diseminar. El documental del ICAIC se hiló por norma general en torno a la construcción de la hegemonía de los valores de la revolución socialista, sin proponer contradicciones o indagar más allá de lo aparente. La demanda de transformarse en propaganda fictiva al servicio de la sociedad en construcción dejó de lado buena parte del repertorio indagador

Joven campesina baila en *Reportaje*.

consustancial a las vanguardias de la no ficción y optó por no problematizar la constitución del sujeto popular que representaba. Al fin y al cabo, el cine del ICAIC se manifestaba en teoría siempre a favor del pueblo, bajo el propósito esencial de informar, instruir, orientar.

El descubrimiento de este electrón libre, cuya suerte no podía haber sido otra que ser expulsado del proyecto de esa clase de documental –modalidad patente en la zona final de su obra: *Nosotros en el Cuyaguateje, Para construir una casa* y *Un reportaje sobre el puerto pesquero*, todos de 1972– tenía que ser fuente de trastornos mayúsculos. El efecto de fondo en la reelaboración de su legado es el giro hacia procedimientos que buscan convertir al espectador en co-creador del sentido.

Los realizadores cubanos de hoy privilegian la observación no tanto como un procedimiento de toma de distancia, sino como un modo de negociar su vínculo con el sujeto retratado. O sea, en vez de solamente usar la historia ajena como vehículo del discurso del cineasta, tomar como centro de la representación el trabajo con la integridad de ese otro.

Ariagna Fajardo elabora en *El círculo* (2011) una aproximación voluntariamente circunspecta a la convivencia de un matrimonio cuya tarea cotidiana más ardua es cuidar de sus madres en estado casi vegetativo. Aquí la aproximación a sujetos en situación precaria no se acoge a la porno-miseria –o sea, la exhibición de la esfera íntima en forma de espectáculo– sino a una indagación en las manifestaciones de humanidad más allá del dolor y la degradación. No hay subrayados de tipo narrativo o sugerencias de ánimo moral, sino un presenciar sin énfasis.

Igualmente, Armando Capó propone en *La marea* (2009) y *Nos quedamos* (2011) un pacto con sus personajes que no es amable. En el primero, deja a la puesta en escena obedecer a la relación seca y externa con un ermitaño del cual poco sabremos –acaso con cierta deuda a *La libertad*, de Lisandro Alonso (Argentina, 2001)–; en el segundo, elabora a partir del montaje y la manipulación sonora una meditación en torno a la persistencia humana como inercia, no como gesto heroico. En todos, las claves de sentido permanecen sumergidas en el estímulo al deseo del espectador, a su trabajo de exploración y reconocimiento de un paisaje simbólico que parte de lo real concreto para construir un desplazamiento ambiguo.

Este redoble del deseo por la historia, el cuerpo, los gestos del otro, muestran el impacto más definitivo de Landrián entre nosotros. Su cine pone en evidencia la necesidad de establecer un nuevo pacto ético para la labor del documentalista. No basta con sentir dolor por el subalterno social, ni la motivación política que impele a mostrar aquello que la sociedad ignora u oculta, si ello no va acompañado por un compromiso formal. De ahí que esta rebelión tenga un fondo ideológico, pues cuestiona el pacto conformista de una tradición documental que escatimó la aproximación compleja al sujeto social.

La no ficción cubana del presente persigue la revitalización del compromiso con la imagen del otro abriéndose a la exploración de la forma documental con un gesto reflexivo. En el caso cubano, tal reflexividad se dirige a poner en cuestión la postura que ocluye la participación del espectador en la construcción de sentido, al privilegiar la persuasión por sobre la reflexión. La no ficción actual tiende a construir formas dialógicas, que presuponen tomar parte en una experiencia compartida.

La niña mala (2011), de Jorge de León.

Incluso en casos como los de Jorge de León, que en *La niña mala* (2011) y *La felicidad* (2012) rinde abierto homenaje al modo de enfrentar Landrián la imagen del otro, existe un forcejeo con el enigma de aquel cuya imagen tomo a mi cargo, enigma que acaba por no ser respondido. En el primero, León incluye una secuencia final que semeja aquella conclusiva de *Reportaje* (1966). Más que una cita consciente y cinéfila, el objetivo de la misma es traer al presente las preguntas no respondidas por el cine documental del ICAIC en torno a los rostros de los campesinos filmados por Landrián.

La reflexividad es también patente en *Usufructo* (Eliécer Jiménez 2011). Su realizador invoca el recurso de los intertítulos en primera persona –a la manera de *Ociel del Toa*– para hacer hablar a un campesino que se ha acogido a las formas de propiedad de la tierra implementadas en Cuba a fines de la primera década del siglo XXI para relanzar la agricultura. Uno de tales textos reitera: «Es bueno que esto lo vean en La Habana…». La cita adrede, así utilizada, activa tanto la pervivencia de un legado fílmico pretérito con mucho que decir a los cineastas de hoy, como la demanda ética al fondo de la tarea del documentalista: mirar más allá de la superficie.

Pero el acto exhumatorio definitivo se consuma en las políticas de la memoria. *Retornar a La Habana con Guillén Landrián* (2013) es un gesto de evocación explícito. El realizador Raydel Araoz y el ensayista y profesor Julio Ramos elaboran una suerte de reporte de investigación que da con las trazas de Landrián allí donde poco se conoce: en la vida anónima del exilio interior y en el exilio definitivo, en los Estados Unidos. Ambos recurren a la fuente riquísima de remembranzas que es su compañera y viuda, Gretel Alfonso Fuentes.

Este corto posee un valor testimonial alto, por cuanto refiere buena parte de los pasajes apenas conocidos de la sobrevida de Landrián después de ser expulsado del instituto de cine en Cuba: la cárcel, la muerte civil, el hospital psiquiátrico, la pintura, y la transhumancia y la lucha por sobrevivir en Miami y Nueva York. Pero por sobre ello pesa el amor. La evocación de Gretel contiene una alegría y una pasión que explican el trabajo de la memoria como máquina de plenitud vivida y compartida en comunión con el ser amado. A pesar de todos los acontecimientos difíciles que se cuentan, no hay aquí ningún dolor.

Aunque la pieza se apoya mayormente en el testimonio oral de Gretel, la construcción formal evita los rasgos típicos de la no ficción descriptiva. Diversos elementos (animaciones, *collages*, sobreimpresiones, infografías) recrean y comentan, interviniendo, los sucesos referidos. El impulso estructural quiere intervenir el color de lo factual y devolverlo transfigurado, en la forma de un universo donde cine, poesía, pintura, exilio y locura cohabitan en un todo extraño y único.

En la estructura, además, reside un homenaje aún más profundo. La historia contada es compuesta a manera de pliegues de conexión no rectilínea, sino polifónica, abierta. El ejercicio de montaje comenta (como también lo hace el título del corto) aquel enigmático especimen de montaje asociativo que es *Desde La Habana ¡1969! Recordar*. Cruzando acontecimientos, trazas documentales (recortes de prensa, fotos) y lugares, Araoz y Ramos dan con una combinación que consigue que historia, memoria, evocación y rastros materiales permanentes de la creación artística de Landrián nos devuelvan al hombre en una cierta plenitud.

Porque, como sin quererlo, *Retornar a La Habana...* pareciera proponerse la redención del cineasta, hacerlo descansar lejos de una accidentada biografía, como sujeto pleno y entrañable. De ahí que el recurso sonoro que inaugura esta pieza (el martilleo del cincel que dibuja una frase sobre el mármol) sirva como repiqueteo en la memoria de una presencia que no puede ser ignorada y mucho menos exorcizada. En ese episodio, Gretel coloca en la tumba habanera de Landrián un epitafio: «El hijo del hombre no tiene donde apoyar la cabeza». La pieza resultante tiene por producto una invocación, el llamado persistente de los vivos por algo que nos duele y que nos falta.

Bibliografía

Deleuze, G., & Guattari, F. (1980): *Mille plateaux: Capitalisme et schizophrenie.* Paris: Les Editions de Minuit.

Nichols, B. (1991). *Representing reality: Issues and concepts in documentary.* Bloomington: Indiana University Press.

Documentos en la sombra
Asedios al texto fílmico de Nicolás Guillén Landrián

Rafael Rojas

En los últimos años se ha producido, dentro de la isla, una recuperación del interés por la obra del cineasta cubano Nicolás Guillén Landrián (1938-2003). En 2003, año de la muerte de Guillén Landrián en Miami, el cineasta Manuel Zayas filmó en La Habana un documental sobre su obra, *Café con leche* (2003), producido por la Escuela Internacional de Cine y Televisión de la Fundación del Nuevo Cine Latinoamericano. Poco después, el estudioso de la cultura cinematográfica de la isla, Dean Luis Reyes, escribió el que es, hasta ahora, el más completo ensayo sobre el documentalista, incluido en el libro *La mirada bajo asedio* (2010). En 2013, Raydel Araoz y Julio Ramos dirigieron el documental *Retornar a La Habana con Guillén Landrián*, una larga entrevista con su viuda Gretel Alfonso, que intentó reconstruir la vida del cineasta entre La Habana y Miami (Ramos 2013).

Estas aproximaciones a la obra de Guillén Landrián se enmarcan en la relectura que la nueva generación de cineastas cubanos hace de la obra de aquel documentalista de los años sesenta y setenta, pero también en la emergencia de una nueva poética fílmica que no oculta su deuda con ese legado. ¿Qué busca esta nueva mirada en aquella obra instalada en una tradición visual fácilmente asociable a *PM* (1961), de Orlando Jiménez Leal y Sabá Cabrera Infante, y *Gente en la playa* (1961), de Néstor Almendros? ¿Cómo pensar esta arqueología y esta visitación desde la cultura cinematográfica del siglo

XXI? En ambas aproximaciones es posible advertir el intento de fijar la obra de Guillén Landrián como un referente del nuevo «documental reflexivo» de la isla, más allá del sentido arqueológico que tiene la recuperación de una estética fílmica borrada por el archivo oficial (Reyes 2010: 107-149).

Lo que atrae de Guillén Landrián en la cultura audiovisual cubana del siglo XXI es un conglomerado de nociones. Por un lado, hay un gesto y una factura vanguardistas en los documentales del realizador que seduce por oposición al convencionalismo técnico que predomina en buena parte de la producción cinematográfica contemporánea de la isla. El cineasta Jorge Luis Sánchez y el crítico Dean Luis Reyes han señalado que desde sus primeros cortos, *En un barrio viejo* (1963) y *Los del baile* (1965), Guillén Landrián se acogía al repertorio más experimental e innovador de la producción fílmica de aquella década, vinculado al realismo baziniano, el neorrealismo italiano, la *nouvelle vague* francesa, el *cinema novo* brasileño, el *free cinema*, el *cinéma verité* o el *direct cinema* (Reyes 2010: 19).

No sabemos si Guillén Landrián leyó los ensayos de *Cine-ojo* (1924) o los diarios de Dziga Vertov; pero, evidentemente, conoció la obra del mismo título del vanguardista polaco-ruso. Una traducción de aquellos textos de Francisco Llinás, en la editorial Fundamentos de Madrid (1973), fue muy popular entre los círculos iberoamericanos del *cinéma verité* y las «cámaras vivientes» en los sesenta y setenta. Vertov consideraba el arte del *kinok* y a sus practicantes, los *kinoks*, como protagonistas de una revolución dentro de la cinematografía que, de hecho, creaba una profesión o un oficio diferente al de cineasta (1973: 15). Un interés de Vertov era captar a través de la cámara viva el nacimiento del «hombre nuevo» en los años posteriores al triunfo de la Revolución Bolchevique. Un nacimiento que, inevitablemente, debía representar la «torpeza y la desmaña» del viejo «hombre burgués» e, incluso, las hibridaciones entre lo antiguo y lo moderno que se producían en la condición larvaria del naciente sujeto social (1973: 17). Decía Vertov:

El film *Cine-ojo* constituye el asalto que efectúan las cámaras a la realidad y prepara el tema del trabajo creativo sobre el fondo de las contradicciones de clase y de la vida cotidiana. Desvelando el origen de las cosas y del pan, la cámara ofrece a cada trabajador la posibilidad de convencerse concretamente de que es él, el obrero, quien fabrica todas estas cosas y que, en consecuencia, a él le pertenecen. (Vertov 1973: 44)

Aquella orientación estilística, actualizada por las vanguardias fílmicas de los sesenta, era evidente en Guillén Landrián, por medio de las constantes sucesiones de primeros planos y *close-up* de niños y adultos con miradas en lontananza que, unidas a transiciones bruscas de la música de fondo, trasmitían una mezcla de inquietud y melancolía. Las crónicas documentales de Guillén Landrián, en *Ociel del Toa* (1965), *Reportaje* (1966) o *Retornar a Baracoa* (1966), aprovechaban esos dispositivos del vanguardismo cinematográfico para narrar el cambio revolucionario, sobre todo en las zonas rurales del país, como un desgarramiento que violentaba al sujeto. La mirada de Guillén Landrián sobre la modernización revolucionaria compartía los tonos de desasosiego y estremecimiento que pueden leerse en otros testimonios de la época como *Celestino antes del alba* (1967) de Reinaldo Arenas, algunos poemarios del grupo editorial El Puente o los libros sobre Isla de Pinos y Baracoa de viajeros de la izquierda norteamericana como Leroy McLucas, Elizabeth Sutherland Martínez o José Yglesias[1].

Como la rusa en los años veinte o la mexicana en los treinta, la Revolución cubana produjo una modernización socialista que removió los enclaves tradicionales de la cultura católica, burguesa y liberal del periodo republicano. Guillén Landrián compartía con aquellos escritores de su generación, y también con cineastas de la generación anterior como Tomás Gutiérrez Alea, la idea de que esa modernización implicaba una fractura social en la que el poder revo-

---

[1] Sobre la estrategia crítica de algunas de estas miradas, a medio camino entre la solidaridad y la disidencia, véase Rojas 2015.

lucionario imponía el nuevo orden político con violencia, absolutismo y activación de resortes del propio antiguo régimen, como el racismo, el machismo o la homofobia[2].

Hay momentos en la escritura de los poetas de El Puente, por ejemplo en *La marcha de los hurones* (1960) de Isel Rivero o en *La conquista* (1960) y *De la espera y el silencio* (1961) de José Mario, que exponían aquella fractura. En lugar de unidad, convicción o entusiasmo, aquellos poetas hablaban de «separación», «soledad», «resistencia». La Revolución podía ser el «desgarramiento por un ideal» o, incluso, el «dolor que se esconde donde no se es libre», pero siempre era una agonística social y política (Barquet 2011: 182 y 198). Como en la poética fílmica de Vertov, la lucha de clases seguía viva después de la Revolución: nada más ajeno a las modernizaciones socialistas que la supuesta armonía post-clasista del estalinismo. Al decir de Slavoj Žižek, esa era una de las más claras diferencias entre leninismo y estalinismo: bajo Lenin «el terror se admitía abiertamente […], mientras que en tiempos de Stalin, el terror se convirtió en un suplemento tenebroso y obsceno, no reconocido públicamente, del discurso oficial» (2004: 76-77).

A partir de 1968, la poética fílmica de Guillén Landrián fue desplazándose de una documentación visual de aquella fractura a un cuestionamiento más evidente de la modernización estatal cubana, coincidiendo con el alineamiento discernible del poder cultural de la isla con el modelo soviético. Sus ensayos documentalísticos, *Coffea Arábiga* (1968) y *Desde La Habana, ¡1969! Recordar* (1970), a la vez que trascendían la textualidad de la crónica o el reportaje, introducían un discurso delirante y por momentos psicodélico, que emplazaba a la racionalidad del Estado socialista y sus líderes. Aunque todavía en 1971 Guillén Landrián volverá a la narrativa reporteril, en la pieza *Taller de Línea y 18*, el umbral de la representación se había quebrado por medio de una plasmación más tangible de la subjeti-

---

[2] Véase Fuente 2000, Guerra 2012 y Sierra Madero 2016.

vidad del cineasta, que se movía hacia la interpelación de la razón revolucionaria.

Guillén Landrián compartía con buena parte de la generación del 68, en Europa y América, una justificada identificación entre Razón, Revolución y Modernidad, que desafiaba la partición maniquea o binaria del mundo en la Guerra Fría. Como Theodor Adorno, Max Horkheimer, Herbert Marcuse y la Escuela de Frankfurt en Alemania o como los filósofos post-estructuralistas del grupo *Tel Quel* en Francia, el documentalista inscribía el socialismo de Estado, de matriz soviética, que se construía en Cuba, dentro del mismo proceso de reificación política del racionalismo occidental. Aquel fetichismo de la razón y el progreso, que había llegado a su apogeo con la bomba atómica, no excluía los proyectos megalómanos del socialismo real, cuyas presencias en Cuba eran perceptibles en el Cordón de la Habana, la Zafra de los 10 Millones del 70 o el mesianismo carismático en torno a la figura de Fidel Castro.

Como Heberto Padilla, Reinaldo Arenas o los escritores de El Puente, Guillén Landrián producía su propio atisbo de la estalinización del socialismo cubano. Un atisbo que haría de Cuba un espacio asimilable al proyecto modernizador, en su variante más instrumental y desarrollista durante la Guerra Fría. Los ensayos fílmicos de Guillén Landrián serían una protesta contra el cierre de esa jaula de hierro weberiana, de burocracia y mitomanía, capitalismo y comunismo, que apelaba a la visibilidad de las drogas, la psicodelia, la locura, la sexualidad, la religión y el rock como trasfondos irracionales y reprimidos del nuevo orden socialista. La política de la representación de Guillén Landrián convergía en el gesto generacional de explorar los límites de un racionalismo tecnocrático que castraba los impulsos emancipatorios y utópicos de la contracultura[3].

---

[3] Véase Roszak 1995. Antes que Roszak, la antropóloga Hortense Powdermaker (1950) había llamado la atención sobre la capacidad del cine marca

Dentro de la cultura cinematográfica cubana de los años sesenta, el proyecto de Guillén Landrián se distingue por su ubicación en un flanco específico de la crítica al desarrollismo socialista pro-soviético. Por lo general, el cuestionamiento de ese modelo se asocia a una crítica a la burocratización institucional del socialismo que tiene en Tomás Gutiérrez Alea y Santiago Álvarez sus mejores expresiones en la ficción y la documentalística. Ambos, pero sobre todo el primero, personificaron la plasmación fílmica de una refutación del avance del sistema insular hacia el socialismo real, que salvaba la figura de Fidel Castro y contraponía una idea heterodoxa y originaria de la Revolución cubana a una distorsión dogmática, basada en el contacto con el bloque soviético. Guillén Landrián eludía esas matizaciones y constataba una asimilación orgánica de la modernización comunista de la Guerra Fría, que Herbert Marcuse formuló a plenitud en su libro *El marxismo soviético* (1975).

Si en *Dialéctica del espectador* (1982) Gutiérrez Alea defendía que la dimensión espectacular y artística del cine impedía que el producto fílmico fuera sometido a una camisa de fuerza estética que lo acomodara a una «realidad ideal», preconcebida por la ideología o la política, Guillén Landrián partía de una ironización de los discursos políticos desde el arte, que rebasaba aquel presupuesto. La «identificación» y el «distanciamiento», acuñados desde la tradición aristotélica hasta el realismo social de la dramaturgia brechtiana, en tanto pilares de la estrategia moderna de la representación, eran deliberadamente abandonados por el documentalista. Las premisas del creador de *Ociel del Toa* no tenían que ver tanto con los dilemas de la ilustración letrada como con la rebelión contra una racionalidad encrática, que sustentaba la propia cultura cinematográfica crítica.

El rechazo al desarrollismo era antiburocrático, como en Gutiérrez Alea y Santiago Álvarez, o era tercermundista y descolonizador, en

---

Hollywood para desactivar la ética de la liberación por medio de una «fábrica de sueños o fantasías».

el sentido en que Edmundo Desnoes, autor de la novela y el guión de *Memorias del subdesarrollo* (1968), interpretó la obra de Wifredo Lam. Pero raras veces, como en la obra de Guillén Landrián, se abrió a un cuestionamiento central de la racionalidad modernizadora que propiciaba el socialismo de Estado. Esa cualidad concedió a la poética fílmica de Guillén Landrián un ángulo de insurgencia o rebelión iconográfica que, al tiempo en que ofrecía alternativas a la imagen oficial del poder, postulaba una «soberanía de la invisibilidad», parecida a la que ha propuesto Carlos Ossa en su estudio sobre el cine político en América Latina (2013: 91-104).

Frente a la persistente erección del sujeto colectivo –las masas, el pueblo, la nación, las «organizaciones sociales»…– como motor de la historia y la política, Guillén Landrián propuso el delirio y la toxicidad de la memoria personal como lugares de enunciación. Hay una lectura de la realidad política cubana en los sesenta y de toda la historia moderna de la isla en aquellos documentales, que propone una plataforma alternativa de intelección para el «ser» nacional o revolucionario. Una «estrategia visual» autónoma, como sostiene Ossa, que, sin embargo, se inscribe en las formas de articulación de la comunidad que propuso el cine político de vanguardia en América Latina, durante los años sesenta y setenta (Ossa 2013: 138-152).

En *Desde La Habana, ¡1969! Recordar* (1970), por ejemplo, el cineasta intentó un *collage* histórico de la experiencia cubana a diez años del triunfo de la Revolución, que encapsulaba una década y a la vez un siglo de vida nacional moderna. Antecedidos por el exergo de la canción «Mother Nature's Son» de los Beatles, los hitos históricos de la isla, condensados en el relato hegemónico sobre los «cien años de lucha» de Fidel Castro (guerras de independencia, ocupación norteamericana, dictaduras de Machado y Batista, asalto al cuartel Moncada, muertes del Che Guevara y Jesús Menéndez, desaparición de Camilo Cienfuegos…), se sucedían como flashazos de un interminable lumínico del poder. Pero al mismo tiempo, la rememoración personal del documentalista no ocultaba la transferencia tecnológica que generaba la conexión soviética o el gregarismo forzado de los proyectos revolucionarios.

La tensión entre un proceso revolucionario inscrito en el paradigma de la izquierda nacionalista o populista, en la América Latina y el Caribe de mediados del siglo XX, y una acelerada institucionalización de matriz soviética, en la Guerra Fría, se plasma en el texto fílmico de Guillén Landrián. El documental es una larga interrogación sobre ese tránsito —de hecho el signo de interrogación aparece constantemente en medio de la pantalla—, y una reiteración de las preguntas «¿Qué?» y «¿Por qué?» en torno al Cordón de La Habana o la llegada del hombre a la luna, que culmina en una superposición de voces entre Nicolás Guillén y Fidel Castro. Mientras el poeta lee su «Elegía a Jesús Menéndez», el líder lee la carta de despedida del Che Guevara. Entre ambas muertes se verifica la mutación del proyecto político nacional y Guillén Landrián mezcla en esas últimas escenas las voces de los muertos, Guevara, Cienfuegos, Menéndez…, con las de los vivos, Guillén y Fidel, que representan, a la vez, dos modalidades de la figura paterna.

Hay aquí una poética y una política de la memoria, que destaca, una vez más, el papel del duelo en cualquier proceso de modernización, sea liberal o marxista. Reinhart Koselleck se ha referido a esa conexión en un libro sobre el culto a la muerte y la memoria nacional en la modernidad alemana. Sostiene Koselleck que en todo «tránsito a lo moderno» se produce una «utilización funcional de la representación de la muerte a favor de los sobrevivientes», que genera una sensación permanente de duelo (2011: 69-87). Ese mecanismo facilita, a su vez, la captura de la política por el afecto y la emoción, dotando al Estado y a sus líderes de un poder patrimonial sobre la psicología colectiva y la cultura nacional. La obra documentalista de Guillén Landrián expone, como pocos documentos artísticos de los años sesenta y setenta, esa relación entre duelo y política en Cuba.

Hay una poética del recuerdo en esos ejercicios fílmicos que expone el peso de lo histórico en una construcción política como el socialismo cubano. La Revolución ponía en tela de juicio toda la historia de Cuba y el lugar de la isla en el mundo. Se trataba de un cambio temporal y espacial, que trastocaba las coordenadas geográficas y culturales del país. De ahí que los rituales del presente –los discursos de Fidel, la propaganda televisiva o impresa, las efemérides, el calendario cívico, las flores para Camilo, el nombre de cada año...– aparecieran como cifras de una nueva temporalidad. El cineasta advertía que la «discontinuidad del recuerdo», de que hablaba Koselleck (2011: 39-52), se había quebrado con la Revolución[4]. Ese quiebre no implicaba un anclaje perenne en la representación negativa del pasado, como la que reproducían los medios de comunicación oficiales, sino una interrogación del presente como supuesto fin o desenlace de la historia de Cuba.

Guillén Landrián filmaba colas interminables, rostros abúlicos y desamparados e intercalaba preguntas básicas e incómodas al triunfalismo oficial. Todo eso enmarcado por una situación precisa del discurso, en una Habana de fines de los sesenta, donde a la prohibición de los Beatles se sumaba una atmósfera creciente de intolerancia y represión contra manifestaciones de la contracultura, como las que pueden leerse en las fotos de la serie «My Sixties» (2009) de José Figueroa, que visualizan una juventud *hippie* del Vedado, identificada por Cristina Vives (2013) como una entre varias señales de resistencia cultural contra la homogeneización civil del socialismo. El cine de Guillén Landrián se coloca de cuerpo entero en esa subversión icónica de un 68 cubano contra el avance del canon estético del realismo socialista en la isla.

Varios pasajes de *Memorias del subdesarrollo* (1968), sintomáticamente de los créditos de aquella cinta de Gutiérrez Alea, que Guillén Landrián insertaba en *Desde La Habana, ¡1969! Recordar* (1970), funcionaban como parte del balance de la década de los sesenta, pero también como el reconocimiento de la pertenencia a una comunidad

---

[4] Sobre el papel del afecto en la cultura cubana véase Quiroga 2005 y Rojas 2006.

artística del cine, que compartía el mismo malestar por el avance de una ideología de Estado ortodoxa sobre la cultura cubana. Guillén Landrián colocaba su propia obra documentalística en la tradición de crítica a la iconocracia –para usar el término de Iván de Nuez (2015)– oficial del gobierno cubano, fundada, en buena medida, por Gutiérrez Alea en *Memorias del subdesarrollo*, pero que, en realidad, arrancaba años atrás con *PM* de Sabá Cabrera Infante y Orlando Jiménez Leal y en los primeros cortos de Néstor Almendros. En todo caso, el temprano homenaje de Guillén Landrián a Gutiérrez Alea era una seña de identidad estética y política que adelantaba la lógica de recepción del cine revolucionario que han afirmado las generaciones posteriores de cineastas cubanos.

Buen indicio de lo anterior es la propuesta de relectura del cine documental contemporáneo en Cuba que se desprende de la muestra *Cine sumergido* (2013), promovida por los académicos Luis Duno-Gottberg y Michael J. Horswell, y que circuló en 2014 por diversas universidades de Estados Unidos. La ensayística documental de jóvenes creadores como Damián Sainz, Laimir Fano, Armando Capó o Adrián Replansky apuesta por una poética fílmica en el corto de no ficción que tiene en la obra de Guillén Landrián un antecedente ineludible. La obra del documentalista de *Coffea Arábiga* se perfila en los últimos años como un lugar concurrido del archivo de la resistencia cultural en Cuba, pero también de los límites de la experimentación y el vanguardismo de los años sesenta.

La innovación formal de algunos de los más jóvenes realizadores de la isla vindica la poética de un cine artístico o de autor, opuesta a la hegemonía del paradigma comercial. Sin embargo, ese gesto, predominante en la documentalística reflexiva, también elude algunos de los recursos técnicos y estilísticos más comunes de la cinematografía vanguardista de la generación de Guillén Landrián. El rechazo a la despolitización que se reproduce en el campo intelectual cubano, desde distintas plataformas tácticas, en las últimas tres décadas, agrega en el caso de la lectura de esos documentos colocados en la sombra del discurso oficial, un evidente subrayado del lugar de enunciación de la nueva era digital y tecnológica.

Desde La Habana, ¡1969! Recordar (1970) comenzaba con imágenes directas del estallido de las bombas atómicas de Hiroshima y Nagasaki, situando al espectador en el contexto de la Guerra Fría o, más específicamente, en la realidad de un mundo condicionado por la amenaza de la conflagración nuclear. El nuevo ensayo documental de la isla actualiza aquella apuesta de Guillén Landrián por una localización de la trama insular en un orden global, que rebasa delimitaciones periféricas como la de Tercer Mundo o subdesarrollo, o geografías centrales como la de Occidente o modernidad. El nuevo documento fílmico cubano pugna por una reinvención del espacio cultural, que involucra a la isla, la diáspora y el mundo que dentro y fuera implosiona ambas comunidades, que son una, dos o varias a la vez y que dan cuenta de la visibilidad de lo sumergido como uno de sus rituales predilectos.

BIBLIOGRAFÍA

BARQUET, Jesús J. (ed.) 2011: *Ediciones El Puente en La Habana de los años sesenta. Lecturas críticas y libros de poesía.* Chihuahua: Ediciones del Azar.

DESNOES, Edmundo (1967): *Punto de vista.* La Habana: Cocuyo.

— (1963): *Lam: azul y negro.* La Habana: Casa de las Américas.

DUNO-GOTTBERG, Luis & HORSWELL, Michael J. (2013): *Submerged. Alternative Cuban Cinema.* México D.F.: Literal Publishing.

FUENTE, Alejandro de la (2000): *Una nación para todos. Raza desigualdad y política en Cuba. 1900-2000.* Madrid: Colibrí.

GUERRA, Lillian (2012): *Visions of Power in Cuba. Revolution, Redemption, and Resistence, 1959-1971.* Chapel Hill: The University of North Carolina Press.

GUTIÉRREZ ALEA, Tomás (1982): *Dialéctica del espectador.* La Habana: Unión.

KOSELLECK, Reinhart (2011): *Modernidad, culto a la muerte y memoria nacional.* Madrid: Centro de Estudios Constitucionales y Políticos.

Marcuse, Herbert (1975): *El marxismo soviético*. Madrid: Alianza Editorial.
Nuez, Iván de la (2015): *Iconocracia. Imagen del poder y poder de las imágenes en la Cuba contemporánea*. Madrid: Turner.
Ossa, Carlos (2013): *El ojo mecánico. Cine político y comunidad en América Latina*. México D.F.: Fondo de Cultura Económica.
Powdermaker, Hortense (1950): *Hollywood. El mundo del cine visto por una antropóloga*. México D.F.: Fondo de Cultura Económica.
Quiroga, José (2005): *Cuban Palimpsests*. Minneapolis: The University of Minnesota Press.
Ramos, Julio (2013): «Regresar a La Habana con Guillén Landrián. Entrevista a Gretel Alfonso». En *laFuga* 15: <http://www.lafuga.cl/regresar-a-la-habana-con-guillen-landrian/662>.
Reyes, Dean Luis (2010): *La mirada bajo asedio. El documental reflexivo cubano*. Santiago de Cuba: Editorial Oriente.
Rojas, Rafael (2006): *Tumbas sin sosiego. Revolución, disidencia y exilio del intelectual cubano*. Barcelona: Anagrama.
— (2015): *Fighting over Fidel. The New York intellectuals and the Cuban Revolution*. Princeton: Princeton University Press.
Roszak, Theodore (1995): *The making of a counterculture*. San Francisco: The University of California Press.
Sierra Madero, Abel (2016): «El trabajo os hará hombres. Masculinización nacional, trabajo forzado y control social en Cuba durante los años sesenta». En *Cuban Studies* 44: 309-349.
Vertov, Dziga (1973): *El cine ojo*. Madrid: Fundamentos.
Vives, Cristina (2009): «Sus piernas flojas sólo sirven para el rock». En Vives, Cristina (ed.): *José A. Figueroa. Un autorretrato cubano*. Madrid: Turner: 15-76.
Žižek, Slavoj (2004): *Repetir Lenin*. Madrid: Akal.

Cine, archivo y poder
Entrevista a Manuel Zayas[1]

Julio Ramos: Cuéntanos sobre *Café con leche* (2003), tu ensayo fílmico sobre el cine de Nicolás Guillén Landrián.

Manuel Zayas: Empecé a filmar el documental en marzo de 2003 y lo terminé de editar en septiembre, ya después que había muerto Nicolás. Cuando empecé el documental yo no sabía, ni él tampoco, que estaba enfermo de cáncer. En medio del proceso de edición él muere y entonces cambié el documental que tenía en mente.

JR: ¿Por qué? ¿Qué te obligó a cambiar la estrategia?

MZ: Yo había filmado alrededor de quince entrevistas con familiares, amigos, todos los técnicos que trabajaron con él que se dejaron filmar, incluso busqué a personajes que aparecían en sus documentales y a los guajiros que presenciaron algunas filmaciones. Tenía mucho material, pero iba a hacer una biografía de una persona que ya sabía que iba a morir y era muy difícil darle coherencia a todo ese material disímil, a las entrevistas de gente tan distinta, en un documental en que todos iban a hablar positivamente de un autor que fue condenado al ostracismo. Después de que supe que iba a morir me resultó más interesante darle voz sólo a él y eliminar todo lo demás. O sea, que quedara su testimonio como algo único. Por desgracia, fue la última

---

[1] Esta entrevista con el cineasta e investigador Manuel Zayas, director de *Café con leche* (2003), documental sobre la trayectoria fílmica de Guillén Landrián, fue hecha el 25 de agosto de 2012 en la ciudad de Nueva York. Apareció originalmente en *laFuga* 15 (<http://www.lafuga.cl/cine-archivo-y-poder-entrevista-a-manuel-zayas-en-nueva-york/664>). La entrevista fue revisada posteriormente por Zayas para este volumen.

entrevista que dio, y por suerte, esa entrevista está recogida en *Café con leche* y es la que teje la historia. Él mismo cuenta su vida en sus propias palabras, como narración en *off*. A él prácticamente no se le ve, porque no me interesaba que el espectador se detuviera en la imagen desequilibrada que tenía Guillén Landrián en ese momento de su enfermedad; quería que el espectador se concentrara en el testimonio suyo.

JR: ¿Cómo hiciste la última entrevista? ¿Viajaste a Miami a verlo?

MZ: La hicieron unos colaboradores en Miami, Alejandro Ríos y Lara Petusky, una norteamericana. Antes, había estado en contacto con Guillén Landrián por correo electrónico y por llamadas telefónicas. Incluso su esposa, Gretel Alfonso, había ido a Cuba y la había conocido. Envié un cuestionario con anterioridad y estas personas fueron con una cámara y lo filmaron.

JR: Quisiera preguntarte luego sobre el montaje y el trabajo de archivo en *Café con leche*; pero antes, ¿cuándo viste los documentales de Nicolás Guillén Landrián por primera vez?

MZ: En la década del noventa, antes de entrar a la Escuela de Cine, yo estudiaba periodismo en la Universidad de La Habana y tuve como profesor a Raúl Rodríguez, un historiador del cine cubano que ya murió, quien escribió un libro que se llama *El cine silente en Cuba* (1992). Fue uno de los primeros historiadores del ICAIC que reconoce el cine anterior a la Revolución. En una de sus clases puso *Coffea Arábiga* (1968). Después, cuando entré a la Escuela de San Antonio de los Baños, vi *Ociel del Toa* (1965). Eran las únicas copias que existían de los trabajos de Nicolasito en formato VHS.

JR: ¿Cómo comenzaron a circular y a verse las películas de Guillén Landrián luego de su expulsión del ICAIC en 1972?

MZ: Aquellas primeras copias salieron a raíz de una muestra realizada en el Centro Georges Pompidou de París en el año 1989, que organizó Paulo Antonio Paranaguá, un brasileño historiador del cine latinoamericano. En el catálogo de aquella muestra, un crítico de cine cubano, José Antonio Évora, fue el primero en hablar de la tremenda importancia de la obra de Guillén Landrián, quien había sido barrido incluso de los catálogos y de la historia oficial del cine cubano. Paradójicamente, fue en un ensayo que se llama «Santiago Álvarez y el documental» (1990) donde al final Évora dice que de todos los documentales que se han hecho en el ICAIC el mejor es, a su juicio, *Coffea Arábiga*. En el año 1994 o 95, no te puedo precisar la fecha, en el Festival del Nuevo Cine Latinoamericano de La Habana, se programaron dos o tres documentales de Nicolasito, pero todo transcurrió como por debajo del tapete: en el catálogo no se hablaba de quién era Nicolasito y los documentales los pusieron en un cine a las diez de la mañana, a una hora que no iba a ir nadie y pocos se enteraron.

JR: ¿Qué pondrían?

MZ: Creo que pusieron *Ociel del Toa* y *Coffea Arábiga*. Luego en 2002, en la Muestra de Jóvenes Realizadores se proyectaron unos pocos de sus documentales, sin que se le diera mucha publicidad, y en 2003 pusieron otros.

JR: Cuando comenzaste a estudiar su obra, ya como alumno en la Escuela Internacional de Cine y TV, ¿te identificabas más con la biografía de este director censurado o con su estética experimental?

MZ: Me llamó la atención todo. Por ejemplo, yo vi un documental suyo en 35 mm en una sala de cine, se llama *Reportaje* (1966), donde Nicolasito filma un entierro de un muñeco que personificaba a la ignorancia, que a mí me impactó grandemente porque era una cosa muy simple. De alguna manera parecía una lección de cómo hacer un documental. Y me pareció hasta irónico, porque era lo contrario de lo que hacía Santiago Álvarez. Evidentemente, se trataba de un documental escamoteado, que no se exhibió hasta cuarenta años después de haber sido hecho y que el propio director utiliza después como referencia en otros documentales. En *Coffea Arábiga* aparecen citados fragmentos de ese documental, como también de *Retornar a*

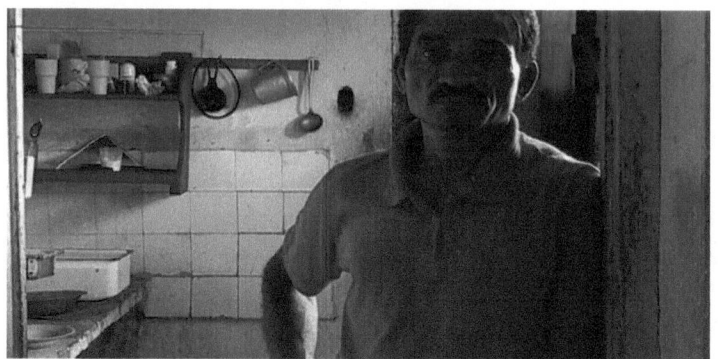

Ociel durante las entrevistas con Manuel Zayas para *Café con leche*. Foto cortesía de Manuel Zayas.

Baracoa, cuando está la negra peinándose con los rulos y escuchando la voz del poeta en la radio. Yo creo que fue una gran sorpresa descubrir que un cine así hubiera existido en Cuba.

JR: ¿Qué efecto ha tenido sobre la historia del cine cubano su redescubrimiento?

MZ: Tiene un efecto desestabilizador. La historia del cine cubano ha sido, durante muchos años, la historia oficial del cine cubano; o sea, una historia contada desde el punto de vista de los censores, lo que ha contaminado incluso a historiadores foráneos. Es el caso del británico Michael Chanan, que durante veinte años no hizo ni la más mínima referencia a los documentales de Nicolasito. Su cine ha tenido un efecto desestabilizador porque ha puesto en crisis ese discurso, ha desmentido los presupuestos sobre los que se fundó el cine oficial del ICAIC, que decía que todo el cine documental tenía que ser propaganda. Su redescubrimiento habla de cómo la autoría de un realizador que fue díscolo, que fue disidente, acabó imponiéndose.

JR: Da la impresión de que la reaparición de Guillén Landrián a principios de 2000 fue por lo menos tan importante como cualquier película que se produjo en aquella década.

MZ: Sí. También incomodó a mucha gente. A la viuda de Santiago Álvarez no se le puede hablar de Nicolás Guillén Landrián, porque ella, que además vive de la obra de su marido, descubrió que este tiene competencia. Por ejemplo, fue tan desestabilizador que cuando yo intenté entrevistar a Julio García Espinosa y a Alfredo Guevara para *Café con leche* (les entregué las transcripciones de las entrevistas donde Nicolasito decía claramente que el censor principal era Julio García Espinosa, y les envié un cuestionario donde les solicitaba su versión de los hechos) inmediatamente Julio García Espinosa llamó a Alfredo Guevara y le dijo: «Quieren resucitar a Nicolasito Guillén». Y él todavía no estaba muerto.

JR: Del trabajo formal, ¿qué aspecto te parece más desestabilizador y más atractivo para tu generación?

MZ: Lo más atractivo era el candor con el que Guillén Landrián retrata al pueblo cubano. Hay un cariño por el pueblo cubano que no parte de ninguna ideología. Eso no lo ves en los documentales de Santiago Álvarez. Todo lo contrario. Hay cuatro documentales de Santiago que son documentales de propaganda, y no me atrevería ni a llamarle documentales, es propaganda contra el pueblo cubano, que son los documentales del Mariel, donde él se burla de los asilados en la Embajada de Perú. En la obra de Nicolasito, incluso en los documentales más críticos, por ejemplo *Taller de Línea y 18* (1971), en el que él hace todas esas mezclas de las bandas sonoras y de todo aquello, tú no ves que hay burla directa. Él está hablando de un proceso, está hablando de la burocracia, de lo mal hecho, de la chapucería, de la repetición de un discurso. Él se burla de lo ridículo de los formalismos, pero no se está burlando del hombre.

JR: Hay otras dimensiones formales que podríamos abordar; por ejemplo, la cuestión del montaje.

MZ: Hay una sutileza en el montaje que no la hay en Santiago Álvarez. Ya en uno de sus primeros documentales, *En un barrio viejo* (1963), donde él está aprendiendo a hacer cine, se hace evidente.

Por ejemplo, hay una secuencia donde unos milicianos están marchando por una calle de la Habana Vieja y el corte es a un baile. Él te puede unir a través del sonido, el tac tac del baile con la marcha, o a la inversa. Eso a nivel visual y sonoro es de una riqueza y de una sutileza totales.

JR: Trabajó también la disonancia y el desfase o asincronía entre imagen y sonido...

MZ: Estaba condenado a hacerlo porque una de las ventajas, por cuestiones técnicas, de filmar en cine, en 35 mm, era que te hacía pensar en la banda sonora que, por lo general, no era sincrónica, era sonido indirecto. Eso te llevaba a elaborar una banda sonora a veces hasta con cosas muy simples. Por ejemplo, en *Ociel del Toa*, que no tiene sonido directo, cuando está la mujer de Filín de parto se oye a la mujer que da dos gritos. A lo mejor lo hizo en estudio o a lo mejor lo grabó de verdad –y ya tú sabes que la mujer está de parto. De la manera más simple, a nivel visual y sonoro, él te describe una escena magistralmente. Y eso creo que puede reflejar otras influencias porque, antes de hacer cine, él había estudiado pintura y había sido locutor, había trabajado en la radio. Eso viene de la radio.

JR: Es muy interesante, porque hay otros momentos en que la asincronía de imagen y sonido lo lleva a la saturación de las múltiples fuentes de las bandas sonoras que provienen de espacios tan diversos que a veces no se ven en la película, como ocurre en *Taller de Línea y 18* y en *Desde La Habana ¡1969! Recordar* (1970).

MZ: Ya eso se ve desde *Los del baile* (1965), en el que hace un montaje paralelo entre los que bailan y su día a día, cortando en compases ese mozambique de Pello el Afrokán. Y la manera en que mezcla el sonido ambiente del día a día, la gente en su casa mirando a la cámara, o peinándose en un espejo, o planchando, con la música. Él sabía cortar el sonido, y eso no se lo debía al editor, era él quien decía dónde cortar.

JR: Los montajes se radicalizan después del primer internamiento de Guillén Landrián en Isla de Pinos, cuando hay un cambio estilístico importante que va de la trilogía de Toa a *Coffea Arábiga*, el paso del plano más lento y del plano secuencia al montaje radical. ¿Cómo tú lo explicas?

MZ: Él era un ser humano y su propia biografía condicionó su obra. En el 65 o 66 fue enviado a una granja de pollos y creo que allí se volvió loco, le dio fuego a la granja, lo montaron en un avión y le dieron electroshocks, lo mandaron a un hospital. Después de eso no lo readmitieron en el ICAIC hasta que su padre, abogado y hermano de Nicolás Guillén, el Poeta Nacional, intercede y es readmitido. Pero lo ubican en un departamento de documentales didácticos, yo creo que para evitar más problemas de los que ya había causado y un poco para que entrara en el redil. Para los funcionarios, ahí no iba a tener muchas posibilidades creativas; sin embargo, hizo una de sus obras maestras, *Coffea Arábiga*. Lo que sufrió en ese periodo condicionó un cambio con respecto a su cine anterior, con ese estilo de documental lineal, observacional. Ahora, como autor, estaba condenado a hacer documentales didácticos e imagino que tenía menos posibilidades creativas, así que esas posibilidades las encontró a través del montaje. Si te pones a ver, acude al montaje intelectual, tan cercano a Vertov o a Eisenstein.

JR: Volvamos a tu trabajo de archivo y a tus montajes, ¿cómo lograste hacer las copias de los documentales?

MZ: Tenía el respaldo institucional de la Escuela de Cine y durante seis meses fui prácticamente todos los días a los archivos con dos objetivos: uno, investigar, lo rastreé todo; y dos, obtener las copias. Siempre había problemas técnicos: se rompía el telecine, o usaban el telecine para hacer discursos de Fidel Castro…

JR: ¿Pusieron obstáculos en el archivo mismo?

MZ: Como yo tenía el permiso de la Escuela de Cine no había ningún obstáculo. Si no hubiera tenido ese respaldo institucional seguramente no me hubieran ni dejado entrar. Las personas que trabajaban allí no eran responsables de la censura, eran muy amables.

Tenían un sistema de catalogación pésimo: eran unas fichas hechas con unos cartoncitos donde estaban los nombres. Dentro del archivo había tres archivos: el archivo general, el archivo del archivo –que era donde estaba el material que no se podía exhibir, en copias en positivo– y un tercer archivo, en grado máximo de descomposición, que guardaba películas que iban a perderse porque tenían un nivel de acidez ya alto, conocido como los archivos de Cubanacán, sin aire acondicionado, el material en latas oxidadas, en pésimas condiciones. De hecho, algunos de los documentales de Nicolasito se han perdido. Los primeros fueron hechos en 16 mm y formaban parte de la *Enciclopedia Popular* de la cual no se conserva nada, son tres documentales: *Homenaje a Picasso* (1961), *Congos reales* (1962) y *Patio arenero* (1962). Otros documentales suyos que no se conservan son *El son*, un documental que no le dejaron terminar; *Rita Montaner* (1965), sobre la cantante popular cubana; *Expo Maquinaria Pabellón Cuba (1969)*…

JR: Y también estaba *El Morro* (1965), que hizo con Livio Delgado… que se ha perdido.

MZ: *El Morro* también. Están desaparecidos, como si nunca se hubieran hecho. A lo mejor algún día aparecen, pero ahora mismo se puede decir que están desaparecidos.

JR: Cuéntame del momento en que llegas a las películas que trabajaste.

MZ: Las vi en moviola una a una y pedí que me las telecinearan completas, que le hicieran un transfer de 35 mm a Betacam SP.

JR: ¿En qué condiciones estaban?

MZ: Estaban bastante bien archivadas, aunque algunas nunca se terminaron; por ejemplo, *Reportaje*, que fue archivada como una primera copia y está hecha del positivo, no del negativo original, incluso no tenemos la certeza de que sea la copia final que el director hubiera aprobado; y *Desde La Habana ¡1969! Recordar*, que también es una copia del positivo y el negativo seguramente no existe.

JR: ¿Hay esperanzas de que estos materiales se puedan restaurar… lo que queda de ellos?

MZ: Hay dos documentales de Nicolás Guillén Landrián que son parte del *Noticiero ICAIC Latinoamericano*. Uno de ellos es *En un barrio vi*ejo y el otro *Un festival* (1963), este último un reportaje. Como el ICAIC y la UNESCO incluyeron el *Noticiero* en el «Registro de la Memoria del Mundo» es posible que eso se pueda rescatar.

JR: Al escucharte me recuerdas a un personaje que le falta a *Un arte de hacer ruinas* (2006), de Antonio J. Ponte: la figura del arqueólogo, aquel que de algún modo pone su vida en reconstruir algo que percibe como destruido por el peso de la Historia. ¿Has pensado en la dimensión arqueológica de tu trabajo?

MZ: Creo que eso viene de niño, de la pasión mía, cuando me quedaba en casa, por registrar gavetas, buscar fotos, encontrar cosas. Pues sí, me encantan los archivos y rastrear historias ocultas.

JR: Hay un cine contemporáneo que se puede ver como un cine-archivo. La obra de Chris Marker, por ejemplo, *El último bolchevique* (1992), entre otros trabajos suyos, o algunos proyectos de H. Farocki y de Kluge se arman, como *Café con leche*, a partir de un trabajo de investigación de archivo. El director es un investigador, un intérprete de las ruinas de un pasado inconcluso. ¿Con qué otros directores relacionas *Café con leche* y estos proyectos tuyos de investigación arqueológica del cine cubano?

MZ: Yo creo que no hay mucha tradición en el cine cubano de ese rastreo de archivo. Tengo que decir que si me dan la oportunidad de hacer de nuevo esos documentales los haría de otra manera, cuando los hice era preso de una circunstancia, o sea, los hice en aquel momento como creí que debía hacerlos. Ahora no lo siento igual. Pero no veo que hay una tradición en el cine cubano de hacer una labor arqueológica. Porque se han hecho documentales, pero son más que nada cosas apologéticas o que no tienen ningún punto de vista crítico con la realidad o con lo que retratan. A mí lo que más me interesaba era dejar al espectador con ciertas dudas. Creo que uno no debe decirlo todo. Por ejemplo, en el de Nicolás Guillén Landrián decidí no contar su vida, lo que se cuenta es una cosa fragmentaria, pero dice ciertas cosas que decirlas en Cuba era problemático, como decir que le dieron electroshock y nadie sabe por qué, que lo censuraron y no se explica, se dice como de pasada, sin ahondar en eso, para que la gente investigue y saque sus conclusiones.

JR: ¿Fue difícil hacer el documental mismo?

MZ: Hubo una especie de advertencia por parte del que era director de la Escuela de Cine, Julio García Espinosa, director de cine cubano que había sido defenestrado por su responsabilidad al frente del Instituto de Cine durante el escándalo de la película *Alicia en el pueblo de Maravillas* (1990), que dirigió Daniel Díaz Torres. En el año 91 lo sacaron del ICAIC, del que era presidente, y lo mandaron para su casa. Como diez años después este personaje cayó en la Escuela de Cine como director y se encuentra con que hay un estudiante cubano que quiere hacer un documental sobre Nicolás Guillén Landrián, de quien él había sido el principal censor mientras fue funcionario en el ICAIC en los años sesenta.

JR: ¿García Espinosa estaba a cargo del ICAIC cuando expulsaron a Guillén Landrián en el 72?

MZ: El presidente del ICAIC hasta el año 83 fue Alfredo Guevara, pero el vicepresidente primero, el que decidía sobre el contenido de las películas era Julio García Espinosa junto a otro personaje gris de triste recordación llamado Jorge Fraga. Cuando yo intenté hacer mi documental treinta años después, García Espinosa era el director de la Escuela de Cine y se mostró reacio a que se hiciera un documental así, pero me dijo que no podía prohibírmelo porque esa era una escuela internacional y no estaba en sus manos. Y además me advirtió que no permitiría ningún tipo de burla contra Fidel Castro. Empecé a hacer el documental con esa advertencia, entonces tuve que defender su validez. Para la asesoría de los documentales, García Espinosa mandó a buscar a Colombia a Jorge Fraga, quien ahora era profesor de cine en ese país y tenía fama de ser un gran defensor del cine porno. Debo aclarar que cuando vio mi documental, durante el proceso de edición y luego ya terminado, Fraga se limitó a observar y no me emitió criterio. Su presencia allí sólo sirvió para corroborar una cosa: la naturaleza mafiosa de los funcionarios del cine cubano.

JR: Pero de todos modos, según lo narras ahora, parece que trabajaste con libertad en la Escuela de Cine.

MZ: Sí, con absoluta libertad. Bueno, uno vive en Cuba y a pesar de toda la libertad que pueda haber en la Escuela de Cine, uno sabe que no se puede meter con la autoridad, o al menos se conocen los límites de tolerancia de esa autoridad. Seas estudiante de la Escuela de Cine o lo que sea, nada te va a salvar de ser citado a la policía o de ser llevado preso. Uno a priori se tiene que autocensurar. Si tú vives en Cuba y quieres hacer cualquier cosa, sabes dónde están los límites perfectamente y esos límites no los traspasas.

JR: La idea de la biografía, un cine capaz de narrar una biografía por medio de fragmentos de archivo y testimonios, ¿qué modelo había, o es algo que estuviste cocinando *sui generis*?

MZ: No te puedo decir si fue pensado o no. El montaje es un proceso de escritura, de alguna manera, y en el documental es fundamental. En una película de ficción existe un guión *a priori*; en un documental, por lo general, no. Existen referencias en el cine soviético, por ejemplo, un documental que hizo Elem Klimov sobre Larisa Shepitko, que se llama *Larisa* (1980), que es un documental biográfico y, al mismo tiempo personal, porque él no cuenta todo, cuenta lo que quiere contar. *Café con leche* no es un documental biográfico al uso, igualmente yo cuento lo que quiero contar, lo que más me interesaba era su cine y ahí me concentro. La estructura sigue el orden cronológico de su cine y, a través de su entrevista, tejo una especie de hilo conductor, que es su narración en *off*. Lo más difícil no era eso, sino tejer eso en una historia que fuera coherente sin quitarle peso a sus imágenes.

Creo que este es un documental de montaje, no narrativo, porque no sólo el *voice-over* es lo que te va contando, las imágenes también te cuentan. El espectador, por lo general, no está habituado a ese tipo de documental, quiere que se le explique más o se le cuente la historia al dedillo. Aquí no pasa eso, la historia tiene dos niveles de lectura: uno a nivel visual y otro, auditivo. En el audio sabemos que quien está hablando es Nicolás Guillén Landrián contando parte de su vida, y en el plano visual están fragmentos de algunos de sus documentales. Incluso, no están los fragmentos que a mí me fascinan, porque en la estructura dramática de ese documental no tenían cabida. A mí me hubiera gustado poner de *Reportaje* la secuencia del baile, de la mujer mirando a la cámara, que me parece una de las escenas más sensuales del cine cubano, y no lo puse porque en el momento que tiene que entrar ese documental, según el orden cronológico que sigo y lo que está contando Nicolás, que es su cárcel, no funcionaba; si inserto el baile le quito la fuerza total a lo que él está diciendo. Cuando cito un documental suyo, respeto el montaje que él usa, no altero eso. Quiero que el espectador se haga una idea de qué tipo de cine hacía él, así que debo ser fiel a ese tipo de cine. Es un cine que yo valoro y no lo puedo cortar, no puedo hacer un picotillo de imágenes, lo tengo que respetar, y lo respeto casi como si fuera una cita textual. Lo más difícil fue el montaje, porque es allí donde se escribe esa historia y había que seguir unas pautas. Cuando tú ves un documental, desde el inicio tiene un estilo y ese estilo tiene que mantenerse como unidad dentro de ese documental. En mi documental había muchos pedazos de documentales y los tenía que incorporar como un rompecabezas formal para contar una historia única. Eso para mí era lo difícil. Ahora lo hubiera hecho distinto. Te lo puedo resumir: mi documental es una especie de rompecabezas formal sobre la trayectoria estética, estilística, de un cineasta.

II.
El desfase racial

Guillén Landrián: cine, poesía y locura

Julio Ramos

Se llamaba *Nicolás*. Nicolás Guillén Landrián. Pero desde los inicios de su polémica y combativa carrera en el ICAIC —entre 1962 y su expulsión definitiva en 1972— prefería designar la autoría de sus documentales bajo la firma de *Guillén Landrián*. ¿Qué supone, en el lugar liminal de los créditos de sus trabajos experimentales, la inscripción de *Guillén Landrián*? Digamos, de entrada, que la firma escenifica un corte en la secuencia anticipada de la genealogía y el régimen de los nombres propios.

Para cualquier persona mínimamente familiarizada con la historia cubana resulta obvia la interferencia del parentesco y el riesgo del equívoco que con frecuencia enlaza —en el homónimo— al cineasta y al tío paterno, Nicolás Guillén, el escritor, reconocido ya como el Poeta Nacional de la Revolución en la época en que Guillén Landrián comenzaba a hacer sus documentales. Aunque en este ensayo no nos concierne exclusivamente la dimensión biográfica del orden de los nombres, no está de más señalar que la historia del homónimo parece confirmar, no ya el lugar común lacaniano de la Ley del Padre, como otro —el de la *ley del tío*— en la formación de un sujeto emergente, *Nicolasito*, marcado, hasta el final de su vida, por la designación de la «minoridad»: un cineasta fuera de serie, ligado al campo de la cultura visual recién instituida por la Revolución cubana en una época de reconfiguración del poder más tradicional de la literatura.

Más allá del relato familiar, entonces, el corte trazado por la firma de Guillén Landrián dramatiza una pregunta sobre la autoridad cultural y las disputas por la legitimidad entre distintos medios discursivos. La firma pone en escena una dinámica compleja entre el poeta y el cineasta, sus *poéticas* e inserciones divergentes, y, como veremos, lo que esta dinámica entre la literatura y el cine expresa cuando es interrogada desde la cuestión de la raza en la historia cubana.

Por cierto, a la hora de aproximarnos a la pregunta por la autoridad cultural que surge ante las tensiones entre los medios históricamente emparentados de la literatura y el cine, no subestimamos el peso que puede tener la «escritura de la vida». Nos interesa entender mejor el paso de la «vida» a la «escritura», lo que esa transfiguración implica para la experiencia de un sujeto como Guillén Landrián, incluso en el marco reducido y a veces subestimado del género biográfico[1]. Imaginemos, por ejemplo, la inesperada transformación que *sufriría* la historia familiar de los Guillén –distinguida familia mulata de Camagüey, descendientes directos de un héroe de la llamada Guerrita de las Razas de 1912– si entramáramos ahora su pasado desde el lugar de la experiencia accidentada de la figura iconoclasta y oscura de Guillén Landrián, un referente proscrito del cine cubano, cuyos documentales fueron censurados e invisibilizados por más de treinta años, y redescubiertos y proyectados luego por un puñado de jóvenes cineastas e investigadores en la década del 2000 –ya durante los años de crisis del ICAIC–, cuando se radicalizaba el cuestionamiento del modelo normativo del cine documental que había regido hasta entonces[2].

---

[1] Florencia Garramuño (2009) le llama «experiencia opaca» a las dimensiones de la vida que desbordan los marcos formales de la escritura. En cambio, Eleonora Cróquer Pedrón (2012, 2016) analiza el modo en que la inscripción social de la excepcionalidad de las vidas extremas, marcadas por la «anomalía», son fundamentales para entender las demarcaciones mismas de un orden simbólico. Véase también el análisis de los excesos de la subjetividad en la biografía delineado por Leonor Arfuch (2007).

[2] Véase el trabajo fundamental de Reyes (2010). El papel decisivo que tuvo el reencuentro de los documentales de Guillén se consigna en el ensayo-manifiesto de Reyes, «Contra el documento» (2004), escrito luego de las Muestras de Realizadores Jóvenes de 2000 y 2003 donde se presentaron varios filmes censurados de Guillén Landrián. Las Muestras también estimularon la investigación de Manuel

Pensada desde el lugar marginal de Guillen Landrián, la historia del cine cubano se reescribe en otros horizontes polémicos[3].

Ahora bien, al señalar los deslices del homónimo en que coinciden el cineasta y el poeta quisiera comentar más bien sobre una intersección entre los medios; o, si se quiere, una nueva economía de la intermedialidad, donde la literatura y el cine documental entablan diálogos, contrapuntos y disputas algo inesperadas. Por eso no nos sorprende que Guillén Landrián le haya propuesto al ICAIC un documental sobre la poesía de Nicolás Guillén hacia fines de la década del sesenta. Aunque el proyecto –como era de esperarse– no fue aprobado por los dirigentes del Instituto, dos de sus filmes más radicales, *Coffea Arábiga* (1968) y *Desde La Habana, ¡1969! Recordar* (1970), contienen secuencias dedicadas a los poemas de Nicolás Guillén. Me refiero, primero, al uso de la voz en *off* del Poeta Nacional en la secuencia de apertura del documental sobre el cultivo del café. Se trata allí de la voz de Guillén que lee, en su particular cadencia ritualizada, «Un largo lagarto verde» (de *Paloma de vuelo popular*, 1958), poema clásico *caribeñista*, sobreexpuesto en el filme a la fuerza disyuntiva del montaje que desencaja en *Coffea Arábiga* los tropos del paisaje antillano. Unos años después, en *Desde La Habana, ¡1969! Recordar,* encontramos otro reensamblaje de la poesía de Nicolás Guillén: la voz en *off* del poeta recitando unas estrofas de la «Elegía

---

Zayas en los archivos del ICAIC que llevaron a su extraordinario documental «Café con leche» (2003), donde incluye también entrevistas al cineasta afrocubano hechas en Miami poco antes de su muerte.

[3] En un contexto cultural tan disputado, las «vidas de artista» (Bernabé 2006) pueden ser narrativas decisivas en las batallas por la autoridad cultural, lo que también ayuda a explicar la atracción que hoy ejerce la renovada y a veces confusa mitología de Guillén Landrián como un ícono alternativo de las nuevas generaciones de cineastas y cinéfilos cubanos, a pesar de que sus trabajos –que son ya, para muchos, al menos tan influyentes como la obra más reconocida e institucional de Santiago Álvarez– se hayan analizado relativamente poco. Hay varias influyentes interpretaciones de los numerosos encarcelamientos e internamientos de que fue víctima hasta su exilio a Miami en 1989 (véase especialmente Guerra 2012).

a Jesús Menéndez» de 1950, en un extraordinario montaje disonante de Guillén Landrián, que trenza la voz del poeta con discursos de Fidel Castro y el Che Guevara.

¿Qué indican estos montajes sobre la relación entre poesía y cine, sobre la experimentación radical de Guillén Landrián y el legado de la poesía afrocubana? ¿Qué nos dicen los montajes sobre la cinematización del discurso poético en el trabajo de este realizador cuya pulsión experimentadora ha llevado a muchos comentadores a escatimar la discusión racial de las interpretaciones de sus filmes[4]? ¿Cómo repensar la relación entre la experimentación formal y la categoría política e identitaria de la raza en su cine mientras sabemos que, si bien Guillén Landrián insistió en múltiples ocasiones en visibilizar la violencia del racismo en sus documentales, la complejidad de sus operaciones formales dificultan la interpretación identitaria de sus filmes?

En un artículo anterior, que no me permitiré resumir aquí (Ramos 2013), tuve ocasión de referirme a algunos de estos temas. Al abordar la relación entre poesía y experimentación fílmica, partía de un comentario inicial sobre el trabajo clásico de Pier Paolo Pasolini sobre «cine de poesía» con el objetivo de ubicar históricamente la discusión[5]. No me interesaba exclusivamente la oposición bastante esquemática que establece el cineasta y poeta italiano entre el cine de poesía y el cine de prosa, sino su reticente participación en una tradición fílmica –una genealogía vanguardista– que desde la década del veinte había postulado la conexión fundamental –para algunos esencial o constitutiva– entre la poesía y el cine experimental. Aunque Pasolini rechazaba la sobredeterminación psicoanalítica de la metáfora y del símbolo freudiano en las primeras películas surrealistas, no cabe duda de que Buñuel, Antonin Artaud y Jean Cocteau –tanto

---

[4] En ese sentido es excepcional el trabajo de Anne Garland Mahler (2015) sobre *Coffea Arábiga* y los debates en torno a la raza y la conferencia Tricontinental de 1966.

[5] El ensayo de Pasolini fue originalmente una ponencia en el Festival de Pesaro en 1965. Véase Pasolini 1970.

en sus escritos como en sus filmes sobre la huella del inconsciente en la imagen fílmico/poética– son antecedentes de la discusión. Como ellos, Pasolini relacionaba el cine de poesía con la representación del inconsciente.

Lo que sorprende, al releer hoy el ensayo de Pasolini, es la ausencia de las formas documentales en su abordaje al cine de poesía. Didi-Huberman (2016) recientemente ha analizado un documental poco conocido del propio Pasolini, *La Rabbia* (1963), un montaje de archivo (o cine de compilación, como solía llamársele) armado con materiales del cine-noticiero *Mondo Libero* y reapropiaciones de la prensa. La voz en *off* de Pasolini entrecruza sus comentarios sobre la guerra con la reflexión poética en este filme que, por cierto, contiene dos secuencias notables sobre la Revolución cubana[6]. En la interacción del ensamblaje de imágenes del cine diario, la voz poética de Pasolini comprueba otras dimensiones del «cine de poesía» que el propio Pasolini excluye de su análisis más conocido de 1965. Para Didi-Huberman, *La Rabbia* despliega una articulación de la fuerza poético-afectiva de la política inseparable de un montaje que disloca el peso normativo, automatizado, del *continuum* temporal, en sintonía con las fracturas históricas del acontecimiento político. Significativamente, Didi-Huberman considera que la inscripción poética del documental es un rasgo de la forma tentativa e híbrida del ensayo, muy en sintonía con el auge que ha tomado esta forma en las prácticas contemporáneas de la no ficción y las teorizaciones actuales sobre la «forma que piensa»[7]. Aunque no tengo aquí el espacio necesario para elaborar la posible conexión de *La Rabbia* con Guillén Landrián (véase la coincidencia de las imágenes catastróficas de las

---

[6] Sobre la relación de Pasolini con Cuba, véanse las notas autobiográficas donde F. Fausto Canel (2011) revisita la entrevista personal que le hizo al cineasta y poeta en 1966, cuando Pasolini ya había criticado la represión oficial de la homosexualidad y otras disidencias y había roto con Cuba, lo que puede también explicar que sus filmes dejaran de verse en los cines de la isla.

[7] Véase García Martínez 2006 y Weinrichter 2007.

secuencias de apertura), cabe notar que la discusión sobre el ensayo fílmico a la que alude Didi-Huberman ha sido pertinente respecto de la reinterpretación de los documentales de Guillén Landrián en la última década[8].

Sin embargo, la propuesta de Didi-Huberman sobre la reaticulación poético-política en *La Rabbia* implica un problema del que conviene, de entrada, tomar alguna distancia: la tendencia a idealizar la poesía como horizonte o modelo de una conciencia crítica alternativa. No hay que dudar del papel que la «rabia» del poeta puede cumplir en el potenciamiento de la sublevación, al propiciar nuevas articulaciones sensoriales / cognitivas / afectivas de la experiencia, pero tampoco hay que subestimar los regímenes de la subjetivación política que sobredeterminan la deriva de la poesía en las formaciones del poder estatal.

Más que proponer una discusión general de la relación compleja entre la poesía y el poder, prefiero ahora precisar algunas de estas preguntas en el abordaje específico al reensamblaje de la «Elegía a Jesús Menéndez». Escrito a fines de los años cuarenta, este poema de matices épicos constituye uno de los modelos de la poesía política latinoamericana del siglo XX[9]. Pero si leemos el poema simplemente como la constatación de la autoridad canónica o institucional de sus operaciones poéticas, perderíamos de vista la intensidad que Nicolás Guillén despliega en su trabajo con distintos modelos históricos de la «elegía», desde la exploración inicial del Barroco con que abre el poema (su epígrafe gongorino) hasta la elaboración de la sintaxis periodística y del discurso económico del *Wall Street Journal* que socava la distinción entre poesía y prosa. La incorporación de la voz de Guillén en el filme de Guillén Landrián estimula una relectura

---

[8] Véase Reyes 2010, Ramos 2013 y Livon-Grosman 2016.

[9] El poema de Guillén se publicó en México sólo un año después de la publicación del *Canto general* de Neruda en 1950, el otro modelo de la poesía social latinoamericana.

del poema fuera de los marcos habituales en que se le ha leído (el marco de la poesía comprometida), llamando la atención sobre la combinación de registros y materiales *desublimados* en la superficie misma del trabajo poético. Es decir, el cine experimental de Guillén Landrián, al dislocar la voz del poeta, incita a *releer* el poema –su trabajo con materiales heterogéneos y discontinuos– en el desborde de los límites del marco literario.

El poema sobre el asesinato en 1948 del líder obrero negro del mundo azucarero arranca a partir de una prosopopeya algo paradójica donde las cañas del paisaje azucarero figuran como testigo *mudo*: «Las cañas iban y venían / desesperadas, agitando / las manos». Menciono la paradoja del testigo mudo precisamente porque tanto el poema como el filme problematizan la cuestión del registro, del modo adecuado de documentar el pasado. En cierta medida, ambos, poeta y cineasta, son investigadores del pasado que exploran las formas de la historia y la cultura, ya sea en el medio literario o en el recorrido de las formas audiovisuales que Guillén Landrián trabaja en su filme «histórico», hecho probablemente en respuesta al llamado del ICAIC a trabajar la conmemoración de los «Cien Años de Lucha» desde el inicio de la Guerra de los Diez Años en 1868.

Entre el poema y el filme hay algo más: el peso del entorno agroindustrial azucarero como experiencia histórica. Si el poema ubica el asesinato de Jesús Menéndez entre las cañas mudas, que no logran comunicarle al héroe la amenaza inminente del ataque mortal, el filme, en cambio, fragmentariamente alude a los regímenes del trabajo, al gobierno de los cuerpos en la producción azucarera de un país –vale la pena recordar– que se encaminaba ya en 1969 al «plan» de la zafra de los diez millones de toneladas de azúcar de 1970. Si, como sugiere el poeta Guillén, el azúcar históricamente había sido la mercancía que condenaba a Cuba al monocultivo en una división internacional del trabajo controlada por el imperialismo, Guillén Landrián impugna la lógica de la industria azucarera bajo el régimen socialista, su extracción de la energía física, vital, de los trabajadores, tema que también explora en *Coffea Arábiga* y en *Taller de Línea y 18*[10].

La ironía de Guillén Landrián es contundente. Aunque es posible pensar, a primera vista, que la secuencia está demarcada por el paralelo entre los asesinatos de dos héroes de la Revolución a manos de sus respectivas y análogas fuerzas enemigas –Jesús Menéndez en 1950 y el Che Guevara en 1967– el montaje audiovisual inesperadamente entrelaza las formas del lamento y de la despedida: la elegía del poeta con el histórico discurso (1965) donde Fidel lee la carta de despedida del Che (su renuncia de todos sus cargos oficiales en Cuba), ensamblado también con la voz del Che en su discurso ante la Asamblea General de la ONU en 1964. El montaje visualmente cierra con una serie de intertítulos provenientes de los últimos apuntes del Che antes de su muerte en Bolivia, apuntes que se refieren al asma, desplazando las dimensiones guerreras a las notas sobre el cuerpo doliente del guerrillero en sus últimos días.

La mezcla abigarrada de las voces emblemáticas del poeta, el hombre de Estado y el revolucionario Guevara nos lleva a preguntarnos sobre la proximidad de varias formas de autoridad *poética* y *política*. La cuestión del ruido ahí es clave[11]. A pesar del ruido que genera ahí la mezcla de las voces, el ensamblaje de fragmentos, voces, textos y tiempos discontinuos cobra una dimensión conceptual. El montaje escenifica la relación compleja, sobredeterminada, entre la poesía y los discursos políticos mediante una intervención que *cinematiza* los materiales sensoriales y los contenidos cognitivos y afectivos de varios discursos sobre el acontecimiento histórico. La cinematización

---

[10] Para un análisis de la demanda energética del cine cubano y su relación con el gobierno de los cuerpos bajo el esquema audiovisual del productivismo, véase Ramos, «Los sonidos del trabajo» (en prensa).

[11] Para una discusión general del ruido y de la música en los documentales de Guillén Landrián, véase el trabajo de Dylon Robbins en este volumen. Véase también Ramos, «Las fábricas del sentido: ensamblaje y asamblea en *Taller de Línea y 18* de Guillén Landrián» (en prensa).

de las voces y materiales (incluida la poesía) evidentemente produce un desplazamiento, una dislocación de los materiales: los abstrae de su contexto pragmático o normativo. La cinematización pone sobre la mesa –tanto en el trabajo de las imágenes como en la ironía que se desprende de la sobrecarga sonora– varias condiciones que singularizan el poder de esas voces –su ritualidad, su entonación, sus tensiones– que finalmente se mezclan y se confunden en su abigarrado entrelazamiento.

Por cierto, esta no era la primera vez que Guillén Landrián elaboraba el ícono de Fidel Castro. En el documental anterior a *Desde La Habana*, Guillén Landrián había dado muestras bastante dramáticas de su agudeza iconoclasta. Ni en el ICAIC ni en el Ministerio del Interior pasó inadvertido el montaje de *Coffea Arábiga*, el primer filme que realizó Guillén Landrián tras su regreso de un internamiento forzado en las granjas avícolas de Isla de Pinos entre 1965 y 1966.

Se ha insistido bastante en el uso sarcástico de la canción «Fool on the Hill» en esta cinta, filmada en una época en que todavía regía la prohibición oficial de Los Beatles en la isla. Está claro que «fool» en el título de la canción significa «bobo» o «tonto», pero también «loco». Los debates en Cuba sobre el rock y otros aspectos de la contracultura europea y americana durante la misma época en que el gobierno cubano acababa de expulsar al poeta *beat* Allen Ginsberg de La Habana son sin duda parte del trasfondo de este montaje. En un contexto latinoamericano más amplio, el montaje remite a la tensión entre las «vanguardias» múltiples que Mariano Mestman pone al centro de la reflexión sobre el cine político y experimental en el año clave de 1968[12]. Está claro que los movimientos contraculturales no tuvieron gran visibilidad en Cuba, donde se

---

[12] Me refiero a la reciente antología editada por Mestman sobre el cine y las rupturas del 1968 (2016). Véase también Longoni & Mestman 2008, sobre las tensiones entre distintas (y contradictorias) genealogías de las vanguardias en los años sesenta.

intensificaban los controles sociales y la «canalización productiva» de la energía contestaria de la cultura juvenil contuvo los desbordes «decadentes» de los movimientos contraculturales. La influencia de la contracultura en Guillén Landrián se menciona anecdóticamente en varios testimonios de aquellos años, más por la excentricidad personal del cineasta y su consumo de marihuana y otras drogas, que por aspectos específicos de sus trabajos experimentales. Como dice Livio Delgado, cinematógrafo de varios documentales del cineasta afrocubano, en una entrevista realizada en 2013 y publicada en este libro, «Nicolás era un *hippie* adelantado, era un hombre totalmente distinto a todo el mundo. Era un bandido cineasta y un cineasta bandido».

El montaje disonante de Fidel con la canción de los Beatles, y el estilo *pop* de las flores del café, sobreimpuestas en la barba del líder

revolucionario, contiene un guiño contracultural. Pero el filme donde se destaca más la afinidad (y la distancia) de Guillén Landrián con los movimientos contraculturales es *Desde La Habana*. Justo antes de la secuencia de Jesús Menéndez, en *Desde La Habana* hay una secuencia de más de 3 minutos de duración (de 12:32 a 15:33) donde Guillén Landrián resignifica varias imágenes de archivo de la Flower Generation probablemente tomadas de cine-diarios o reportajes de las celebraciones del verano del 1968 en San Francisco, California y otras capitales de los movimientos juveniles contra la guerra de Vietnam de los años sesenta. En esta secuencia Guillén Landrián ensambla otra canción de Los Beatles, «Everybody's Got Something to Hide Except Me and My monkey» de 1968, un tema que alude a la «altura» de la conciencia alterada.

Los planos de la contracultura, entrecortados con imágenes tomadas de revistas populares de moda ya obsoletas, se intercalan en yuxtaposición con imágenes de la «mujer nueva» en el paisaje rural del trabajo agrícola. Guillén corta al intertítulo del poema de Guillén, la «Elegía a Jesús Menéndez», donde termina esa larga secuencia (15:33). Le sigue una foto-fija del héroe obrero, en una sucesión de cortes encaminados al plano detalle del rostro del héroe –sus ojos– donde entra la voz del poeta a recitar varias estrofas de la «Elegía», lectura que continúa sobre el plano visual de un círculo blanco sobre negro, el mismo plano abstracto que el realizador había usado para introducir la voz del poeta en *Coffea Arábiga*.

La concatenación abre un intervalo entre los mundos y poéticas diversos *entre* los que se mueve Guillén Landrián: el mundo de la experimentación contracultural que motivaba la secuencia anterior,

por una parte; y, por otra, la poesía afrocubana y los discursos políticos introducidos por el ensamblaje de la voz del poeta sobre la foto fija del héroe, seguida luego de intertítulos dedicados a los diarios bolivianos del Che.

Para enfatizar los paralelos y contrapuntos entre ambas secuencias, hay que señalar que la foto fija de Jesús Menéndez al inicio de la segunda de estas secuencias está colocada en un lugar paralelo a la foto fija del propio Guillén Landrián en el comienzo de la secuencia anterior, el notable momento autorreferencial (nada frecuente en sus filmes) que da pie a la elíptica y entrecortada conversación con Mercedes, una joven que le pregunta al cineasta por su afición por los Beatles y la moda.

El contrapunto entre las foto-fijas de ambos hombres negros – uno que ríe, los ojos bajo las gafas oscuras al estilo insigne de John

Lennon; el otro serio, en la pose formal de una foto oficial–marca un contrapunto, a la vez que registra la dimensión conceptual del montaje, una especie de comentario reflexivo aunque entrecortado sobre la conexión enigmática (o la tensión) entre las imágenes del mundo contracultural (donde se mueve la fantasía de Mercedes y frecuentemente del propio Guillén Landrián) y la gravedad épica del discurso afrocubano enla secuencia que sigue, dedicada al héroe negro del sindicalismo y luego a la muerte del guerrillero en Bolivia.

Por cierto, todas estas imágenes son materiales de archivos, reensamblados e intervenidos en el proceso de la edición de imágenes y sonidos procesados, derivados de fuentes o archivos múltiples (periódicos, revistas, cine documental, discursos, emisiones radiales, libros, etcétera). La imagen de Fidel bajo la canción de los Beatles en *Coffea Arábiga* también era una reelaboración de pietaje de archivo, un efecto de «postproducción»[13]. La fuente del reensamblaje ahí es el documental titulado *Asamblea General* de 1960, uno de los primeros trabajos de Tomás Gutiérrez Alea, filmado en la Plaza de la Revolución durante el discurso histórico de Castro a raíz de la expulsión de Cuba de la OEA ese mismo año, evento que congregó a más de un millón de personas en la Plaza de la Revolución. Los ángulos del trabajo de cámara, el juego de paneos sobre la multitud y la contrapicada que otorga dimensión y singularidad al líder, ubicado frente a la tumba monumental de José Martí, manifiestan una organización del espacio público ligado históricamente a los esquemas audiovisuales que el cine documental contribuye a instituir en la creación de las esferas mediatizadas de la política cubana. Néstor Almendros hizo buena parte del trabajo de cámara en *Asamblea General*. Almendros, uno de los cineastas más destacados del cine mundial de fines de siglo xx, se había exiliado de Cuba tras el caso *PM* en 1961. La imagen de Fidel que Guillén Landrián reensambla e interviene bajo «El bobo de la colina» de Los

---

[13] Así denomina Nicolás Bourriaud (2008) a las «poéticas» del reciclaje y del *ready-made* en la cultura contemporánea.

Beatles deriva de un plano reconocido de *Asamblea General*, cuando Fidel sube a la tarima desde la cual presidiría la asamblea. La metalepsis de las flores del café en el montaje de la barba de Fidel –*doble* referencia al trabajo voluntario en los cordones agrícolas y al estilo *pop* contracultural– no sólo somete la imagen del Comandante a la burla y al *choteo*, sino que también registra el papel histórico del cine en la producción de los íconos en los espacios mediáticos de la Revolución. Cuando decimos que Guillén Landrián es un cineasta iconoclasta, nos referimos precisamente a su desmontaje de los íconos de esos espacios mediáticos, su resignificación de los materiales lingüísticos, gráficos, fílmicos y sonoros de la publicidad revolucionaria. De ahí también se desprende su singular transformación de los modelos del arte *pop* de las sociedades del espectáculo y del consumo capitalista.

Al mismo tiempo, está claro que los montajes de Guillén Landrián son parte de la *historia* del montaje en el cine cubano, donde las técnicas de la edición encontraron en los años sesenta un terreno experimental bastante expansivo. Con frecuencia la historia del montaje en Cuba se ha identificado con las teorías vanguardistas de Eisenstein y de Vertov. Se podría añadir ahora algo más: la práctica del montaje, en sus modulaciones específicas, inscribe intervenciones polémicas en el campo cinematográfico, donde las técnicas o «estilos» de la edición manifiestan *posiciones* estético-políticas en los debates más amplios sobre el gobierno de la multiplicidad social. El cine contribuye a establecer principios de coherencia mediante la articulación de las dimensiones sensoriales, cognitivas e ideológicas de la experiencia bajo un esquema audiovisual. Dicho de otro modo, las articulaciones (conjunciones, intervalos o disyunciones) que el montaje establece entre sus «partes» o «fragmentos» implica un proceso de modelización poético-política de lo real. La historia del montaje suscita la pregunta sobre el tipo de relaciones de *fuerza* entre las partes y el todo en el orden temporal del cine y al mismo tiempo de la política. De hecho, si pensamos la historia del cine cubano desde el prisma de Guillén Landrián y la cuestión de sus montajes disonantes y disyuntivos, podríamos reconsiderar la dimensión ideológica que tiene el problema de la producción de la «coherencia» del sentido y su peso en la relación entre el audiovisual, la poética y la política. En los márgenes del horizonte normativo del cine cubano, los montajes de Guillén Landrián presionan los límites de cualquier principio subordinativo de coherencia entre las «partes» y el «todo», ya sea en la (des)articulación de los fragmentos o en los contenidos temporales de las imágenes discontinuas[14].

Para los efectos de este trabajo, conviene considerar ahora un aspecto de la recepción de los montajes de Guillén Landrián; ver cómo varios de sus comentaristas explican (y entraman) la radicalización de sus montajes a partir de *Coffea Arábiga*, el documental por encargo que Guillén Landrián hace sólo un año y medio después del brote psicótico que sufre durante el internamiento forzado en una granja avícola en Isla de Pinos entre 1965 y 66. Una interpretación bastante generalizada sostiene que sus montajes se vuelven cada vez más incoherentes a partir de *Coffea Arábiga*. La ambivalencia es notable: si bien se reconoce esos mismos montajes de *Coffea Arábiga* y *Desde La*

---

[14] Por ejemplo, desde el prisma de Guillén Landrián podríamos repensar el control de los montajes de Santiago Álvarez, así como el papel que el montaje cumple como forma de interrupción de la memoria individual (alienada) en *Memorias del subdesarrollo* (Gutiérrez Alea, 1968); repensar, asimismo, los trabajos clásicos del editor Nelson Rodríguez para el mismo Gutiérrez Alea y para Humberto Solás en *Lucía* (1968); así como la tematización del problema de la fragmentación en los collages que elabora obsesivamente Sergio en *Memorias del desarrollo* de Miguel Coyula, donde si bien el montaje es inseparable de los nuevos modos de trabajo digital del cine alternativo cubano, también es notable una compulsiva voluntad de control de la dispersión de los materiales. Una posible historia crítica del montaje podría culminar con *Entropía*, del joven cineasta Eliecer Jiménez Almeida, un trabajo de archivo de 2013 significativamente dedicado a la memoria de ambos, Santiago Álvarez y Guillén Landrián, dos maestros de la «postproducción» cubana. En cada uno de estos casos, la práctica del montaje pone de relieve el riesgo de la discontinuidad y la fragmentación de la «obra» fílmica. Es decir, lo que varía entre los ejemplos son los principios de coherencia que la obra cinematográfica establece (o impone) entre los materiales particulares y múltiples de la experiencia sensorial y sus contenidos cognitivos.

Habana como una expresión máxima de la experimentación fílmica, un salto cualitativo que sacude los marcos institucionales del género documental, al mismo tiempo esa intensificación formal, su tendencia marcada a la discontinuidad, se explica como un síntoma de su locura[15]. Voy a citar sólo tres ejemplos de una serie de entrevistas que he hecho sobre el tema de la locura de Guillén Landrián con varios comentaristas o colegas del director, quienes, por cierto, reconocen sin titubeos el significado histórico de sus innovaciones fílmicas, pero no disimulan la perplejidad inquietante que les producen sus montajes disyuntivos, lo que amerita un comentario. Por ejemplo, sobre los montajes «frenéticos» de Guillén Landrián, Dean Luis Reyes dice: «en realidad Nicolasito no puede obedecer a gobierno alguno, ni menos al de su propia mente». Fernando Pérez, cineasta contemporáneo de Guillén Landrián en el ICAIC, recuerda por su parte al cineasta afrocubano como un «átomo que iba de un lado para otro y no se integraba». Y Jorge Luis Sánchez, cineasta afrocubano, director

---

[15] No hay duda de que el cineasta sufrió de una condición psiquiátrica hasta el final de su vida. La pregunta es más bien sobre cómo se narra esa experiencia y como «administra» el Estado el proceso de psiquiatrización. Resulta muy difícil distinguir entre la condición psiquiátrica y los efectos de los dispositivos de la psiquiatrización. Gretel Alfonso, su viuda –quien lo acompañó durante el exilio en Miami entre 1989 y su muerte en el 2003– recuerda el diagnóstico de esquizofrenia registrado en el expediente médico y penal que la pareja tuvo que llevar consigo a Miami al pedir asilo político. Al parecer el expediente médico, proveniente del Hospital Psiquiátrico de La Habana (Mazorra) se ha perdido, al menos la copia que la pareja llevaba en sus manos, según Gretel. Según su testimonio, los brotes psicóticos de Guillén Landrián probablemente precedieron al primer arresto en 1965, cuando –siendo ya un documentalista del ICAIC– se le sometió al proceso de «rehabilitación» en Isla de Pinos. Significativamente, tras recuperarse de aquel brote psicótico probablemente inducido por la detención y el trabajo forzado en Isla de Pinos, Guillén Landrián vuelve pronto a hacer cine en el ICAIC, tras un arresto domiciliario en la casa de sus padres. A mediados de 1967 le encargan un documental pedagógico sobre el trabajo voluntario en la producción del café en los cordones de La Habana y entrega *Coffea Arábiga*, cuyo montaje, de acuerdo con varios de sus comentaristas, evidencia la locura del «hombre delirante».

de *El Benny* (2006) y autor de una importante historia reciente del documental cubano, recuerda lo siguiente:

> Cuando hacía *Un pedazo de mí*, una de las co-guionistas, Vivian Gamoneda, me sugiere ver *Coffea Arábiga*, que para mí fue una revelación. Sin embargo, a pesar de haber visto estos tres documentales, con el halo que tenía *Coffea Arábiga* de irreverente, con la canción de Los Beatles, «El tonto de la colina», no seguí buscando los documentales de Nicolasito. ¿Por qué razón?, porque Nicolasito en aquella época vivía en Cuba y era tildado de loco. Lo veo personalmente en 1987, cuando trabajé como asistente de dirección en *Clandestinos* de Fernando Pérez. Era un negro muy alto con una imagen un poco descuidada. Yo regresaba junto al resto del equipo de las locaciones y él siempre estaba en la acera del ICAIC pidiendo un cigarro. Yo era joven y temía que ese loco se abalanzara sobre mí, porque la gente, de alguna manera, lo evitaba, por tanto, nunca me decido a hablar con él. *Coffea Arábiga* es una obra cerrada, pero *Desde La Habana ¡1969! Recordar* es el delirio sin límite. No es mejor que *Coffea Arábiga*, pero ahí está el hombre delirante, y también en *Taller de Línea y 18* con el sonido.

En el contexto de la recepción del cine de Guillén Landrián —y de cómo se ha narrado su «evolución» como cineasta— las interpretaciones ambivalentes de los montajes revelan cómo el acontecimiento de una forma experimental (que desborda o subvierte un horizonte normativo) se explica y se somete a un correlato biográfico. En sus momentos más crudos o inadvertidos el correlato patologiza el acontecimiento como anomalía psiquiátrica. A estos entramados Eleonora Cróquer Pedrón les ha llamado narrativas de «casos de autor», al investigar cómo la inscripción de la anomalía despliega la restitución del horizonte o marco normativo[16]. El delirio cobra así una expresividad inusitada, perfectamente legible (como síntoma de locura) en

---

[16] Cróquer Pedrón es una lectora asidua y singular de las genealogías foucaultianas de los «anormales», tal como confirma también el trabajo colectivo del grupo «Anormales/originales de la Literatura y el Arte» en Venezuela, organizado

un correlato biográfico que interpreta la fragmentación poética y la discontinuidad del montaje como formas de su expresión[17].

Por otro lado, aquí no me propongo interpretar la fragmentación de la estructura fílmica en función de la forma (estética, experimental) que cobraría el delirio de Guillén Landrián. Acaso el delirio de la psicosis –el sufrimiento extremo que supone– excede la forma legible o reconocible. El delirio nunca responde bien al orden de las formas o las significaciones, incluso en términos de los supuestos de la interpretación estética. La forma más bien parece introducir el arduo proceso de (re)subjetivación del sujeto, la inserción de la experiencia extrema en un nuevo marco de legibilidad narrativa.

¿Cómo leer entonces la relación entre la experiencia extrema, el trauma de la detención y del brote psicótico en Isla de Pinos, y *Coffea Arábiga*, el documental que Guillén Landrián produjo unos meses después del brote psicótico? Está claro que no hay que buscar en Guillén Landrián un testimonio o un relato «cifrado» de la experiencia. ¿Cómo pensar la relación entre el filme y la vida? ¿O será posible que la «obra» de un sujeto sea impermeable a tal experiencia?

Digamos, primeramente, que *Coffea Arábiga* es una crítica del régimen del trabajo que rebasa sin duda el marco reducido de la historia laboral o la economía política. Guillén Landrián vivió los

---

por Cróquer Pedrón en Caracas con la colaboración de Carmen Díaz Orozco en Mérida. Véase Cróquer Pedrón 2012 y 2016.

[17] Valdría la pena trazar con detenimiento la relación entre locura y creatividad artística en los discursos de la modernidad; vale recordar, por ejemplo, la lectura que propone Foucault de las interpretaciones psicoanalíticas, subjetivadoras, de la poesía romántica de Hölderlin, por un lado, y la respuesta crítica que implican los argumentos de Soshana Felman sobre la cosa literaria y su conexión con el delirio, en el libro clásico sobre *Locura y literatura*. Los trabajos de Didi-Huberman sobre el *Atlas* de Aby Warburg participan de la inscripción «modernista» de la locura, la larga genealogía que identifica arte y locura; esa genealogía ha sido re-inscrita recientemente también por W. J. T. Mitchell (bajo el impacto del redescubrimiento reciente del *Atlas* de Warburg) en una serie de conferencias conmovedoras sobre cine y locura en la experiencia personal con su hijo.

efectos disciplinarios de ese régimen del trabajo durante su detención en Isla de Pinos (luego llamada Isla de la Juventud). Por cierto, la historia de esa pequeña isla al suroeste de Cuba como colonia penal antes y después del periodo republicano ha sido bastante bien documentada. Sin embargo, se ha investigado menos la función carcelaria y los proyectos de «rehabilitación» que tuvieron lugar en Isla de Pinos después de la Revolución. Para esta discusión de una historia alternativa de Isla de Pinos y su pertinencia en la vida de Guillén Landrián, son muy reveladoras las investigaciones de Pedro Marqués de Armas (2014) sobre la historia de la ciencia en Cuba, particularmente su crítica de la implicación de la psiquiatría en el gobierno de la vida y en la administración y control de la marginalidad, la sexualidad y la disidencia política bastante antes de la Ley 963 de Defensa Social de 1961, fundamento jurídico de la administración revolucionaria de las «conductas» humanas y de la «higienización» de las diferencias sociales y raciales. Los trabajos de Abel Sierra (2016) sobre las Unidades Militares de Ayuda a la Producción profundizan el análisis de las dimensiones biopolíticas de represión de la disidencia sexual en las operaciones productivistas, militarizadas, de los campos de concentración de la UMAP.

Está claro que no hay que buscar un testimonio «personal» de la experiencia extrema en Isla de Pinos en los filmes de Guillén Landrián. Pero acaso en otro plano, que, de hecho, rebasa cualquier reificación temática o testimonial de la experiencia, los montajes de *Coffea Arábiga* están probablemente muy marcados por la huella de la experiencia subjetiva: constatan un posicionamiento tan profundo como fragmentario sobre el papel del cine (y de los cineastas) en la historia del productivismo y las ideologías del trabajo como formación (y «rehabilitación») del sujeto revolucionario en Cuba. Me refiero específicamente a la inscripción del tiempo de los cuerpos en el *régimen del trabajo* en *Coffea Arábiga* como en *Desde La Habana* y en *Taller de Línea y 18*, sus tres documentales más radicales, donde la intensificación y la dispersión del montaje es concomitante con la impugnación de los regímenes (audiovisuales) del trabajo.

El mismo año de la detención de Guillén Landrián en Isla de Pinos, Sara Gómez comenzaba su notable cartografía de los discursos sobre la «rehabilitación» revolucionaria en aquella antigua colonia penal en la trilogía que incluye *En la otra isla* (1967), *Una isla para Manuel* (1968) e *Isla del Tesoro* (1969). Estos filmes dan inicio a las investigaciones documentales de Sara Gómez –primera directora afrocubana del ICAIC– sobre la cuestión de la marginalidad, su ineludible relación con la discriminación racial, y sobre las innovaciones culturales implementadas en la «reeducación» de los sujetos «marginales». Estos trabajos de Gómez culminan con el extraordinario largometraje *De cierta manera* (1974), obra terminada póstumamente, donde las ideologías del trabajo productivo impulsan o «garantizan» la superación de la marginalidad urbana. Vale la pena recalcar la coincidencia de las fechas de los tres documentales de Sara Gómez sobre Isla de Pinos: 1967, 1968, 1969, fechas que coinciden con el encarcelamiento de Guillén Landrián en la isla, con la producción de *Coffea Arábiga* y con la producción de *Desde La Habana ¡1969! Recordar*. No hay que esperar una respuesta directa de Guillén Landrián al didactismo (disciplinario, aunque culturalista) que manifiestan los documentales de Sara Gómez sobre Isla de Pinos. Sin embargo, la práctica fílmica de Guillén Landrián, inseparable de su impugnación del gobierno y control de los cuerpos bajo los regímenes del trabajo productivo, implican asimismo una crítica del modelo didáctico del documental y del tratamiento de la marginalidad en filmes como los de Sara Gómez. De más está añadir que no se trata tanto de una polémica personal como de las tensiones y antagonismos que transitan los modos de pensar y de realizar la forma documental y lo que esto acarrea o puntualiza en el campo más amplio de los esquemas mediáticos, audiovisuales, del orden revolucionario.

De ahí se desprende también algo más: la tensión entre las «poéticas» divergentes de Sara Gómez y Guillén Landrián sobre el productivismo implican un debate implícito en torno al afrocubanismo; es decir, el debate acerca de lo que significaba ser un intelectual (o un director) negro en las décadas del sesenta y setenta. Esto supone una pregunta sobre la relación muy problemática entre las marcas de la identidad (y la subjetivación) racial y la experimentación en la singular encrucijada cubana de la modernidad caribeña. Así comenta Jorge Luis Sánchez la relación problemática entre raza y experimentación estética en el cine de Guillén Landrián:

> Creo que, en el caso de Nicolasito, la mayor discriminación racial que pueda haber es que la gente piense que como tenía tanto talento que debía ser blanco, porque ese tipo de cine normalmente en Cuba lo tenía que hacer un blanco. En Nicolasito la racialidad no era una preocupación, la preocupación de Nicolasito era formal, absolutamente estetizante, pero no fue un estetizante vacuo. Sara estaba más preocupada por las cosas raciales, por ejemplo, en *Guanabacoa: crónica de mi familia*, vemos cómo Sara se desnuda y se rebela contra lo que le tocaba, mujer, negra, pianista. Además, Nicolasito se codeaba con blancos, las mujeres eran blancas, sus amigos eran blancos, por eso te digo que la racialidad en él, como yo la percibo, no era lo primero que le interesaba, aunque, por supuesto, en la obra siempre va a emerger su condición racial, su experiencia de vida... pero el acercamiento formal, estético, parece el de un blanco. (Entrevista a Sánchez en este volumen)

Las palabras de Jorge Luis Sánchez comentan solapadamente una serie de estereotipos centrales a esta discusión. Primero, que en el ICAIC –donde casi no había directores ni técnicos afrocubanos– ser un director negro suponía con frecuencia una interpelación inevitable: el llamado a la producción de los «negrometrajes», como los llaman Sánchez y algunos de sus contemporáneos. Hay algo más. Con el mismo movimiento de su crítica al «negrometraje», las palabras de Sánchez, director afrocubano, inadvertidamente explicitan la distribución de la autoridad estética bajo una división del trabajo bastante estricta entre negros y blancos. Esa distribución tiene por lo menos dos consecuencias: por un lado, escinde o separa la demanda de la identificación racial que opera sobre los directores afrocubanos, de la «estética» y de la experimentación formal; se *identifica* así la experimentación formal o la preocupación estética con la universalidad de (una) cultura blanca.

La posición de Guillén Landrián ante esta división racializada del trabajo fílmico fue siempre muy astuta, pero nunca elusiva. Hay momentos en que los giros y los desplazamientos del montaje comprueban que la experimentación formal, lejos de ser una insignia de la pretensión universal de una estética vanguardista blanca, es, en cambio, un modo de aproximarse a la experiencia del trauma de la violencia racial. Véase, por ejemplo, todos los hilos antirracistas del montaje en *Desde La Habana*, o la amplia referencia a la esclavitud que relativiza el caribeñismo del poema «Un largo lagarto verde» al comienzo de *Coffea Arábiga*, así como la intervención de la «Elegía a Jesús Menéndez» en *Desde La Habana*. El debate sobre el racismo transita siempre el cine de Guillén Landrián, incluso en su exploración ambivalente de la figura del poeta Nicolás Guillén y las paradojas del afrocubanismo como instancia de la literatura moderna cubana y caribeña.

Ya para los sesenta, el significado de Nicolás Guillén como poeta comunista negro estaba instalado como un modelo afrocubano. Pero sabemos que la historia de las identidades rebasa las inscripciones identitarias esquemáticas y las interpelaciones. Por ejemplo, no es posible obviar la dimensión experimentadora que sostuvo la poesía afrocubana de Nicolás Guillén, pulsión poética inseparable de su crítica al racismo. Por eso creo que nos equivocaríamos si pensáramos la relación entre el cine de Guillén Landrián y la poesía de Nicolás Guillén en términos de un simple antagonismo. Cuando nos aproximamos a la secuencia del reensamblaje de la «Elegía de Jesús Menéndez» en *Desde La Habana* y retomamos la lectura del poema, algo salta a la vista: la importancia del *ensamblaje* que despliega el poema, es decir, la relación del propio Nicolás Guillén con la discontinuidad del montaje como forma poética. Paradójicamente, el montaje de la poesía en los filmes de Guillén Landrián —si bien explora la implicación de la poesía en las redes del poder político— le devuelven al trabajo poético de Nicolás Guillén una fuerza crítica renovada.

Bibliografía

Araoz, Raydel & Ramos, Julio (directores) (2013): *Retornar a La Habana con Guillén Landrián*.

Arfuch, Leonor (2007): *El espacio biográfico. Dilemas de la subjetividad contemporánea*. Buenos Aires: Fondo de Cultura Económica.

Artaud, Antonin (1982): *El cine*. Madrid: Alianza.

Bernabé, Mónica (2006): *Vidas de artista. Bohemia y dandismo en Mariátegui, Valdelomar y Eguren. Lima (1911-1922)*. Rosario / Lima: Beatriz Viterbo / Instituto de Estudios Peruanos.

Bourriad, Nicolás (2002): *Postproducción*. Buenos Aires: Adriana Hidalgo.

Buñuel, Luis (1982): «El cine, instrumento de poesía». En *Obra literaria*. Zaragoza: Ediciones de Heraldo Aragón.

Canel, Fausto (2011): «Té y galleticas con il signore Pasolini». En *Diario de Cuba* 22 (VII).

Cocteau, Jean (2015): *Poética del cine*. Buenos Aires: Cuenco del Plata.

Cróquer Pedrón, Eleonora (2012): «Casos de autor: anormales/originales de la literatura y el arte (II). Allí donde la vida (es) obra». En *Voz y escritura. Revista de Estudios literarios* 20: 89-103.

— (2016): «Así en la vida como en el texto: Armando Reverón (1889-1954)». En *Voz y Escritura. Revista de Estudios Literarios* 24: 40-70.

Didi-Huberman, George (2009): *La imagen superviviente. Historia del arte y tiempo de los fantasmas según Aby Warburg*. Madrid: Abada.

— (2016): «Cine, ensayo, poema». En *El Jardín de los Poetas. Revista de Teoría y Crítica de Poesía Latinoamericana* II (3): 69-80.

Foucault, Michel (1962): «El "no" del padre». En *Critique* 172: 195-209: <www.revistaaen.es/index.php/aen/article/download/15391/15252>.

Garramuño, Florencia (2009): *La experiencia opaca*. Buenos Aires: Fondo de Cultura Económica.

GUERRA, Lillian (2012): *Visions of Power in Cuba: Revolution, Redemption, and Resistance, 1959-1971.* Durham: University of North Carolina Press.

GUILLÉN, Nicolás (1950): «Elegía a Jesús Menéndez». En *Las grandes elegías y otros poemas.* Caracas: Biblioteca Ayacucho.

— (1972): «Un largo lagarto verde». En *Obra poética 1920-1972.* La Habana: Instituto Cubano del Libro.

LAMBE, Jennifer L. (2017): *Madhouse. Psychiatry and Politics in Cuban History.* Durham: University of North Carolina Press.

MARQUÉS DE ARMAS, Pedro (2014): «Psiquiatría para el nuevo estado». En *Ciencia y poder en Cuba: Racismo, Homofobia, Nación* (1790-1970). Madrid: Verbum.

FELMAN, Shoshana (1985): *Writing and Madness: Literature, Philosophy, and Psychoanalysis.* Ithaca: Cornell University Press.

GARCÍA MARTÍNEZ, Alberto (2006): «La imagen que piensa. Hacia una definición del ensayo audiovisual». En *Comunicación y Sociedad* XIX (2): 75-105.

LONGONI, Ana & MESTMAN, Mariano (2008): *Del Di Tella a «Tucumán Arde». Vanguardia artística y vanguardia política en el 68 argentino.* Buenos Aires: Eudeba.

MAHLER, Anne Garland (2015): «"Todos los negros y todos los blancos y todos tomamos café": Race and the Cuban Revolution in Nicolás Guillén Landrián's *Coffea Arábiga*». En *Small Axe* 46: 55-75.

METSMAN, Mariano (ed.) (2016): *Las rupturas del 68 en el cine de América Latina: contracultura, experimentación y política.* Buenos Aires: Akal.

MITCHELL, W. J. T. (2014): «Methods, Madness and Montage: Aby Warburg to a Beautiful Mind» (conferencia videograbada). Columbia University. Disponible en Youtube: <https://www.youtube.com/watch?v=d_w4MjtmClg>.

MOTEN, Fred (2003): *In the Break: The Aesthetics of the Black Radical Tradition.* Minneapolis: University of Minnesota Press.

PASOLINI, Pier Paolo (1970): «Cine de poesía». En Pasolini, Pier Paolo & Rohmer, Eric: *Cine de poesía contra Cine de prosa.* Barcelona: Anagrama.

PÉREZ, Fernando (2013): Entrevista con Julio Ramos. «Las paradojas del cine independiente cubano: Entrevistas a Fernando Pérez, Dean Luis

Reyes y Claudia Calviño». En *Imagofagia* 8: <http://www.asaeca.org/imagofagia/index.php/imagofagia/article/view/439>.

Porrúa, Ana & Ramos, Julio (2016): «Poesía y movimiento: trazos audiovisuales». En *El Jardín de los Poetas. Revista de Teoría y Crítica de Poesía Latinoamericana* II (3).

Ramos, Julio (2011): «Cine, cuerpo y trabajo: Los montajes de Guillén Landrián». En *La Gaceta de Cuba* 3: 45-48.

— (2013): «Los archivos de Guillén Landrián: Cine, poesía y disonancia». En *laFuga* 15: <http://2016.lafuga.cl/los-archivos-de-guillen-landrian>.

— (2019): «Los sonidos del trabajo: *Taller de Línea y 18* de Guillén Landrián». En Laera, Alejandra & Rodríguez, Fermín (eds.): Dossier *El cuerpo del trabajo*. En *A Contracorriente: una revista de estudios latinoamericanos* 16 (3).

Reyes, Dean Luis (2004): *Contra el documento*. Santiago de Cuba: Cauce.

— (2011): «Nicolás Guillén Landrián: El iluminado y su sombra». En *La mirada bajo asedio. El documental reflexivo cubano*. Santiago de Cuba: Ediciones de Oriente.

— (2013): Entrevista con Julio Ramos. «Las paradojas del cine independiente cubano: Entrevistas a Fernando Pérez, Dean Luis Reyes y Claudia Calviño». En *Imagofagia* 8: <http://www.asaeca.org/imagofagia/index.php/imagofagia/article/view/439>.

Rolando, Gloria (2014): «¿Un cine afrocubano?». En *Cuadernos de literatura* XVIII (35): 285-298.

Sánchez, Jorge Luis (2010): *Romper La Tension Del Arco. Movimiento Cubano De Cine Documental*. La Habana: Ediciones ICAIC.

Sierra Madero, Abel (2016): «"El trabajo os hará hombres": Masculinización nacional, trabajo forzado y control social en Cuba durante los años sesenta». En *Cuban Studies* 44: 309-349.

Weinrichter, Antonio (ed.) (2007): «La forma que piensa. Tentativas en torno al cine-ensayo». Pamplona: Punto de Vista.

* Presenté una versión previa de este trabajo como conferencia en la Universidad de Yale el 2 de febrero de 2017. Agradezco la iniciativa de Bryce Maxley y del grupo de alumnos graduados que extendió la invitación, así como las preguntas y comentarios de los colegas y amigos en la audiencia. Agradezco también las lecturas de Dylon Robbins, Eleonora Cróquer Pedrón y Perla Masi.

Espejos: mirando al negro en el mirar de Nicolás Guillén Landrián

Odette Casamayor-Cisneros

> El colchón del tiempo es igual a la cantidad del blanco del ojo que te reserves
>
> Nicolás Guillén Landrián

Es inevitable, ante la obra de Nicolás Guillén Landrián, sentirse atrapado por el inconmensurable poder encerrado en la mirada de sus personajes.

No consiguen escaparse tampoco sus intérpretes y críticos; resulta de hecho esencial al trabajo de uno de los más interesantes estudios que sobre la obra del cineasta han sido publicados. Ya para la portada de *La mirada bajo asedio* (2010), Dean Luis Reyes seleccionaría una de las más enigmáticas miradas sorprendidas por el lente de Guillén Landrián. Descrito como «imagen terrifiante», el cautivante rostro de una joven campesina rubia extraído del documental *Reportaje* (1966) revela, desde antes de abrir el libro, aspectos esenciales del análisis de Reyes: descifrar la silente y a un tiempo poderosa agencia de los personajes anónimos presentados a través del constante recurso a la foto fija en la cinematografía de Guillén Landrián.

En su lúcido estudio Reyes concibe esas miradas como un instrumento para romper la homogeneidad de la masa que supuestamente debía recrear el documental revolucionario, en respuesta a la exigencia de unidad popular predominante en la política y el imaginario nacionalistas durante los años sesenta y setenta. Según Reyes, los rostros retratados en el cine de Guillén Landrián reproducían un reflejo del espectador:

> cuando desde la pantalla esas personas nos miran, experimentamos nuestro desvelamiento; esa mirada va dirigida a los ojos de todos y cada uno de nosotros [...] Rota la ilusión de perspectiva, rota la ilusión ideológica del grupo, [...] queda la soledad sobrecogida de la individualidad: el espectador solitario. (Reyes 2010: 100)

Coincido con estas interpretaciones, aunque creo también que cada uno de los rostros captados por Guillén Landrián transmiten algo más, no sólo la humanidad que comparten con el espectador. Así, tal y como el rostro en la portada del libro de Reyes expresa cierto mensaje, preguntas, incitaciones particulares desde su existencia de muchacha campesina cubana rubia que vive en la lejana Baracoa, los rostros de los personajes negros de su obra aluden también a experiencias singulares.

La campesina en el fotograma recibiendo al lector de *La mirada bajo asedio* representa, para Reyes,

> un ser al cual el ojo del cine ha sorprendido en uno de los banales instantes de su existir y, en vez de investirlo con la condición mitológica de la trascendencia, decide extraerlo de la historia, dejarlo penetrar el agua mansa de su representación icónica para, una vez dueño de ese reflejo, devolvernos a la esencia de quienes somos: los seres que, acostumbrados a mirar aquello que alguien ha soñado mientras creía estar despierto, son forzados a despertar de todas las ilusiones –incluso de la muerte de la ilusión– para encontrarse con el Hombre.
>
> Por eso son un misterio las miradas en las películas de Nicolás Guillén Landrián. Porque la respuesta a su enigma somos nosotros. (2010: 101)

Se describe aquí con acierto la vulnerabilidad del espectador ante estas particulares miradas lanzadas desde la pantalla, pero me siento nuevamente interpelada por las formulaciones del crítico, ¿es también este el proceso al que es sometido el espectador ante los personajes negros de Guillén Landrián? ¿Qué se siente cuando esa humanidad, justamente reconocida por Reyes en el «nosotros», es vehiculado por la mirada de un negro o una negra, tradicionalmente considerados como «el Otro»? ¿Han sido extraídas estas miradas de la historia, como se sugiere que ha ocurrido ante la foto de la joven campesina rubia? ¿Qué esconden o revelan, qué están diciendo sin decir estas miradas de cubanos negros? ¿Qué experiencia es esta que no puede el espectador completamente aprehender?

Mirar negro

En lo que sigue examino algo que podría llamarse el «mirar negro» (*Black Gaze*); esto es, el mirar al mundo y a la gente desde la perspectiva del sujeto negro. Prefiero emplear el infinitivo «mirar», en lugar de «mirada», buscando trasmitir ese sentido de acción, que es la función propia de los verbos.

¿Qué se está haciendo entonces con este mirar?

En un documental como *Los del baile* (1965), el reiterado uso de imágenes de negros mirando directamente a la cámara funciona como sólido contrapunto al movimiento frenético de los cuerpos abandonados al mozambique, que domina la banda sonora del filme. De marcada ascendencia africana y creado por Pedro Izquierdo –Pello el Afrokán–, en los años sesenta, el mozambique fue plebiscitado como ritmo nacional, representando la desenfadada novedad de los tiempos y el carácter popular de la Revolución. Recibió además amplia cobertura mediática, posiblemente para desviar la atención del impactante éxodo de importantes figuras del espectáculo y la cultura, y en consonancia con políticas que en la época tendían a privilegiar géneros musicales nacionales para contrarrestar la influencia del rock, proveniente del mundo capitalista y consecuentemente juzgado como pernicioso para las nuevas generaciones de cubanos (Moore 2006: 182). En 1965, que es la fecha de realización de *Los del baile,* Fidel Castro incluso encomendó públicamente a Pello el Afrokán la composición de un tema que exaltara la participación popular en las tareas agrícolas, tomando particular interés en el proceso de grabación del tema musical en cuestión (Moore 2006: 184). No es pues totalmente azaroso que esta obra de Guillén Landrián explote con la fuerte percusión del mozambique. Sin embargo, la intensa banda sonora no expresa la euforia revolucionaria que enmarca ideológicamente la creación y difusión de este ritmo afrocubano. El documental se interesa más por los cuerpos –que no siempre están bailando mozambique– que por el populoso género musical; no por casualidad la obra se titula *Los del baile*, y no *El baile*. El realizador recoge también imágenes de cubanos ajenos al contexto épico, entregados a una «catártica y convulsiva huelga general» (Robbins 2013: en línea). La cámara se monta sobre el acelerado ritmo cuando efectúa cortes rápidos, como aquel notorio que va desde la imagen de carteles revolucionarios en que aparecen yuxtapuestos Fidel Castro y el rostro de un negro miliciano sonriente, sobre un lema que reza «Desfile y concentración», a otras imágenes con otros negros, también sonrientes, aunque por otras razones: bailan y toman cerveza. Destaca el desenfreno de los cuerpos en la fiesta, siguiendo el casi ensordecedor toque de los tambores. Y el lente recoge profusión de miradas: taciturnas, felices, enamoradas, tristes, borrachas, bailadoras, festivas.

Mayoritariamente negros y mestizos, aparecen también personajes más sosegados, sorprendidos en la intimidad de escenas domésticas y solitarias. Se detiene, por ejemplo, la cámara en la mujer negra que se acicala, tal vez preparándose para el baile. En una peluquería, a otra le desrizan el pelo, que deja de ser negroide para lucir alisado. La acción nos parece extraña porque es inusual filmar públicamente a las mujeres en el acto de transformarse; mucho menos si se trata de cambiar los rasgos raciales.

En estas escenas suele alejarse el mozambique para que suenen taciturnos danzones o se esparza el silencio. Hay un señor de mirada torva sentado en el sillón de una barbería; otro, que parece sastre o zapatero, deja caer su cansancio sobre una máquina de coser, o está aburrido, o espera algo, o a alguien.

Más adelante aparecen otros hombres también sumidos en una quietud inusitada, sentados ante una ventana. Bien vestidos, lucen dignos y contrastan con el mozambique que aún percute, hasta que la banda sonora del filme se adapta a la pasividad de sus miradas y la estrepitosa música otra vez se desvanece, poco a poco, haciendo lugar a los ruidos del barrio. Penetran por la ventana abierta, haciéndonos comprender que detrás de toda la algarabía y la urgencia revolucionarias, detrás del «desfile y la concentración», el barrio sigue su propio ritmo –contradanza y danzón o simple murmullo barriotero–. Mientras para las multitudes retumba el mozambique desde los altavoces de las plazas, hay gente que todavía permanece sosegada, absorta en sus pensamientos, retenidos en su agobio y su espera y su intimidad velada. Tenemos el mirar de estos cubanos negros para revelarnos algo que ni siquiera se nos pide entender. Particularmente intrigante es la mirada de uno de los negros tranquilos junto a la ventana, que en camiseta, fumando, mueve casi imperceptiblemente la cabeza, como quien nos observa desde tiempos inmemoriales y ya sabe todo lo que tiene que saber; nos desviste como espectadores, descifra lo que estamos pensando aunque nosotros ni remotamente imaginemos qué esconde y a la vez trasmite su mirada. Entonces, para no darnos ni siquiera tiempo a reflexionar, apenas detenida la cámara en su rostro por unos segundos, vuelve a tronar intempestivo el mozambique. Es esta la sorpresa que registra Dean Luis Reyes en su análisis de los documentales de Guillén Landrián:

> las miradas se vuelcan de la pantalla, la desbordan, y se clavan en otra mirada, la nuestra. […] No es la cámara la que observa, sino somos nosotros los observados. El objetivo de la cámara sigue a los sujetos del mundo, nos los revela en su actividad, llama su atención, hasta que consigue que dejen de vivir, de respirar casi. (2010: 32)

El mirar del personaje se adentra, taladrando, y al hacerlo va cavando un túnel por donde se mueven energías inesperadas, sierpes que han de morder sorpresivamente particulares sitios del espíritu, succionando luego al sujeto espectador, desde su cómoda existencia, bien plantado en sí mismo, para arrastrarlo hacia regiones inimaginables o temidas, los territorios de lo que el espectador, ese «Uno», supone que es el «Otro», interpelándolo desde la pantalla.

Misterio del Otro

Seducen. Es inevitable sucumbir al misterio encerrado dentro de esas miradas, que propician una experiencia sublime en tanto arrastran al espectador más allá de los límites de la lógica, haciéndole traspasar el umbral del conocimiento organizado, de lo explicable, narrable, decible. Y la fascinante vulnerabilidad que acarrea es resultado del desequilibrio provocado por el contacto, o visión en el preciso caso que nos ocupa, con lo misterioso –lo *uncanny*; es decir, lo familiar que súbitamente deviene extraño, aquello que resulta irreduciblemente incomprensible dentro de lo que parecía familiar y ya comprendido. A través de lo sublime, esa entidad inaprehensible revela su agencia, su modo de actuar sobre aquel que, habiendo creído que podía objetivarlo y conceptualizarlo previamente y a su antojo, descubre ahora aterrorizado que «la cosa» que era el Otro no es tal. La cosa tiene vida propia y esa vida no la comprende el espectador. Es, pues, «monstruosa».

La monstruosidad aquí es revelada por el mirar de sujetos negros viajando desde la pantalla hasta los ojos del espectador. El negro cubano en los documentales de Guillén Landrián no es un personaje ya codificado por el público, sino un ser común, el vecino, algún compañero de trabajo, un ciudadano más con el que nos tropezamos cualquier día en cualquier espacio cubano, pero que de repente, bajo el escrutinio del cineasta, muestra su inescrutable opacidad. Desde tal cercana lejanía interpela el personaje al público, repitiendo el fenómeno descrito por Emmanuel Levinas (1982) en sus teorías acerca de la irrupción del rostro en las dinámicas identificatorias y de la alteridad. Presentaba el filósofo la «epifanía del rostro» como expresión de la experiencia, lo inapresable por identidades previamente fijadas por la sociedad. El rostro deviene la presencia real. Desmiente el estereotipo al aparecer sin ser convocado, desafiando los discursos y estructuras que pretenden inmovilizarlo como tema explicado, comprendido y con ello incluido dentro de la ficción identitaria construida por poderes hegemónicos:

> L'épiphanie du visage est visitation. Alors que le phénomène est déjà [...] image, l'épiphanie du visage est vivante. Sa vie consiste à défaire la forme où tout étant quand il entre dans l'immanence –c'est-à-dire quand il s'expose comme thème– se dissimule déjà. (1982: 51-52)

La «visitation», término escogido por Levinas para describir la abrupta aparición del rostro en el contexto organizado por quien tiene el poder de determinar identidades, contrarresta la presunta totalidad. Y lo hace sin necesidad de pronunciar discursos, en silencio. No obstante, «el rostro habla», nos recuerda el filósofo, haciendo posible comprender por qué las caras negras en *Los del baile* perturban aun desde su mudez. Levinas también explica que hablar significa venir desde detrás de la apariencia, de la forma establecida, creando una apertura en su propia apertura. La experiencia íntima, silenciosa y silenciada de los negros de Cuba es lo que irrumpe a través de ese mirar del que no puede escapar el espectador. Sus miradas no pueden además ser borradas como tampoco contenidas discursivamente. Son expresión de una ineludible y radical agencia contrahegemónica, en tanto salen al encuentro de la mirada tradicional e institucionalizada, al tiempo que permanecen inasibles: no hay palabras para describirlas o interpretarlas dentro de epistemologías ya establecidas. Por el mero hecho de ser ejercido, el mirar del negro desafía la hegemónica mirada eurocéntrica; consigue expresar y hacer valer, a través de una violencia intrusiva, el «indecible silencio» que Stuart Hall consideraba esencial para lograr la apropiada comprensión de la historia: «Unspoken silence in between that which can be spoken is the only way to reach for the whole history. There is no other history except to take the absences and the silences along with what can be spoken» (2000: 201).

«Soy invisible sólo porque la gente se niega a verme», escribía Ralph Ellison en el prefacio a *Invisible Man* (2015). Mas esta circunstancia se anula cuando el sujeto invisibilizado, ese Otro que el espectador creía haber conseguido fijar a través de una sistemática categorización, bajo epistemologías mantenidas como dominantes durante siglos en las que el Otro es objeto conceptualizado pero no activo creador, abandona la invisibilidad porque rompe ese tejido epistemológico. Deja de ser solamente «la cosa» ya definida por identidades establecidas, para hacer valer aquella realidad que la sociedad no quiere reconocer en él, su agencia; esto es, su capacidad de actuar sobre sí mismo y sobre los demás. Al mirar, la persona negra actúa, y cuando se recibe esta mirada uno no puede hacer más que reconocer la agencia del Otro. El personaje negro es ahora ese sujeto que, dueño de su cuerpo y su experiencia, desde la pantalla mira al público. No domina las narrativas hegemónicas pero sí su propia carne y su mirar. Guarda cierto poder, insospechado hasta entonces por el espectador.

Ser espejo

¿Cómo es posible encontrar ese poderoso mirar del cubano negro y traerlo, cargado aún de toda su fuerza, frente al espectador?

En 1970, Pier Paolo Pasolini recorrió Uganda, Kenia y Tanganika recolectando los rostros, imágenes y escenas que requería para concretar su proyecto de una adaptación cinematográfica, en un contexto africano, de la *Orestíada* de Esquilo. El objetivo de Pasolini era representar, a través de esta adaptación de la tragedia griega, las transformaciones en las recién creadas naciones africanas: «el paso casi brusco y divino de un estado salvaje a un estado civil democrático», según explica el director en sus *Appunti per un'Orestiade africana* (1970), donde descubrimos, además de la naturaleza y la intención de sus pesquisas, algunos obstáculos con los que tropieza. Asombrado comenta, por ejemplo, que le resultaba difícil encontrar una buena Electra, porque «las muchachas africanas sólo ríen». En otras escenas, la cámara se mueve de un rostro a otro pero rara vez –posiblemente nunca– las miradas sostienen el escrutinio de la cámara. Los africanos no miran a los ojos del realizador italiano. En general, Pasolini habla de «personajes populares», «prehistoria». «Lo terrible de África es su soledad», dictamina. Sus conceptos y adjetivos parecen amagos torpes, tartamudeos. En otro momento de los *Appunti* recoge sus conversaciones con estudiantes africanos de la universidad de Roma. Somete Pasolini a su consideración las imágenes filmadas en África y las características de su proyecto. Los jóvenes africanos claramente exponen la contradicción esencial en su idea: la lectura de África utilizando una lógica y una narrativa occidentales.

Los inquietantes desencuentros de Pasolini a lo largo de su *Orestiada africana* pueden explicarse mejor si se retoma la reciente valoración que el fotógrafo y escritor de origen nigeriano, Teju Cole, hace de las imágenes tomadas por ciertos prestigiosos artistas africanos, como Seydou Keïta, Malick Sidibé, Mama Casset y Josef Moise Agbodgelou:

> Something changed when Africans began to take photographs of one another: You can see it in the way they look at the camera, in the poses, the attitude. The difference between the images taken by colonialists or white adventurers and those made for the sitter's personal use is especially striking in photographs of women. In the former, women are being looked at against their will, captive to a controlling gaze. In the latter, they look at themselves as in a mirror, an activity that always involves seriousness, levity and an element of wonder. (2015: en línea)

No cuestiono la intención políticamente anticolonialista de Pasolini; pero es evidente que su proyecto de interpretar la realidad afri-

Malick Sidibé, «Je veux être seule» (1978).

cana a partir de una narrativa preconcebida y además clásica, una forma fundacional del pensamiento europeo, explicaría por ejemplo por qué en su opinión las chicas africanas sólo sonreían. ¿Qué había detrás de esa risa? Todo parece indicar que el cineasta italiano no alcanzó a descubrirlo. Las mujeres captadas por la lente de artistas africanos, en cambio, no esquivan lo que son detrás de la risa. Si sonríen o no, en todo caso se expresan, se abren al fotógrafo. Tal y como lo hacen los cubanos sobre cuyo rostro se detiene la mirada de Nicolás Guillén Landrián.

En su artículo, Teju Cole se detiene particularmente ante la mirada de una mujer en un retrato realizado por Malick Sidibé, destacando la frase con la que el artista bautizaba la pieza, junto a su firma: «Je veux être seule». En su opinión, este detalle sella la autoridad de la mujer africana aquí fotografiada sobre su imagen. A pesar del brazo de un hombre blanco que se deja ver junto al suyo –sólo un brazo, una adivinación, el cuerpo ha sido cortado–, esta mujer parece dueña de sí misma. Similar sensación se desprende del mirar en los personajes negros de Guillén Landrián. Miran desde sí mismos y no desde la idea de estos negros que puede haberse hecho de antemano el espectador, la «mirada controladora» mencionada por Cole en su análisis. Aunque «hablan», silentes, al público, no vienen expresamente para confirmar sus ideas o ilustrar narrativas preexistentes –como tampoco los personajes africanos encontrados por Pasolini llegaban a confirmar cabalmente su idea de la *Orestíada africana*. Pero aquellos reían sin que el realizador comprendiese sus gestos, o no miraban a la cámara; mientras que los de Guillén Landrián se exponen, y exponen. A semejanza de las mujeres retratadas por fotógrafos africanos y estudiadas por Teju Cole, a los personajes de Guillén Landrián pareciera sorprendérseles frente a su espejo, sin que les importe no obstante la intromisión. Mas no ha de olvidarse que entre ellos y el espectador está la cámara, el mirar del realizador: él es el espejo.

El amor

Y yo, ¿cómo descubrir el espejo en Nicolás Guillén Landrián?

El amor será el transporte. Lo sugería ya como metodología Livio Delgado, camarógrafo en *Ociel del Toa*, *Retornar a Baracoa*, *En un barrio viejo*, *Reportaje* y *El Morro*: «Es que cuando tú filmas con amor, eso se refleja en pantalla. Se percibe el respeto y la admiración hacia esa gente. [...] Todo tiene un sentido de amor, de cubanía, de respeto al cubano, la crítica se puede hacer también así, es más difícil pero se puede hacer así» (En Ramos 2013b: en línea). Es este el camino que también elijo ahora tomar. Porque sólo amándolos se caen las paredes entre el Uno y el Otro, entre espectador, cineasta y personaje filmado. Sólo dentro de un círculo dominado por el amor se respira en el espejo.

Para alcanzar a tocar ese espejo que fue Nicolás Guillén Landrián, lo mejor que podía yo hacer era tomar prestada la mirada enamorada de su viuda, Gretel Alfonso, quien reside en La Habana desde que allí llegara el 15 de agosto del 2003 con el cadáver de su compañero. Volver a Cuba era necesario, pues según testimonios de Gretel, nunca la pareja se sintió cómoda en el exilio en Miami. Por eso, al morir Nicolás, ella supo que tenía que volver: «De pronto me dio grima traer sólo sus cenizas, y quise hacer lo que sabía era más difícil, traer su cuerpo para enterrarlo aquí», asegura en entrevista con Julio Ramos (2013c).

Y en el cementerio de Colón en efecto lo enterró. Tras lo cual, se quedó en la isla: allí fui a verla.

Al visitarla en su apartamento –casualmente ubicado en la misma calle en que viví mi niñez habanera– Gretel me repitió casi las exactas palabras de Livio Delgado refiriéndose al respeto a todos y a todo que caracterizaba a Guillén Landrián. Al filo de la conversación, en la que Gretel se perdía en los meandros del recuerdo, saltando de los suyos propios a los de Guillén Landrián, los de su familia; rescatando percepciones múltiples, contradictorias a veces, dispersas en el tiempo; repasando los poemas y dibujos que junto a la obra cinematográfica había dejado Guillén Landrián, me fue dado comprender que el respeto que animaba su creación no se limitaba a la gente sino que envolvía también sus oficios y sus actividades cotidianas, rutinarias. Las manos de quienes encontraba le llamaban particularmente la atención: las del obrero aferradas a la máquina, de las recogedoras de café, de la mujer que se peina cuidadosa, y también manos aferradas al vaso de cerveza o a la cintura de una compañera de baile, manos y miradas cansadas, ¿qué hacía y deseaban y pensaban y esperaban sus dueños? Eso es lo que nos devuelven sus personajes al mirar directamente a la cámara y en consecuencia al espectador: una indecible sustancia atravesando aquel túnel entre personaje observado y observante y espectador también observado.

«Mira» –me cuenta Gretel que solía decirle Nicolás–, «Mira», conminándola a hacerlo: mirar de veras, con todo el cuerpo, sin fórmulas preconcebidas, como él evidentemente hacía. Porque, ¿de qué otra forma mirar cuando se busca recibir lo indecible, lo que verdaderamente quiere decir la carne? Para eso hay que mirar desde adentro, desde la propia carne, sacudida de los conceptos y las teorías.

También, al pedirle una vez que le describiera qué experimentaba mientras estaba encerrado en sus múltiples reclusiones, fuere en la cárcel o en el Hospital Psiquiátrico, cuenta Gretel Alfonso que Guillén Landrián le arañó el brazo. Únicamente así lograba trasmitirle sus impresiones. Desgarramiento. No hay nada que decir. Es en la carne donde se siente la realidad; y ella la transmite. En su trabajo cinematográfico, la carne del realizador se vuelve mirada, limpia de palabras, y sólo así puede penetrar la mirada del ser humano frente al lente. Consigue de la suerte que esa otra mirada también se despoje de respuestas prefabricadas y se ofrezca como carne que también es desde la imagen que está siendo recogida por la cámara. La ausencia de juicio alguno en esta circulación de humanidades desnudas es algo que igualmente admite el cineasta Manuel Zayas, a quien se le deben los primeros intentos de restaurar la obra de Guillén Landrián y el formidable documental *Café con leche* (2003), que tuvo un innegable efecto «desestabilizador» no sólo en la percepción de la producción de Guillén Landrián, hasta los años 2000 censurada en la isla, sino también en la historia del cine revolucionario oficialmente promovida. Zayas ha reconocido que «más atractivo era el candor con el que Guillén Landrián retrata al pueblo cubano. Hay un cariño por el pueblo cubano que no parte de ninguna ideología. [...] Él se burla de lo ridículo de los formalismos, pero no se está burlando del hombre» (En Ramos 2013a: en línea).

El respeto absoluto a todo ser humano, independientemente del juicio moral, social, ideológico, político o de cualquier otra índole que pueda de él tenerse es propiciado por un ejercicio sistemático de la empatía, subyacente a toda la *poiesis* de Nicolás Guillén Landrián, sea esta expresada a través del cine, la pintura o la escritura. Entiéndase por «empatía» no el altruismo o una supuesta pero en realidad imposible comprensión de la experiencia del Otro, sino algo mucho más simple, esencial, y al mismo tiempo difícil: la capacidad de ser absolutamente humano frente al Otro. Es decir, de ejercer la humanidad más esencial, despojada de las vestiduras sociales, experimentarse a sí mismo, plenamente, en presencia del Otro (Agosta 2010).

«¿Cuál es el problema, señores? Quítense toda esa mierda de la cabeza, sean ustedes mismos, que es la base fundamental de todo», recuerda Livio Delgado que respondía Guillén Landrián cuando le criticaban el continuo uso de planos fijos con gente parada, sólo mirando la cámara (en Ramos 2013b: en línea). Pareciese que la inmovilidad, el hecho de no hacer nada, no participar en un acto definido, ideológicamente comprensible, levantaba sospechas. Es el temor a lo misterioso, lo *uncanny* a lo que se acercaba Guillén Landrián con la seguridad de quien no tiene nada que perder porque ya había entregado lo más importante, que era él mismo («sean ustedes mismos», recuérdese que aconsejaba), en su inconsciente amor por el Otro. El misterio se desvanece así bajo la acción de la empatía del cineasta con la gente que filmaba, su capacidad para sentir al Otro, tal vez porque no lo asume como Otro sino como una extensión de sí mismo: eso es el amor.

No consigo aquí sustraerme al recuerdo de Fortunato, protagonista de *El palacio de las blanquísimas mofetas*, de Reinaldo Arenas, otro gran creador cubano cuya vida destrozara la intolerancia política del gobierno revolucionario:

> Muchas veces, siempre, seguramente, sí, había sido todos ellos, y había padecido por ellos y quizá –porque él tenía más imaginación,

porque él iba más allá– al ser ellos había sufrido más que ellos mismos dentro de su autenticidad, dentro de su propio terror, invariable, y les había otorgado una voz, un modo de expresar el estupor, una dimensión del espanto que, quizá, seguramente, ellos mismos jamás llegarían a conocer ni a padecer. Porque también estaba eso, el llevar todas las desgracias de los otros, el padecer por ellos y tratar de interpretarlos. También estaba eso: las sucesivas transfiguraciones del terror. Su oficio de intérprete, de escudriñador, de vocero [...]. (Arenas 2001: 242)

Es la empatía lo que describe Arenas en este fragmento, el desvanecimiento de las fronteras sensoriales entre el protagonista y los otros personajes, pues él alcanza a «ser ellos» y les ofrece, además, un modo de revelar lo que permanecía oculto dentro de sí mismos.

De igual manera, en los documentales de Guillén Landrián, las miradas que aparecen en la pantalla no sólo están transmitiendo lo indecible sino que piden también lo indecible del espectador. Generan así aquella incomodidad a la que ya antes nos referíamos. Quien al confrontar estas obras tiene el coraje de abandonarse al vaivén de estos procesos también participa de la empatía originalmente aportada por el creador. Un círculo, poderoso y mágico *cypher*, se urde de esta manera.

Mira el artista negro al negro

Todo lo que observaba Nicolás Guillén Landrián estaba dominado por la empatía: un obrero, un niño campesino, la joven rubia en Baracoa, los negros en la fiesta, milicianos, gente ociosa, viejos y jóvenes. Pero yo expresamente en este artículo me he detenido en el análisis del mirar negro de sus personajes negros y del propio realizador. La empatía que caracteriza toda su obra es reforzada en este caso por la comunión que posiblemente se establece entre los personajes negros y el cineasta, la trasmisión mutua de experiencias comunes.

En *Los del Baile* (1965) es casi visible esta empatía. Para detectarla, además del análisis desarrollado anteriormente, puede resultar útil comparar las imágenes de este documental con las de otro corto rodado también en aquella Habana que se debatía entre la nueva realidad revolucionaria y el jolgorio popular: *PM* (1961), de Sabá Cabrera Infante y Orlando Jiménez Leal. Censurado el año de su edición, porque según las autoridades no reflejaba debidamente el contexto revolucionario, *PM* recoge un mundo similar al recreado en *Los del baile*: el habanero gozador, la gente que baila y toma cerveza en contextos poco reveladores de la dramática rigidez revolucionaria. Mas la distinción esencial entre ambas obras radica en la ausencia de comunicación entre el espectador y los personajes del filme. En *PM* el público observa los cuerpos moverse en su ambiente, un mundo ajeno que descubrimos gracias a la cinta: mundo nocturno de gente negra que vive en Regla, del otro lado de la bahía que atraviesan para llegar hasta La Habana y en la oscuridad de sus calles y bares fundirse, desaparecer; cuerpos del gozo, la sabrosura, la cumbancha. En *Los del baile* esos mismos cuerpos son algo más, pues poseen miradas que nos miran, haciéndolo además dentro de una realidad diurna en la que cohabitan con cualquier cubano y con las arengas de Fidel Castro o la marcha de milicianos en la calle. Esta última circunstancia los vuelve aún más contrastantes, disruptivos. Los personajes de *PM* emergen brevemente de un espacio ajeno al del espectador común, reencarnan aquellas figuras del «chowcito», que protagonizaron las historias de *Tres tristes tigres* (1994), canónica novela de Guillermo Cabrera Infante, hermano de uno de los realizadores de *PM*. Se define así el «chowcito» en la novela:

> El chowcito era el grupo de gente que se reunía a descargar en la barra, pegados a la vitrola después que terminaba el último show y que descargando se negaban a reconocer que afuera era de día y que todo el mundo estaba ya trabajando hace rato o entrando al trabajo ahora mismo, todo el mundo menos este mundo de la gente que se sumergía en las noches y nadaba en cualquier hueco oscuro, aunque fuera artificial, en este mundo de los hombres rana de la noche. (1994: 67)

Las diferencias entre *PM* y *Los del baile* son sustentadas por la empatía que son capaces de desplegar uno y otros directores. Los personajes recreados por Sabá Cabrera Infante y Jimémez Leal permanecen absortos en su propio mundo; casi nunca miran a la cámara que para examinarlos los espía, negándoles con ello su mirar al espectador. Los personajes son vistos, pero ellos no miran, sólo gozan dejándose mirar, reafirmándose como Otros. Para Guillén Landrián se trata en cambio de personajes individuales, con vida propia, seres que incluso nos miran, confirmando su agencia, negando su alteridad.

Entonces, ¿el fin?

Que quien escribiese sobre Nicolás Guillén Landrián lo hiciera bajo los efectos del mismo impacto que sobre ella causara el cineasta, es cuanto, delicada, me pidió Gretel Alfonso durante nuestra entrevista habanera.

En otras palabras, que circulase constante la empatía, entre los cubanos que aparecen en su obra, el artista, quienes lo amaron, los espectadores, y esta autora, negra cubana que no ha podido ni querido escapar a su influjo.

Ha sido intentando seguir esa voluntad de Gretel que he ido hilvanado mis palabras, llegando a esto, que —¿cómo evitarlo?— se anuncia como «el fin», pero no es el fin.

Bibliografía

Agosta, Lou (2010): *Empathy in the context of philosophy*. New York: Palgrave.
Arenas, Reinaldo (2001): *El palacio de las blanquísimas mofetas*. Barcelona: Tusquets.
Cabrera Infante, Guilermo (1994): *Tres tristes tigres*. Barcelona: Seix Barral.
Cole, Teju (2015): «Portray of a lady». En *The New York Times Magazine*. 24 de Junio 2015: <http://www.nytimes.com/2015/06/28/magazine/

portrait-of-a-lady.html?rref=collection%2Fcolumn%2Fon-photography&action=click&contentCollection=magazine&region=stream&module=stream_unit&version=latest&contentPlacement=5&pgtype=collection&_r=2>.

Ellison, Ralph (2015): *Invisible Man.* New York / Tokyo: Ishi Press.

Hall, Stuart (2000): «Old and new identities, old and new ethnicities». En Back, Les & Solomos, John (eds.): *Theories of race and racism: A reader.* New York / London: Routledge, 44-153.

Herrera, Manuel L. (2013): *Nicolás Guillén Landrián en 3-D.* Miami: Brouwer & Brouwer Books.

Levinas, Emmanuel (1982): *Éthique et infini. Dialogues avec Philippe Nemo,* Paris: Le libre de poche.

Magnin, André (1998): *Malick Sidibé.* Zürich / Berlin / New York: Scalo.

Moore, Robin D. (2006): *Music and revolution: cultural change in socialist Cuba.* Los Angeles / London: University of California Press.

Pasolini, Pier P. (1970): *Appunti per un'Orestiade africana.* Roma: IDI Cinematografica.

Ramos, Julio (2013a): «Cine, archivo y poder: entrevista a Manuel Zayas en Nueva York». En *laFuga* 15: <http://2016.lafuga.cl/cine-archivo-y-poder-entrevista-a-manuel-zayas-en-nueva-york/664>.

— (2013b): «Filmar con Guillén Landrián. Entrevista a Livio Delgado». En *laFuga* 15: <http://2016.lafuga.cl/filmar-con-guillen-landrian-entrevista-a-livio-delgado/663>.

— (2013c). «Regresar a La Habana con Guillén Landrián». En *laFuga* 15: <http://2016.lafuga.cl/regresar-a-la-habana-con-guillen-landrian/662>.

Reyes, Dean Luis (2010): *La mirada bajo asedio. El documental reflexivo cubano.* Santiago de Cuba: Editorial Oriente.

Robbins, Dylon (2013): «Los del baile». En *laFuga* 15: <http://2016.lafuga.cl/los-del-baile/658>.

«Todos los negros y todos los blancos y todos tomamos café»
Raza y desigualdad laboral en *Coffea Arábiga* de Nicolás Guillen Landrián[1]

Anne Garland Mahler

En 1968, el ICAIC le encargó a Nicolás Guillén Landrián la realización de un cortometraje documental sobre el Cordón de la Habana, un ambicioso proyecto agrícola del gobierno cubano para la siembra masiva del café en los alrededores de la capital (Scarpaci & Segre & Coyula 2002: 140). El filme de Guillén Landrián, *Coffea Arábiga* (1968), se enfrentó inmediatamente a la censura, y contribuyó a que el cineasta fuera tachado de disidente político y, en última instancia, expulsado del ICAIC en 1971. La reacción negativa despertada por el documental suele atribuirse a la irrespetuosa identificación de imágenes de Fidel Castro con la canción de los Beatles «The Fool on the Hill» y a que el Cordón de la Habana terminara resultando en un fracaso. Ahora bien, las implicaciones críticas de este cortometraje documental son mucho más profundas, ya que a través de él Guillén Landrián quiso argumentar que las jerarquías raciales del legado colonial se perpetuaron en las políticas agrarias de la Revolución cubana.

Coffea Arábiga, un filme que no había recibido suficiente atención por parte de la crítica hasta fechas recientes, tiene un valor significativo ya que aparece en los primeros años del período soviético (1961-1991)[2] en Cuba, momento que produjo una tendencia generalizada a

---

[1] Traducción de Esther Poveda Moreno.
[2] Aunque las relaciones diplomáticas con la Unión Soviética se iniciaron en 1960, Castro no adoptó el modelo comunista hasta diciembre de 1961. Las relaciones entre Cuba y la Unión Soviética se fortalecerían a lo largo de la década de los

silenciar cualquier producción textual que denunciara la continuación de las desigualdades raciales después de 1959[3]. Ya desde 1962, el discurso oficial sostuvo que las reformas antidiscriminatorias llevadas a cabo durante los tres primeros años de la Revolución habían servido para eliminar completamente las sistémicas desigualdades raciales existentes en Cuba. Todos los trabajos de investigación, expresiones de activismo político y de producción artística que contradijeran el discurso oficial fueron, desde ese momento, censurados y reprimidos (Abreu 2012, 2013; Fuente 2001; Howe 2004: 82; Miskulin 2011: 32; Moore 1998; Sawyer 2006: 67)[4].

---

sesenta y continuaron hasta 1991, cuando los subsidios a la isla terminaron unos meses antes de la disolución de la Unión Soviética (Loss & Prieto González 2012).

[3] Desde los primeros momentos de la Revolución se tomaron medidas para terminar con la segregación racial en la isla. Castro trató el tema en numerosos discursos y entrevistas; las playas privadas fueron convertidas en espacios públicos; los parques públicos fueron remodelados para fomentar la integración racial, y ya para 1960 los clubes privados habían sido nacionalizados y abiertos para uso público (Fuente 2001: 269-281).

[4] Antes de las reformas capitalistas de los noventa y de la dolarización de la economía cubana, los escasos trabajos académicos existentes sobre este tema habían sido realizados por autores residentes fuera de Cuba. Las críticas más severas provenían de activistas negros que habían residido brevemente en Cuba y que, posteriormente, escribieron sobre sus experiencias (Cleaver 1978: 107-109; Clytus 1970; Gates 1975; Moore 1998). No obstante, la mayor parte del trabajo académico sobre desigualdad racial producido fuera de Cuba durante este periodo fluctúa entre el absoluto rechazo y la aceptación incondicional de la retórica de Castro, pasando por un reconocimiento de los logros conseguidos a pesar de la persistencia de ciertas desigualdades raciales (Fuente 2001). En ese contexto, una notable excepción es el trabajo de Walterio Carbonell titulado *Crítica: cómo surgió la cultura nacional* (1961), donde el historiador afrocubano critica el discurso de fraternidad racial del gobierno de Castro por reproducir la misma retórica nacionalista con la que se había legitimado la continuación del poder blanco en los primeros años de la República. En general, los investigadores cubanos residentes en Cuba tendieron a no abordar los asuntos raciales del momento, y dirigieron sus esfuerzos a la investigación de temas como el heroico papel de la población afrocubana en las guerras de independencia o la explotación de la mano de obra

A pesar de este clima generalizado de represión y censura, algunos escritores y artistas cubanos continuaron produciendo textos que desafiaron la retórica triunfalista oficial que afirmaba que en Cuba se había alcanzado la igualdad racial. Uno de los ejemplos más significativos fue la aparición, a mediados de la década del sesenta, de un grupo de intelectuales y artistas negros que incluía, entre otros, a figuras como Guillén Landrián, el historiador Walterio Carbonell, la cineasta Sara Gómez, el dramaturgo Eugenio Hernández, el etnógrafo Rogelio Martínez Furé y la poeta Nancy Morejón (Abreu 2012; Guerra 2012: 256). Los miembros de esta comunidad intelectual negra sufrieron diferentes formas de censura y persecución, durante los primeros años de influencia soviética, por intentar atraer la atención sobre la persistencia de las desigualdades raciales en Cuba[5]. Las obras de estos intelectuales que analizaban las relaciones raciales en el periodo anterior a 1959 o que se centraban en torno a actitudes individuales de prejuicio racial tenían muchas más posibilidades de ser publicadas, mientras que aquellas que señalaban las políticas discriminatorias del régimen tendían a ser censuradas.

---

negra por parte de las compañías estadounidenses previa a su nacionalización (Fuente 2001: 4).

[5] Al parecer, en 1967 algunos miembros de este grupo prepararon una declaración sobre el estado de las relaciones raciales en Cuba que, posteriormente, solicitaron presentar en el Congreso Cultural de La Habana de 1968, un evento que reunió a intelectuales y artistas para reflexionar sobre las cuestiones culturales a las que se enfrentaba el llamado Tercer Mundo. Este trabajo colectivo de intelectuales negros cubanos y sus comentarios sobre temas raciales fueron etiquetados de subversivos por el entonces Ministro de Educación, José Llanusa Gobels. Aunque el documento se menciona en varios informes sobre la participación que intentaron los afrocubanos en el Congreso Cultural de 1968, hasta la fecha no se dispone de detalles específicos sobre su contenido y los detalles sobre quiénes estuvieron involucrados siguen siendo un punto de controversia (Abreu 2012; Fuente 2001: 302; Guerra 2012: 273-274; Moore 1998: 307-312; Pérez-Sarduy 1990; Sawyer 2006: 66-67).

La represión y censura de algunos intelectuales negros cubanos fue parte de una tendencia más amplia por parte del Estado, en la que sistemáticamente se marginó a aquellos artistas e intelectuales que se desviaban de las posiciones oficiales o representaban a entidades no estatales. No obstante, el discurso racial de Cuba resultó ser un asunto particularmente delicado, ya que el apoyo por parte del régimen cubano a los movimientos negros de liberación en el extranjero fue uno de los pilares centrales de la política internacional de la Cuba revolucionaria. En ese sentido, el documental de Guillén Landrián no es el único texto del periodo que sugería que la desigualdad racial persistía en el discurso oficial del gobierno de Castro, pero su lectura crítica de la discriminación racial existente en el seno de la política agraria del régimen es un ejemplo único y de crucial importancia por la manera en la que busca insertarse en un diálogo internacional sobre derechos civiles, en el cual estaba involucrado el gobierno cubano a finales de la década del sesenta. Guillén Landrián se apropia de lo que denominaré discurso y estética tricontinentalista, que sería usado por el gobierno de Castro como herramienta de denuncia del racismo existente en países como Estados Unidos y Sudáfrica, para argumentar que las jerarquías raciales del pasado colonial continuaron en las campañas agrarias de la Revolución[6]. No obstante, para comprender la importancia de la crítica expuesta por Guillén Landrián

---

[6] Los anteriores análisis de *Coffea Arábiga* han pasado por alto este aspecto fundamental del documental (Cort 2010; Duarte & Ruiz 2011; Livon-Grosman 2013; Ramos 2011). Lilian Guerra, cuyo pionero trabajo en *Visions of power in Cuba* (2012) ha sido fundamental para mi comprensión del clima político en el que Guillén Landrián produjo su documental, propone que *Coffea Arábiga* no fue concebido como una crítica sino como una oda al idealismo cubano («ode to Cuba's idealism»), y que sus escenas inocuas («innocuous scenes») fueron luego malentendidas como subversivas debido al fracaso del Cordón de la Habana (347-348). En el presente trabajo no considero ningún aspecto del filme como inocuo. Por el contrario, *Coffea Arábiga* constituye un comentario crítico y valiente sobre la perpetuación de las desigualdades raciales en Cuba en un momento en el que este tema fue sistemáticamente silenciado.

es necesario repasar primero las complejas políticas raciales a las que este cortometraje documental responde.

Plantar las semillas de *Coffea Arábiga*: el discurso racial de la Cuba revolucionaria

Tradicionalmente, la Revolución cubana se ha representado como la culminación de una larga historia de activismo político negro en la isla. De acuerdo con esta retórica oficial, la Revolución habría reavivado la visión martiana de una Cuba Libre, afianzando así el proyecto de igualdad racial promovido en las guerras de independencia, el cual, como ya se ha argumentado, fue cercenado por la intervención militar de los Estados Unidos (Fuente 2001; Helg 1995). Sin embargo, el discurso racial del gobierno cubano ha sido generalmente caracterizado como un ejemplo de discriminación incluyente («inclusionary discrimination»); es decir, una combinación de excepcionalismo latinoamericano, que se corresponde con el mito prerrevolucionario de una democracia racial, y excepcionalismo marxista, en el que se presupone que las reformas socialistas han conseguido erradicar por completo las desigualdades raciales (Sawyer 2006).

Este discurso de discriminación incluyente contradice el compromiso, por parte del Estado cubano, con los movimientos de liberación negros en el ámbito de su política internacional. Su apoyo, por ejemplo, a las luchas afroamericanas en las décadas del sesenta y el setenta se inscribe dentro de una ideología de mayor alcance que denominaré tricontinentalismo, la cual agrupó a activistas radicales de varias partes del mundo que forjaron una identidad revolucionaria colectiva basada en la lucha contra del imperialismo. Esta ideología se articuló oficialmente a través de la Primera Conferencia Tricontinental, celebrada en la Habana del 3 al 15 de enero de 1966, donde delegados de los movimientos de liberación de ochenta y dos naciones se reunieron para formar una alianza antiimperialista, la Organización de Solidaridad de los Pueblos de África, Asia y América Latina (OSPAAAL).

El discurso de la OSPAAAL, una alianza que explícitamente incluía a afroamericanos, fue, en gran medida, moldeado por las contribuciones de los representantes de sus ochenta y dos delegaciones. No obstante, todos los materiales propagandísticos de la Tricontinental fueron diseñados y producidos por el aparato cultural del gobierno cubano[7]. Además de los carteles de la OSPAAAL, las producciones culturales más emblemáticas de la Tricontinental fueron los impactantes y vertiginosos noticieros cinematográficos semanales de Santiago Álvarez, conocidos como el Noticiero ICAIC Latinoamericano. A través de sus característicos cortes rápidos y el dinámico uso del zoom, Álvarez animó recortes de revistas que yuxtapuso con metrajes de noticias, que ambientaba con grabaciones de música popular, para crear un lenguaje cinematográfico único que se convertiría en el sello distintivo de las campañas internacionales de propaganda de la Tricontinental.

A través de sus producciones culturales, como por ejemplo los documentales de Álvarez *Now* (1965) y *El movimiento panteras negras* (1968), la Tricontinental representó de manera sistemática a los afroamericanos como parte fundamental de la misma causa antiimperialista, pero lo que los distinguía del resto de las delegaciones era que ellos estaban luchando desde el interior de los Estados Unidos. Estos materiales cinematográficos proponen que, al igual que la esclavitud fue uno de los elementos fundacionales de los proyectos coloniales en las Américas, la discriminación racial y la sistemática explotación de la mano de obra negra seguía siendo un elemento central de las sociedades imperialistas modernas; y que, por lo tanto, la lucha antiimperialista

---

[7] La producción cultural de la OSPAAAL incluyó, además de libros, panfletos y programas de radio, el *Noticiero ICAIC Latinoamericano*, el *Boletín Tricontinental* (1966-1988) y la revista *Tricontinental* (1967-1992; 1995), que se publicaba en español, inglés, francés y a veces en árabe, y en cuyo interior se distribuía la icónica cartelería política y solidaria de colores vivos y diseño pop.

era, fundamentalmente, una lucha contra el racismo antinegro. En este sentido, la Tricontinental, además de contribuir a la construcción de un sentimiento de solidaridad internacional entre los diferentes movimientos revolucionarios y de liberación, permitió a Cuba externalizar sus propios problemas raciales. Cuba pudo acusar de racismo al norte imperialista y apoyar los movimientos negros de liberación fuera de sus fronteras, mientras negaba la existencia de discriminación racial sistemática en Cuba y silenciaba a aquellos que intentaban organizarse en torno a su identidad racial dentro de la Isla (Sawyer 2006: 63).

Además de la represión de los intentos de organización política afrocubanos, la reglamentación gubernamental de las actividades intelectuales durante el periodo soviético se caracterizó por las ideas expuestas en el discurso de Castro de junio de 1961 conocido como «Palabras a los intelectuales». Dicho discurso fue una respuesta directa a la conocida controversia sobre la censura de *PM*, un cortometraje documental producido en 1961 en el que sus creadores, Orlando Jiménez Leal y Sabá Cabrera Infante, habían mostrado una imagen segregada de la vida nocturna cubana. Las imágenes de *PM*, con su representación de la ebriedad y el baile en espacios mayormente afrocubanos, entraba en profunda contradicción con la imagen de igualdad racial y de disciplina militar que el gobierno intentaba proyectar tras la invasión de la Bahía de Cochinos (Luis 2003).Si bien algunos periódicos y emisoras de radio en abierta oposición al gobierno de Castro ya habían sido clausurados con anterioridad a 1961, después de la censura de *PM* se cerraron revistas y editoriales independientes pro-revolucionarias en un intento de centralizar las producciones de las instituciones intelectuales del país.

Las medidas de control a la producción intelectual establecidas a principios de la década de los sesenta llegaron a su punto culminante en 1971 con el caso Padilla[8]. Este acontecimiento marcó el inicio

---

[8] El poeta cubano Heberto Padilla fue encarcelado y obligado a retractarse públicamente por sus presuntas «actividades contrarrevolucionarias», tras un

de lo que Ambrosio Fornet denomina el Quinquenio gris (1971-76), un periodo caracterizado por la estalinización de la cultura y por la represión de la libertad artística en Cuba. Según Desiderio Navarro, el término Quinquenio gris es un eufemismo, ya que «por una parte, se extendió por unos quince años, aproximadamente desde 1968 hasta 1983, y, por otra, fue negro para muchas vidas y obras intelectuales» (Navarro 2002: 120).

Guillén Landrián filmó *Coffea Arábiga* durante este periodo altamente represivo. Antes de dirigir el documental, el cineasta ya había sido condenado a dos años de trabajos forzados en la isla de la Juventud, por lo que él mismo describió como discrepancias ideológicas con el régimen (Zayas 2003)[9]. Guillén Landrián fue readmitido al ICAIC, pero en vez de regresar al departamento artístico, fue enviado al departamento de documentales científico-técnicos (Coger & Ríos & Zayas 2003). *Coffea Arábiga*, quizás su documental más controvertido, será su primer trabajo en dicho departamento.

El documental debía promocionar el Cordón de La Habana, un plan de desarrollo agrícola para el abastecimiento de comida a la capital que, además de buscar la autosuficiencia alimentaria de La Habana, sirvió para reconducir hacia el sector público el excedente de mano de obra urbana resultante del desmantelamiento del sector privado por parte del Estado cubano (Scarpaci & Segre & Coyula

---

conflicto que se remontaba a la polémica por su poemario *Fuera del juego* (1968).

[9] Guillén Landrián no explicó en qué consistían esas discrepancias ideológicas, pero desde mediados de la década del sesenta, y en un esfuerzo por mejorar la productividad gracias a una fuerza laboral altamente disciplinada, el gobierno cubano empezó a vigilar desde las tendencias de la moda y los gustos musicales hasta las preferencias sexuales y la observancia de los roles de género. Aquellos que parecían haber sucumbido al capitalismo y la cultura estadounidense, ya fuera porque llevaran el pelo largo o porque criticaran las acciones del gobierno, incluso desde un posicionamiento marxista, fueron acusados de «diversionismo ideológico» y en muchos de los casos condenados a hacer trabajos forzados en campos de trabajo, los cuales habían sido eufemísticamente bautizados como Unidades Militares de Ayuda a la Producción (UMAP) (Guerra 2012).

2002: 328). En última instancia, el Cordón de la Habana formaba parte de un proyecto de desurbanización de más amplio alcance que propugnaba que las comunidades rurales eran la alternativa moral al corrupto estilo de vida urbano. En ese sentido, con el Cordón de la Habana se aspiraba a que los habaneros se unieran al espíritu de La Gran Zafra[10], el cual enfatizaba la participación voluntaria en este colosal esfuerzo por abastecer de alimentos al país como la más alta expresión de la moral del nuevo hombre revolucionario, trabajador y disciplinado. El Cordón de la Habana no llegó a alcanzar las metas programadas, y la magra cosecha obtenida destacó por su desproporción en contraste con la gran campaña publicitaria con la que había sido anunciado. Asimismo, la Gran Zafra no alcanzó las metas productivas previstas, lo cual supuso un golpe a la moral nacional.

A pesar de que *Coffea Arábiga* debía haber sido parte de la publicidad del Cordón de la Habana, las secciones del documental en las que se explica al público habanero el proceso del cultivo del café demuestran una clara falta de voluntad didáctica y una notable reticencia a la creación de una nueva mano de obra disciplinada. Guillén Landrián muestra abiertamente esta falta de interés en la sección del documental sobre la fertilización de los cafetos, en la que se limita a declarar: «fertilización, ¿está claro?». En su lugar, y como analizaré en las siguientes páginas de este ensayo, el documental se apropia de las diferentes partes del proceso de cultivo del café para delinear un comentario político de mayor calado que responde al hipócrita discurso de igualdad racial del Estado cubano.

---

[10] La Gran Zafra fue una colosal campaña agrícola nacional para aumentar la producción azucarera en la década de los sesenta con la intención de culminar, en 1970, con una cosecha de diez millones de toneladas de azúcar.

Una lectura tricontinentalista de *Coffea Arábiga*

Si tenemos en cuenta la controversia generada en torno a *PM*, el importante papel que jugaron los noticieros del ICAIC en el aparato propagandístico del Estado y las profundas discrepancias entre el discurso tricontinentalista de la Revolución en el ámbito internacional y sus políticas internas de discriminación incluyente, no es de sorprender que un filme que exponía las inconsistencias de las políticas raciales del gobierno se convirtiera en un asunto delicado. *Coffea Arábiga* se vale del discurso tricontinentalista, que identifica la explotación de la mano de obra negra como uno de los elementos fundacionales del imperialismo, para denunciar la perpetuación de las relaciones raciales prerrevolucionarias en la Cuba postrevolucionaria. Comunica este mensaje tricontinentalista a través de la estética tricontinentalista de los noticieros de Álvarez, usada para condenar la discriminación racial en países como Estados Unidos, con el objetivo de denunciar la perpetuación de la explotación de la mano de obra negra en las campañas agrícolas del Estado[11].

A través de la interacción irónica de imágenes, sonido y rótulos, Guillén Landrián comunica su argumento al crear asociaciones y revelar fisuras entre sonido e imagen, discurso y realidad. La elección del lenguaje cinematográfico tricontinentalista está íntimamente ligada, sugiero, al mensaje del documental. Con un *détournement* del discurso

---

[11] Se puede apreciar claramente la influencia de Álvarez en los trabajos tempranos de Guillén Landrián. Por ejemplo, en *Retornar a Baracoa* (1966) el cineasta experimenta con algunas de las técnicas de montaje por las que Álvarez sería conocido: la animación de fotografías, la contraposición irónica de imágenes y banda sonora, y el uso de rótulos como contrapunto crítico a los materiales narrados en pantalla. En general, los trabajos tempranos de Guillén Landrián se habían caracterizado principalmente por el uso de planos secuencia acompañados de música instrumental, los cuales conferían un ritmo lento y reflexivo a sus filmes. Su lenguaje cinematográfico cambia radicalmente en *Coffea Arábiga*, donde destaca la influencia de Álvarez en el uso de las transiciones rápidas, el zoom, los materiales encontrados y el montaje.

tricontinentalista de Cuba, Guillén Landrián se apropia de la estética de los noticieros documentales de Álvarez para poner de manifiesto las desigualdades raciales existentes en el seno de las políticas del gobierno de Castro y para denunciar públicamente la hipocresía de su compromiso internacional con los movimientos de liberación negra.

Coffea Arábiga oscila entre el manual de instrucciones para la producción de café y el comentario crítico sobre la historia de la industria cafetalera en Cuba. A primera vista, el comentario histórico parece presentar una narrativa en la que el Cordón de la Habana representa una estrategia revolucionaria de producción de café que liberaría al proletariado cubano de la opresión del sistema capitalista característico de las plantaciones de café del pasado. Sin embargo, mientras por un lado Guillén Landrián presenta dicha narrativa de tono triunfalista, por el otro la socava al denunciar la perpetuación de las jerarquías raciales del pasado colonial en el modelo de producción agrícola de la Revolución. De esta manera, consigue cuestionar las políticas raciales del régimen de Castro mediante la misma crítica que la Tricontinental hace de las naciones imperialistas. Al establecer una clara progresión entre los tres momentos fundamentales de la historia de la producción del café en Cuba –la esclavitud en el siglo XIX, la ocupación estadounidense posterior a la independencia, y la Cuba posrevolucionaria– Guillén Landrián postula que el periodo Revolucionario ha supuesto una continuación, en vez de una inversión heroica, de las políticas raciales de la esclavitud y del periodo de ocupación de los Estados Unidos.

Ya desde la secuencia inicial se insinúa una mirada escéptica que se mantendrá durante todo el filme. Guillén Landrián abre su documental con la poderosa voz de su tío, Nicolás Guillén, recitando la estrofa final de su célebre poema de 1958, «Un largo lagarto verde», donde la isla aparece representada como un lagarto que acaba de despertar de un largo sueño de esclavitud y tristeza. El documental enfatiza la transición de la esclavitud al despertar mediante un breve resumen de los orígenes de las plantaciones de café en Cuba, en el que se señala que el café fue inicialmente cultivado en Wajay, una municipalidad de La Habana. Guillén Landrián refuerza la conexión histórica entre la producción de café y la esclavitud con la inclusión de imágenes del Museo de la Gran Piedra, una plantación de café del siglo XIX cuyos propietarios originales eran inmigrantes franceses que habían salido de Haití después de la Revolución haitiana. A continuación, el rótulo «los negros en el cafetal como mano de obra» interrumpe fugazmente las imágenes del museo para regresar, de nuevo, a las imágenes de una plantación, que son nuevamente interrumpidas por el siguiente rótulo: «¿cómo?, ¿los negros?»; y, a continuación, la respuesta «sí, los negros». Mientras suena el ritmo de un tambor, aparece la fotografía de unos grilletes rotos seguida de una secuencia con afrocubanos bailando y vestidos con traje folklórico. La yuxtaposición del baile con la imagen de los grilletes rotos sugiere que el baile funciona como un símbolo de liberación, análogo a la representación poética de la isla como un lagarto que recién despierta después de un largo periodo de esclavitud. Sin embargo, el tono con el que el filme pregunta lo obvio, «¿los negros?», introduce un elemento de sutil ironía que imposibilita una lectura simplista de este momento del documental, la cual se hará más explícita con la repetición de la misma secuencia de baile al final del filme.

En la siguiente escena, Guillén Landrián potencia el elemento irónico y planta, metafóricamente, las semillas de su argumentación, presentando el mensaje del documental como una alternativa al discurso oficial. Después del comentario sobre la historia de la mano de obra esclavizada en el sistema de producción del café, arrancan los créditos del filme; a continuación, el rótulo «preparación de la tierra» marca el comienzo de la siguiente sección. Un cartel propagandístico que identifica el trabajo agrícola con la lucha revolucionaria es seguido por la voz *en off* de un ingeniero que detalla para la audiencia el método de la siembra directa. La voz del ingeniero se superpone al sonido de una máquina de escribir mientras, en un audaz juego tipográfico, esta teclea sobre la pantalla mensajes políticos como «seguro, seguro, a los yanquis dales duro». De esta manera Guillén Landrián presenta el discurso oficial de la Revolución, que consideraba el trabajo agrícola como un acto de patriotismo.

Sin embargo, con las siguientes escenas Guillén Landrián sugiere que el discurso del filme no seguirá la línea oficial. Después de la intervención del ingeniero aparece un fotomontaje con imágenes de la capital, al tiempo que se escucha una emisión de Radio del Cordón de la Habana. A continuación, se simula una entrevista casual en una calle de La Habana en la que se le pide a una transeúnte elegantemente vestida su opinión sobre la campaña. Ella, en vez de contestar a la pregunta, repite literalmente las instrucciones de cultivo del café que acabamos de escuchar en el programa de radio[12]. La canción de las *Supremes*, «You Keep Me Hanging on», interrumpe la explicación, y el sonido de la música se va apoderando de la escena. Mediante el uso de una técnica claramente similar a la empleada por Álvarez en *Now*, Guillén Landrián utiliza una sucesión de primeros y primerísimos planos del rostro fragmentado de la mujer montados al ritmo de la letra de la canción, «set me free why don't you baby»; y sugiere así que la mujer debe ser liberada de la ortodoxia con la que presenta la campaña. Mientras que por un lado la escena reitera la retórica antiburguesa y antiurbana que alentó el espíritu de voluntariado de las campañas agrícolas de la Revolución, simultáneamente sugiere que el mensaje liberador del documental se convertirá en una alternativa al discurso del régimen, representado por las emisiones de la radio oficial.

El filme continuará erosionando el discurso oficial, que elevaba el trabajo voluntario en el sector agrícola a un acto patriótico de liberación, presentando información limitada tanto del método de fertilización como de las enfermedades que dañan a las plantas de

---

[12] Dara Kristova, la primera esposa de Guillén Landrián, interpreta el papel de la transeúnte entrevistada (Guerra 2012: 348). En algún momento de su explicación comienza a hablar en búlgaro, lo que ha sido visto por Amelia Duarte y Ariadna Ruiz como una alusión a la cada vez más poderosa influencia soviética en el discurso oficial cubano.

café. La antropomorfización del sufrimiento de las plantas, ejemplificada en la *pata prieta* (una enfermedad que oscurece el color de las raíces de las plantas de tabaco) a través de imágenes de verrugas en los talones de pies humanos, confiere al rótulo subsiguiente, «control», múltiples niveles de significado. La palabra «control» podría aludir a la necesidad de controlar las enfermedades de las plantas antes de que se extiendan irremediablemente, pero remite también al control sobre el cuerpo humano, implícito en la sección inicial sobre la esclavitud, y al control sobre la mente humana, manifiesto en la repetición, por parte de la mujer, de la propaganda del Estado.

Esta alusión al control sobre cuerpo y mente enlaza la sección inicial sobre la esclavitud con el segundo capítulo del documental, en el que se mencionan las tres principales compañías de café que fueron nacionalizadas por el Estado y cuyos propietarios tuvieron que trasladar sus empresas a los Estados Unidos. A continuación de los intertítulos que afirman «Los café Tu-Py, Pilón, Regil presentan», aparecen una serie de fotografías de mujeres blancas de clase alta que se yuxtaponen con imágenes de barracas y con una fotografía de las manos encallecidas de un campesino. Estas fotografías, junto con imágenes de opresión racial, como la fotografía de las tres mujeres blancas que sonríen mientras sujetan por la fuerza a una mujer negra que intenta liberarse, se emparejan con la espeluznante grabación de una lección de inglés. «¿Do you believe in Santa Claus?», pregunta la voz de una mujer mientras caen unas bombas, con lo cual se establece una conexión directa entre la historia de la ocupación de los Estados Unidos representada en la lección de inglés; la continua amenaza de una invasión por parte de los Estados Unidos, representada por las bombas; la opresiva jerarquía racial de la historia de la producción del café en la isla, representada por las fotografías; y, finalmente, las compañías cafetaleras ahora establecidas en Florida. De esta manera, las compañías de café del intertítulo vendrían a encarnar una multiplicidad de significantes del poder colonial, tanto del pasado como del presente, en Cuba. «¿Quieren Uds, tomar Café Regil, o Pilón, o

Tupy?», pregunta el documental a la audiencia. «¡No!», responde, con la imagen de unas pistolas que apuntan al cielo, presentando así de nuevo el discurso revolucionario por el cual el nuevo modelo agrícola liberaría a la población cubana de su pasado de opresión racial. Sin embargo, y como ya se anticipó en la escena de la mujer que necesita ser liberada de los efectos de las soflamas revolucionarias, la sección final del filme problematiza esta representación triunfalista de los valores y logros de la campaña agrícola.

La segunda parte del filme se centra en torno al plan del Cordón de la Habana y a la producción de café bajo la Revolución. Si se tiene en cuenta la manera como el filme parece insistir en la transformación del pasado esclavizado de Cuba en un presente liberador, se podría esperar que el documental se cerrara con una presentación celebratoria del nuevo modelo agrícola del régimen. Sin embargo –y aquí es donde el filme se desmarca definitivamente del discurso oficial para hacer una crítica de las políticas laborales y raciales de la Revolución– Guillén Landrián vuelve a señalar las similitudes entre la historia de la producción del café en la isla y el presente revolucionario.

La sección comienza con un tono celebratorio que equipara el ascenso de Castro al poder con el sentimiento de esperanza encarnado en la campaña agrícola: el sonido de los tambores militares abre paso al rótulo «26 de julio» (referido al Movimiento 26 de Julio); a continuación, Castro aparece en unas imágenes de archivo ascendiendo a una tribuna mientras una multitud lo aclama gritando «Fidel». La última imagen corta a un primerísimo plano de su sonrisa barbuda, que, mediante un fundido encadenado, se va transformando en imágenes de cafetos en flor.

A continuación, sin embargo, el filme da un giro inesperado que automáticamente desestabiliza cualquier lectura celebratoria de este momento del documental. Se presenta un fotomontaje con imágenes de una mujer negra que se arregla el cabello mientras escucha un poema en Radio Baracoa. Guillén Landrián recicla esta secuencia de uno de sus filmes anteriores, *Retornar a Baracoa* (1966). En esta película, a las imágenes de la mujer negra con el cabello alisado que se va poniendo moñitos para arreglarse el peinado les sigue la fotografía de un joven negro que apoya la cabeza en su mano para dirigir la mirada a la cámara, y una serie de fotografías del mismo hombre sentado en un banco público. Las imágenes hacen ostensible que la mujer se arregla el cabello en la intimidad de su casa para satisfacer la mirada masculina, a la que luego se tendrá que enfrentar en la calle. De hecho, a mediados de la década de los sesenta era común que las mujeres llevaran el cabello en moñitos, en el campo y en los espacios públicos, para enfatizar tanto su nuevo estatus como parte fundamental de la fuerza laboral cubana como la superación de la tradicional brecha de género entre los espacios públicos y privados (Guerra 2010: 225). En el contexto de *Retornar a Baracoa*, la secuencia señalaba que en la remota Baracoa no se habían dado los mismos cambios radicales que habían tenido lugar en el resto del país.

No obstante, cuando esta secuencia reaparece en *Coffea Arábiga* adquiere un significado diferente, ya que añade a su comentario sobre las normas patriarcales de la sociedad una crítica de la desigualdad racial dirigida a las políticas del Estado. Aisha Cort (2010) sugiere de manera perspicaz que este momento del film constituye un comentario sobre cómo los peinados naturales, los cuales habían gozado de gran popularidad entre los afroamericanos a finales de la década de los sesenta, por su rechazo, cargado de significancia política, hacia los cánones de belleza blancos, habían sido vistos con desaprobación durante este mismo periodo en Cuba. Aunque esta política era consistente con el rechazo generalizado, por parte del gobierno, de cualquier influencia contracultural proveniente del vecino del norte, es importante señalar que a través de la Tricontinental Cuba estaba produciendo filmes celebratorios y materiales propagandísticos sobre los movimientos de activismo negro en los Estados Unidos cuyos protagonistas lucían peinados afro, un estilo de peinado que, junto con toda la simbología que conlleva, estaba siendo reprimido en la isla.

Tomando como base la lectura de Cort, propongo que es precisamente en este momento del documental donde se concentra su principal crítica a la hipocresía del Estado en cuanto a su supuesto compromiso con la liberación negra. El peinado marca claramente la distancia entre la retórica tricontinentalista y el discurso racial en la propia Cuba. Al igual que en *Retornar a Baracoa*, en el siguiente plano de *Coffea Arábiga* vemos la fotografía de un joven mirando a la cámara, manteniéndose así la conexión entre el peinado de la mujer y la mirada masculina. Ahora bien, en *Coffea Arábiga* a continuación

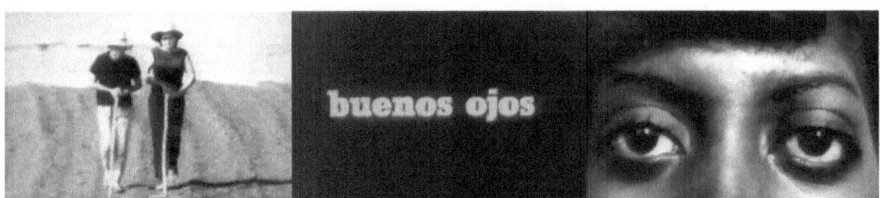

de esta fotografía desfilan sobre la pantalla una serie de recortes de revistas con noticias sobre el heroico papel de las mujeres cubanas en las campañas agrícolas, mientras se escuchan las voces de una multitud que corea la palabra «libertad». A continuación, y de manera significativa, aparecen imágenes de mujeres blancas trabajando en el campo con moñitos. La yuxtaposición enfatiza de manera poderosa la incongruencia existente entre el control social del cabello de las mujeres afrocubanas y la retórica de las campañas agrícolas, que buscaba la participación activa de las mujeres en la sociedad revolucionaria. Esta parte del documental parece sugerir que sólo las mujeres blancas han alcanzado el grado de libertad que les permite trabajar en el campo con moñitos, mientras que las mujeres negras siguen estando sujetas a los mismos cánones de belleza patriarcales y racistas.

Guillén Landrián refuerza aún más esta crítica de la desigualdad racial existente en Cuba con la siguiente secuencia, en la que se presentan las jerarquías raciales a través de las cuales se organiza la distribución del trabajo en las campañas agrícolas. Por ejemplo, muestra los secaderos donde unas mujeres blancas charlan y ríen de forma despreocupada mientras remueven con largos rastrillos los granos de café que se están secando al sol. Minutos más tarde presenta imágenes de mujeres negras trabajando en una ruidosa trilladora. Esta sutil representación de la división del trabajo agrícola basada en la raza contribuye al comentario irónico de que para trabajar en la trilladora, uno debe tener «buenos ojos». En la siguiente imagen, aparecen en primerísimo plano los ojos de una mujer negra, lo cual carga de connotaciones raciales el requisito de tener buena vista.

A este comentario crítico sobre una división del trabajo basada en jerarquías raciales le siguen imágenes de cubanos, blancos y negros, bebiendo café; de una multitud que aclama a Castro mientras este vuelve a ascender a una tribuna para pronunciar uno de sus discursos; y, significativamente, el mismo metraje de afrocubanos bailando que había aparecido al principio para hacer referencia a la historia de la esclavitud en las plantaciones de café. Aunque se podrían establecer paralelismos entre el baile y el tono celebratorio con el que la multitud aclama a Castro, si tenemos en cuenta la división racial presentada por Guillén Landrián en su análisis anterior de la organización del trabajo agrícola por parte del gobierno cubano, la reaparición de estas imágenes de la sección sobre esclavitud sugiere la continuación de las mismas jerarquías raciales en la organización laboral de la Cuba revolucionaria.

En este momento ambiguo del filme aparece un rótulo con la siguiente afirmación: «En Cuba, todos los negros y todos los blancos y todos tomamos café»,que a los versos «Ay Mamá Inés, todos los negros tomamos café», de la canción originalmente compuesta por esclavos de plantaciones de café, que más tarde fue usada en obras de teatro bufo, y que luego se hizo internacionalmente conocida gracias a la versión del famoso músico afrocubano Ignacio Villa. Aunque se podría interpretar esta versión más igualitaria de la letra de la canción, en la que «todos» no sólo beben, sino que cultivan café, como una representación celebratoria de los logros de la Revolución, tanto la escena del baile que antecede a esta afirmación como las imágenes que la siguen problematizan dicha lectura.

Con los primeros acordes de «The Fool on the Hill» –una elección musical claramente contestataria porque, a mediados de la década de los sesenta, a las estaciones de radio cubanas se les había prohibido emitir la música de los Beatles– vuelve a aparecer la fotografía de las manos encallecidas del campesino de la sección sobre el imperialismo de los Estados Unidos, reforzando una vez más la continuidad del pasado prerrevolucionario en el presente. En ese sentido, la aparentemente inocente y celebratoria afirmación de que todos, blancos y negros, tomamos café, adquiere una carga irónica que erosiona definitivamente la retórica celebratoria del Estado y la conecta con la larga historia de opresión que había caracterizado al sistema de producción agrícola cubano.

Fin pero no es el fin[13]

A través de la presentación de las jerarquías raciales inscritas en el proceso de producción del café en tres momentos clave de la historia de Cuba (la esclavitud en el siglo XIX, el imperialismo estadounidense posterior a la independencia, y la Cuba postrevolucionaria), *Coffea Arábiga* plantea un mensaje similar al que defendió Walterio Carbonell en su censurada *Crítica: cómo surgió la cultura nacional* (1961). Allí Carbonell argumenta que la explotación de la mano de obra negra ha caracterizado la historia de Cuba, y afirma que el lema revolucionario de «con todos y para el bien de todos» es simplemente un ejemplo de retórica hueca a través del cual se legitimó la continuación de la supremacía blanca en el periodo posterior a la independencia (1961: 19). Carbonell advertía que esta ideología estaba siendo perpetuada en

---

[13] Guillén Landrián terminó la mayoría de sus trabajos con esta frase para señalar que las obras de arte son procesos incompletos que, en última instancia, buscan abrir un proceso de reflexión y debate.

la retórica del gobierno de Castro y exigía una revisión de lo que él llamaba «el poder ideológico de la burguesía». Guillén Landrián y Carbonell habían colaborado previamente, junto con otros intelectuales negros cubanos, en la redacción de una declaración sobre raza en Cuba para el Congreso Cultural de la Habana de 1968, que fue prohibida. Cuando analizamos *Coffea Arábiga* en el contexto de la obra de Carbonell, la afirmación de que «En Cuba, todos los negros y todos los blancos y todos tomamos café», añade un nivel adicional de escepticismo sobre esta retórica simplista de armonía racial.

Además de hacer referencia a la crítica expuesta por Carbonell, el filme se sirve de la estética tricontinentalista de los noticieros documentales de Álvarez para denunciar la hipocresía de un Estado que enarbola la bandera de los movimientos negros de liberación fuera de sus fronteras, mientras que dentro de las suyas mantiene las mismas desigualdades raciales. Guillén Landrián se apropia de la ideología (en la que la discriminación racial es vista como prueba de la persistencia del colonialismo) y la estética (los noticieros de Álvarez) tricontinentalista para argumentar que la Revolución no está a la altura de los ideales tricontinentalistas. En ese sentido, el mensaje de *Coffea Arábiga* continúa teniendo vigencia: además de exponer de forma crítica las complejas políticas raciales del gobierno de Castro, nos permite adentrarnos en un contra-discurso afrocubano formulado durante la primera década de la Revolución y los primeros años del periodo soviético en Cuba.

BIBLIOGRAFÍA

ABREU, Alberto (2012): «El Black Power en la Cuba de los sesenta y setenta: Conversación con Juan Felipe Benemelis». En *Afromodernidades*, octubre 20: <https://afromodernidades.wordpress.com/2012/10/06/afromodernidades-10/>.
— (2013): «Subalternidad: debates teóricos y su representación en el campo cultural cubano postrevolucionario». En *Argus-a* 3 (10): <http://www.argus-a.com.ar/archivos-dinamicas/subalternidad.pdf>.

CARBONELL, Walterio (1961): *Crítica: cómo surgió la cultural nacional*. La Habana: Yaka.
CLEAVER, Eldridge (1978): *Soul on ice*. Waco: Word Books.
CLYTUS, John (1970): *Black man in red Cuba*. Coral Gables: University of Miami Press.
CORT, Aisha (2010): *Negrometraje: literature and race in revolutionary Cuba*. Tesis doctoral, Emory University.
DUARTE, Amelia y Ariadna Ruiz (2011): «El collage de la nostalgia: una mirada desde la colina, rasgos postmodernos de la obra documental de Nicolás Guillén Landrián». En *Cine cubano* 20: <http://www.cubacine.cult.cu/sitios/revistacinecubano/digital20/articulo14.htm>.
FUENTE, Alejandro de la (2001): *A nation for all: race, inequality, and politics in twentieth-century Cuba*. Chapel Hill: University of North Carolina Press.
GATES, Henry Louis. Jr. (1975): «Cuban experience: Eldridge Cleaver on ice. Entrevista con Eldridge Cleaver». En *Transition* 49: 32-36, 38-44.
GUERRA, Lillian (2012): *Visions of power in Cuba: revolution, redemption and resistance, 1959-1971*. Chapel Hill: University of North Carolina Press.
HELG, Aline (1995): *Our rightful share: the Afro-Cuban struggle for equality, 1886-1912*. Chapel Hill: University of North Carolina Press.
HOWE, Linda S. (2004): *Transgression and conformity: Cuban writers and artists after the revolution*. Madison: University of Wisconsin Press.
LIVON-GROSMAN, Ernesto (2013): «Nicolasito's way: los sinuosos caminos de la estética Revolucionaria». En Ramos, Julio & Robbins, Dylon (eds.): «Especial Nicolás Guillén Landrián». En *laFuga* 15: <http://www.lafuga.cl/dossier/especial-nicolas-guillen-landrian/15/>.
LUIS, William (2003): *Lunes de revolución: literatura y cultura en los primeros años de la Revolución cubana*. Madrid: Verbum.
MISKULIN, Silvia & MISKULIN, Cézar (2011): «Las ediciones El Puente y la nueva promoción de poetas cubanos». En Barquet, Jesús J. (ed.): *Ediciones El Puente en La Habana de los años sesenta: lecturas críticas y libros de poesía*. Chihuahua: Ediciones del Azar.
MOORE, Carlos (1998): *Castro, the blacks, and Africa*. Los Angeles: University of California Press.

NAVARRO, Desiderio (2002): «*In medias res publicas*: sobre los intelectuales y la crítica social en la esfera pública cubana». En *Revista del CESLA* 4: 111-123.

PETUSKY Coger, Lara & RÍOS, Alejandro & ZAYAS, Manuel (2003): «El cine postergado. Entrevista con Nicolás Guillén Landrián». En *Cuba encuentro* (mayo): <arch1.cubaencuentro.com/entrevistas/20050904/7 4540a9e00385c591a45bac12d946245/1.html>.

PÉREZ-SARDUY, Pedro (1990): «An open Letter to Carlos Moore». En *Cuba Update* (verano): 34-6.

RAMOS, Julio (2011). «Cine, cuerpo y trabajo: los montajes de Guillén Landrián». En *La Gaceta de Cuba* 3: 45-47.

SCARPACI, Joseph L. & SEGRE, Roberto & COYULA, Mario (2002): *Havana: two faces of the Antillean metropolis*. Chapel Hill: University of North Carolina Press.

SAWYER, Mark Q. (2006): *Racial politics in post-revolutionary Cuba*. New York: Cambridge.

Nicolás Guillén Landrián
en la historia del documental cubano
Entrevista a Jorge Luis Sánchez[1]

Julio Ramos: *¿Cuál fue el primer documental que viste de Nicolás Guillén Landrián? ¿Qué impresión te causó?*

Jorge Luis Sánchez: Lo primero que vi de Nicolasito fue *Ociel del Toa* en el año 1981, cuando entró en el ICAIC. Yo comienzo como asistente de cámara y, como parte de la formación, además de aprender los rudimentos de la cámara, estudiábamos un panorama del cine cubano y, dentro de los documentales, se proyectó *Ociel del Toa*. Este primer encuentro fue para destacar las bondades de la fotografía, porque el profesor Guillermo Centeno fue asistente de Livio Delgado en ese documental. Recuerdo la grata impresión que sentí al verlo. Después, en 1988, trabajando como asistente de dirección de Oscar Valdés en el documental *Canto a Matanzas*, veo *En un barrio viejo*, porque Oscar lo incluye como parte del entrenamiento visual para realizar su documental, como modo de mostrarnos la estética de lo que él quería lograr en *Canto a Matanzas*. Ellos eran muy amigos, porque Oscar Valdés fue asistente de dirección junto a Nicolasito de un documental.

JR: *¿Influenció algunos de tus primeros documentales?*

JLS: Cuando hacía *Un pedazo de mí*, una de las co-guionistas, Vivian Gamoneda, me sugiere ver *Coffea Arábiga*, que para mí fue una revelación. Sin embargo, a pesar de haber visto estos tres docu-

---

[1] Esta entrevista con el cineasta e investigador Jorge Luis Sánchez fue hecha el 2 de febrero de 2016. Agradezco la transcripción y edición preliminar de Ingry González y la revisión final de Jorge Luis.

mentales, con el halo que tenía *Coffea Arábiga* de irreverente, con la canción de Los Beatles, *El tonto de la colina*, no seguí buscando los documentales de Nicolasito.

JR: *¿Cómo así? ¿Por qué dejaste de verlo?*

JLS: ¿Por qué razón?, pues creía que no había realizado más. Además, Nicolasito en aquella época vivía en Cuba y era tildado de loco. Lo veo personalmente en 1987, cuando trabajé como asistente de dirección en *Clandestinos* de Fernando Pérez. Era un negro muy alto con una imagen un poco descuidada. Yo regresaba junto al resto del equipo de las locaciones y él alguna que otra vez estaba en la acera del ICAIC pidiendo cigarros. Yo era joven y temía que ese loco se abalanzara sobre mí, porque la gente, de alguna manera, lo evitaba, por tanto, nunca me decidí a hablar con él.

JR: *Cuando viste* Coffea Arábiga, *¿relacionaste el montaje tan radical con algún tipo de locura?*

JLS: Después regresé a él cuando empiezo a hacer las Muestras de Jóvenes Realizadores. La primera fue en el año 2000, donde trabajo como asesor de Juan Antonio García Borrero, que fue el presidente. La segunda, en 2002, la hago ya como presidente y, claro, me había quedado conectado con los documentales que había visto de Nicolasito. Yo aluciné con el plano de los milicianos marchando en aquella calle húmeda de *En un barrio viejo*, una imagen que nunca se me ha ido de la mente. En la primera Muestra que organizo concebí una sección que se llamaba «Ojo, pinta», para proyectar la filmografía que se hallaba sin exhibir en los archivos del ICAIC, porque en aquellos años yo pensaba que había muchos filmes censurados, lo cual no fue cierto. Salvo Nicolasito, realmente muy poco de lo que estaba guardado tenía valores artísticos. Entonces, empezamos a sacar la obra de Guillén Landrián siempre como parte de una gran muestra. Poco a poco fue exhibiéndose toda su filmografía y me percaté de que su mayor delirio no está en *Coffea Arábiga*, sino en *Desde La Habana ¡1969! Recordar.*

JR: *¿Por el montaje como modo fragmentario de aproximarse a la historia nacional en* Desde la Habana?

JLS: Claro, *Coffea Arábiga* es una obra cerrada, pero *Desde La Habana ¡1969! Recordar* es el delirio sin límites. No es mejor que *Coffea Arábiga*, pero ahí está el hombre delirante, y también en *Taller de Línea y 18* con el sonido. Igualmente, es importantísimo *Los del baile*, con su mirada a cámara.

Es notable que, a pesar de la conducta personal errática de Nicolasito, los dirigentes del ICAIC de entonces tuvieran conciencia de que la obra de ese loco tenía valor y, como consecuencia, la archivaran, pero sin invalidarla, que equivale a decir mutilarla, desaparecerla, etc. Un día invitamos a Alfredo Guevara a una Muestra, que inauguramos con un documental de Sara Gómez, *Sobre horas extras y trabajo voluntario*, y se lo comenté. Esa sensibilidad de algunas personas que lo rodearon fue la que permitió que se conservara su filmografía, procurando su mayor durabilidad, porque la obra de Nicolasito se guardó en copia compuesta, es decir, imagen y sonido, y con un blanco y negro de lujo, pues el blanco y negro tiene más posibilidades de durar que el color.

JR: *Parece que se ha perdido en los últimos años.*

JLS: Las copias en positivo se habrán deteriorado, pero los negativos existen. En esas Muestras se puso todo Nicolasito, incluyendo algunos que realmente son menores, como sus últimos documentales en el ICAIC, *Un reportaje en el puerto pesquero*, *Nosotros en el Cuyaguateje* y *Para construir una casa*, todos de 1972, que resultan lineales y carentes de la fuerza expresiva e imaginación que caracterizaron sus producciones anteriores.

JR: *Pensaba que ustedes en la Asociación Hermanos Saíz habían mostrado antes algunos documentales de Guillén Landrián.*

JLS: No, de 1988 a 1993, etapa en la que hacíamos las Muestras desde la Asociación Hermanos Saíz, si acaso pusimos algo de Nicolasito habrá sido *Ociel del Toa*, quizás *Coffea Arábiga*, pero nada más.

A quien documentalmente sacamos del olvido fue a Sara Gómez, a quien sí se le dedicó una retrospectiva.

JR: *¿En qué año fue la retrospectiva?*

JLS: En 1990. Paulo Antonio Paranaguá hizo un trabajo importantísimo en el Centro Pompidou, también en ese año, y exhibió materiales de Sara, pero no todo. Nosotros exhibimos todo Sara, excepto *De bateyes*, *Atención prenatal* y alguna que otra producción que consideramos menor.

JR: *¿También la obra de Sara Gómez había sido relegada?*

JLS: De ella solamente se conocía más su único largometraje de ficción *De cierta manera*. Pero no su obra documental, que es importante, como *Una isla para Miguel*, *En la otra isla*, *Iré a Santiago*, *Excursión a Vuelta Abajo*, *Sobre horas extras y trabajo voluntario*, todos con una mirada personal; aunque con *De cierta manera*, que no la terminó, en mi opinión es ahí donde se alcanza una forma inquietante de neorrealismo, pero a la cubana, porque el primer neorrealismo de los años sesenta fue paralizante para el cine cubano, eso lo conversé con Julio García Espinosa y estuvo de acuerdo conmigo, esos primeros trabajos de ficción son una paliza, y yo creo que Sara es la que crea un tipo de neorrealismo y lo lleva a un punto eminentemente cubano, pero que nadie más se ha metido por ahí –bueno, quizás Humberto Solás varios años después con *Barrio Cuba*.

JR: *¿Tendría que ver eso con la mezcla del documental y la ficción?*

JLS: Claro, porque el nuevo cine cubano se funda con *El Mégano*, donde ya está presente el coqueteo, la mezcla de géneros, tal como somos lo cubanos, y eso lo hicieron los cineastas fundadores como que «jugando», cuando eran jóvenes: Julio García Espinosa, Tomás Gutiérrez Alea, *Titón*, José Massip, Alfredo Guevara y Jorge Haydú en la fotografía. Ellos mezclaron; sin saber estaban quizás hasta introduciendo el distanciamiento de Brecht. En *El Mégano* arranca esa semilla, y Sara busca y se apropia de todo eso, vistiendo el asunto de su filme que se desarrolla en las márgenes de la sociedad, algo inusual en las películas cubanas de aquellos años.

JR: *En* De cierta manera, *la relación con la marginalidad se ve desde una perspectiva pedagógica, didáctica, un modo de reformar los márgenes… (pienso también, por cierto, en tu documental* Un pedazo de mí*).*

JLS: Era la época: el hombre nuevo siempre estaba presente. Cuando Sara hace *Una isla para Miguel* está buscando ese hombre nuevo, tiene sus dudas, pero cree que se puede transformar al hombre. Nicolasito, en cambio, pone un signo de interrogación completo. En los dos hay una condición humanista, honesta, por supuesto, pero para Nicolasito lo formal era una presunción, su desafío; a Sara le interesaba el hombre en primer plano y usaba los recursos cinematográficos que entendía para trasmitir sus angustias, no le importaba que se viera la grabadora, por ejemplo, en el último plano de *Una isla para Miguel* pone una claqueta para distanciar al espectador. En Sara hay una voluntad crítica de creer en la transformación del hombre. El único cineasta que en realidad fue a contracorriente fue él, sin límites; donde todo el mundo decía sí, Nicolasito dudaba, ese es el valor que tiene la obra de Nicolasito dentro de la Revolución. No estoy hablando de una obra contrarrevolucionaria, al contrario. Guillén Landrián es el niño terrible del cine cubano, no creía en nadie, no creía ni en él, por eso lo primero que se percibe en su obra además del lirismo, es el sarcasmo, la ironía, la sutileza, la jodedera, luego la vida. Hizo lo que entendió que debía hacer desde una personalísima libertad creadora.

JR: *¿Su forma del choteo?*

JLS: Un choteo refinadísimo, aristocratizante, no había chabacanería, no había tontería, no había epidermis, no había ligereza, porque potenciaba los recursos cinematográficos en modo superlativo. Por ejemplo, cuando pone en *Coffea Arábiga* la canción «Cuidado con la jicotea que te pica, mamá», está utilizando la polisemia, porque *Coffea Arábiga* fue una producción por encargo, que tenía como objetivo instruir a la población acerca del proceso agrario del cultivo del café en el llamado Cordón de La Habana. Santiago Álvarez le propone filmar eso, que, como decimos nosotros, era un ladrillo, y Guillén Landrián hizo una obra maestra, porque el principio que está detrás del Cordón de La Habana fue muy noble, pero en la práctica fue un poco irracional. Ante semejante propuesta, ¿qué hace Nicolasito?, lo que sólo un gran talento frente a hechos semejantes puede hacer: ironizar y joder.

JR: *En términos visuales, ¿cuáles son las estrategias de esa ironía?*

JLS: Hace uso de los textos, entre los cineasta de su tiempo fue el primero que los usó con inteligencia, no como elemental apoyatura para informar; lo mismo con el uso de la Banda sonora, cuando pone, por ejemplo, a la mujer búlgara a decir la palabra «umbráculo», cuando le pregunta por el vocablo «guagua» y habla en búlgaro. Se está riendo permanentemente, pero todo eso tiene una alta elaboración estética, no es la burla ligera; por eso te decía que hay un choteo, pero un choteo como expresión, como creo que contadísimos cineastas cubanos lo han intentado. En él hay unas claves de humor de una fina elaboración. Donde otro director lo resuelve de un modo más pedestre, Nicolasito hizo una obra de una alta construcción barroca, porque *Coffea Arábiga* tiene una estructura tremendamente barroca, polisémica, hay varias capas de lectura que se superponen de modo magistral, ahí no hay nada puesto al azar, no le sobra nada a ese documental.

JR: *El trabajo sonoro también pasa a ser clave.*

JLS: Sí, Nicolasito situaba el sonido en un plano paralelo a la imagen. La editora de *Taller de Línea y 18*, Miriam Talavera, me contaba que fue una locura mezclar las pistas.

JR: *Más de 20 pistas…*

JLS: Tengo entendido que eran como 60 pistas y en una época analógica.

JR: *¿Y cómo era posible esto?*

JLS: Mezclas primero 4 pistas, después mezclas 5 más, después 5 más y así. Hoy, con el sonido 7.1, 5.1, puedes lograr eso, pero en aquella época era una locura porque él quería que se oyera el martillito, que no se oía porque estaba arriba de una soldadura, de gente hablando... Realmente, el sonido en *Taller de Línea y 18* a mí me abruma, pero ese es el propósito, porque es una manera también de dudar de lo que se está hablando en esa fábrica, de la emulación y otras estrategias que no funcionaron, y entonces él le da un peso a la banda sonora como recurso formal para ironizar, para desacralizar, para opinar en un momento en que, en el cine cubano, la concepción de las bandas sonoras eran muy naturalistas, bastaba con reproducir el diálogo y el efecto de la puerta que se mueve... *Taller de Línea y 18* es uno de los pocos documentales donde un director le da protagonismo al sonido, que para mí es súper importante.

JR: *Y el trabajo con el grupo de Experimentación Sonora ahí, y en* Retornar a Baracoa *con Leo Brouwer.*

JLS: Sí, pero en mi opinión *Retornar a Baracoa* no está a la altura de los demás. Él viaja con su equipo a Baracoa y hace tres documentales: *Ociel del Toa*, obra maestra, *Retorno a Baracoa* y *Reportaje*, este último es un documental fascinante que tiene el plano famoso que usa después en *Coffea Arábiga*. Livio Delgado me contó cómo se hizo eso, que iban por el camino y se encontraron con aquello y filmaron, filmó aquí y allá e hizo tres documentales. *Retorno a Baracoa*, en mi opinión, es un documental menor, pero de tres que dos te queden bien es tremendo. Me sorprende la agudeza que tenía este hombre, primeramente para no repetirse, porque es un director que tiene una filmografía corta pero no se repite, en este medio uno de los retos es la reiteración. Humberto Solás me ha dicho que fue Nicolasito el que inventó el documental cubano, porque Santiago Álvarez tiene grandes documentales, sobre todo los cortos, es incluso quien lleva a su máxima expresión el montaje intelectual de Eisenstein; pero Santiago tiene una obra extensa y a la vez desigual.

JR: *Aunque sus montajes son un legado importante.*

JLS: El montaje, claro que sí; también Santiago se buscaba un grupo muy competente, era un director inteligente, sus editores, la gente de sonido, la gente de la truca. *LBJ* es un documental importantísimo, extraordinario, eso de que la ballesta es la que mata a Kennedy, eso es una apropiación irónica de Eisenstein, el cineasta ruso, pero aplicado como pocos lo supieron hacer.

JR: *¿O* Now!*?*

JLS: *Now* tiene mucho de Pepín Rodríguez, que fue el que hizo la animación bajo cámara. Santiago le dio las imágenes y la música y Pepín hizo el resto. Para ese grupo que trabajaba el trucaje la muerte fue el digital, fue muy doloroso porque se perdió gente valiosa que hizo todo ese gran cine cubano, sobre todo la etapa en blanco y negro. Pero lo interesante es que está Sara con una propuesta, está Nicolasito con otra y está Santiago con otra, y hasta cierto punto Oscar Luis Valdés que es, creo, la cuarta pata de la mesa de esa época, pero todo el mundo estaba buscando caminos, formas diferentes de decir.

JR: *En el momento en que se dan las Muestras de los años 2000 que incluyen la obra de Guillén Landrián, ¿cuáles son las condiciones que hacen posible que reaparezca en las Muestras?*

JLS: Parte de una implicación personal, yo estaba presidiendo estas Muestras, como te dije, y a mí me interesaba como estrategia poner a dialogar a los jóvenes con el pasado para que encontraran nexos o discontinuidades, y no únicamente una voluntad pedagógica de que vieran que muchos recursos cinematográficos que ellos estaban presentando como originalidades ya habían sido usados por cineastas que los antecedieron. Yo parto del principio de que el arte tiene que correr todos los días un milímetro los límites de la prohibición, de lo tabú, de la censura; también hay que correr la cerca unos milímetros para alejar la ignorancia, la incultura, el desconocimiento. Y esto se hacía posible, en nuestro medio, con la Muestra, al ser capaz de propiciar que se exhibieran filmes que dialoguen. Como el ICAIC es el dueño de esos filmes solicité ver la filmografía de Nicolasito y nunca hubo complicación. Claro, vencer los prejuicios es complejo porque entre los cineastas compañeros de él, los que trabajaron con él, prevalecía el criterio de que Nicolasito era extraordinario pero pesaba mucho lo extra artístico, que era cosa seria.

Nicolasito era una persona irreverente, que decía a raja tabla lo que pensaba. Como tenía un gran talento no fue fácil desconocerlo, minimizarlo, pero sí pasó a un estado de absoluto prejuicio donde la gente lo invisibilizó, porque hay conductas humanas que las sufrieron los que convivieron con él, entonces comenzó a ser una persona aborrecible. Nicolasito hacía cosas tremendas. Titón, que lo favoreció mucho, se fue de viaje y dejó a Nicolasito en su casa y cuando regresó, le había vendido el aire acondicionado. Otra anécdota me la hizo una persona que fue a su casa a trabajar, y lo primero que le dijo Nicolasito cuando llegó fue que la marihuana estaba en el piso de arriba, para que estuviera avisado si llegaba la policía. O sea, él siempre estaba epatando, parece que tenía un cable zafado pero también había un regusto por vivir en la irreverencia. De hecho, cuando lo expulsan del ICAIC, nadie lo defendió. Luego, se empiezan a ver los trabajos en la Muestra y los jóvenes comenzaron a valorarlo y eso influyó mucho en la generación que vino detrás de mí, incluso algunos hicieron documentales ya en la cuerda de Nicolasito. Es posible que Manuel Zayas descubriera a Nicolasito gracias a las Muestras.

JR: *¿No es posible que las anécdotas sobre su conducta y esa dimensión antisocial estuviera ligada a posiciones contraculturales, algo que en el ambiente de La Habana representaba un antagonismo, digamos, contra la cultura más normativa, una contracultura juvenil reflejada en ese mundo de los hippies que atraía tanto a Guillén Landrián?*

JLS: Yo creo que uno no puede desconocer el contexto: la primera visión que tiene Fidel Castro, cuando favorece que Alfredo Guevara cree el ICAIC, era usar el cine como un medio importante de transmisión de pensamiento, de ideas, pues la Revolución necesitaba eso como parte de su estrategia para solidificarse. Quiere decir que lo que demandaba el contexto era la mirada hacia la Revolución desde un punto de vista de total apoyo, y ese era el compromiso mayoritario de los cineastas, recuerda que son cineastas de izquierda, revolucionarios, algunos implicados en la lucha contra Batista, como Alfredo Guevara, Humberto Solás, Titón, Julio García Espinosa, por tanto, ellos en absoluta coherencia van a mostrar ese contexto, algunos con mayor fortuna cinematográfica, otros con menos.

Hay un cine que hicieron los que se fueron mirando más hacia Europa, la nueva ola, que fue de resultados tan pobres como la mirada neorrealista. Creo que empezamos a encontrarnos con un cine cubano auténtico, nuevo, con *Aventuras de Juan Quinquín, Memorias del subdesarrollo, La primera carga al machete* y *Lucía*. En el documental se adelanta, lo digo en mi libro, lo que pasa es que el documental era la oveja negra. Entonces, creo que no hay que satanizar a nadie. Sencillamente hubo un clamor, si yo estoy vivo hubiese hecho tal vez *Manuela*, o *El joven rebelde*, o *Historias de la Revolución*, porque era la manera de defender el proceso en el cual se cree. Yo hubiese querido que el cine antes de la Revolución se hubiese preocupado por filmar a determinados veteranos de la guerra de independencia que vivieron hasta las décadas del treinta, cuarenta y cincuenta, pero a nadie interesó. Entonces me parece fabuloso que el cine posterior al 59 se ocupara de filmar al último cimarrón, que fue lo que hizo el cineasta venezolano Alejandro Saderman en *Hombres de mal tiempo*, producido por el ICAIC. Los cineastas antes de la creación del ICAIC no se ocupaban de eso, se hacía cine seudo cultural, de maracas y de bongó, por eso es que se niega de tal manera. Cuando uno mira por dónde iba el mundo en materia cinematográfica, en lo personal aquel cine no me inspira y casi que me avergüenza.

Si tú analizas los hechos fuera de contexto hay otra lectura, pero hay que verlos dentro del contexto y de las urgencias que tiene la Revolución, por eso considero que el *Noticiero ICAIC Latinoamericano* fue muy inteligente. Claro, cuando empiezan a salir las obras críticas empiezan los encontronazos, muchas veces se espera del cine la apología, y el arte siempre va a situar una duda, no solamente porque está en su esencia, sino porque se adelanta a los procesos. Nicolasito fue el cineasta cubano que estaba mirando de otra manera, quien emplazó la mirada irreverente y mostró lo que otros quizá estaban mirando pero no se atrevían a expresar, o sencillamente creían fervientemente en ello. A veces hay que distanciarse para poder ver, eso es una condición del artista, para poder observar tienes que poner distancia.

JR: *Ver y escuchar otra historia, por ejemplo, toda la zona de la experiencia afrocubana en la obra de Guillén Landrián es clave desde* En un barrio viejo, *el final con los rituales de palo monte. Sin embargo, no se habla mucho de la cuestión racial en Guillén Landrián, aunque hay incluso referencias de la masacre de los Independientes de Color en* Desde La Habana ¡1969! Recordar; *o sea, se explicita la cuestión del racismo en la obra de Guillén Landrián, quien de algún modo ha pasado a ser una figura desracializada, no sé si me equivoco, tal vez estoy siendo un poco extremo.*

JLS: El sujeto racial estaba más marcado en Sara, quien parece que tenía determinados postulados militantes, como mujer y como negra. Creo que, en el caso de Nicolasito, la mayor discriminación racial que pueda haber es que la gente piense que tenía tanto talento que debía ser blanco, porque ese tipo de cine normalmente en Cuba lo tenía que hacer un blanco.

JR: *¿Por qué crees que podría pasar esto, cierta identificación entre la experimentación artística y el mundo blanco u occidental?*

JLS: Cuando el ICAIC surge son pocos los directores negros, no hablemos de directores, sino del personal: cineastas, editores, fotógrafos negros. No te digo que hubo una segregación racial consciente, pero esa sensibilidad tan exquisita que vemos en Nicolasito la tenían los blancos porque, a nivel general, fueron los que tuvieron mayores posibilidades de estudiar, de formarse. Nicolasito viene de una familia de Camagüey de donde viene Guillén, el poeta, su tío, una familia adelantada en el sentido cultural y del conocimiento. Se empieza a formar como diplomático en Relaciones Internacionales, de donde lo expulsan por agredir a otra persona. Por eso, la negritud que tú ves en los filmes de Sergio Giral conscientemente es explícita, pero no es la que está en Nicolasito. Quizá el cine me ha enseñado un poquito a darme cuenta de las sutilezas del racismo en Cuba, que no es institucional, es cultural: el que tiene el pelo más lacio está más cerca del blanco, el que lo tiene más rizado está más cerca del negro.

JR: *Uno ve las películas de Sergio Giral y halla un director negro que se construye e identifica como negro.*

JLS: Sí, a las películas de Sergio le llaman peyorativa y racistamente *negrometrajes*. Hizo *Rancheador*, *El otro Francisco*, *María Antonia*, que fue la última que hizo en Cuba, no vi la que hizo en Miami, y *Plácido*, todas películas con personajes negros, porque a Sergio le interesaba mucho el tema; pero en Nicolasito la racialidad no era una preocupación, la preocupación de Nicolasito era formal, absolutamente estetizante, pero no vacua. Sara también estaba más preocupada por el asunto racial; por ejemplo, en *Guanabacoa: crónica de mi familia*, vemos cómo Sara «se desnuda en pantalla» y se rebela contra lo que le tocaba: mujer, negra, pianista. Además, Nicolasito se codeaba con blancos, las mujeres eran blancas, sus amigos eran blancos, por eso te digo que la racialidad en él, como yo la percibo, no era lo primero que le interesara; aunque, por supuesto, en la obra siempre va a emerger su condición racial, su experiencia de vida. Pero Nicolasito no hace una construcción exacta de ello; por ejemplo, todos sus personajes son variopintos, no son siempre negros, en *Ociel del Toa* la familia es mestiza, y en el racismo cultural cubano el mestizo está más cerca del blanco que del negro. El personaje negro en Nicolasito búscalo en *Los del baile*, la mujer negra frente al espejo; pero el acercamiento formal, estético, no es el de un cineasta negro, sino el de un cineasta que está más allá del color de la piel.

JR: *¿Es posible que el surgimiento del tema afrocubano en el ICAIC esté relacionado con la construcción de un lugar limitado para los directores negros, definido por ciertos temas, un modo de trabajar el audiovisual, o sea, que se va produciendo una división del trabajo, por llamarlo de algún modo, que forma la tradición de los directores negros en el ICAIC?*

JLS: No creo que haya voluntad, ni que hubo voluntad, en Alfredo, ni en Julio, de que el ICAIC fuera un espacio para negros haciendo películas sobre negros y otro tanto los blancos. Lo que pasa es que cuando se crea el ICAIC, necesitaban gente que conociera algo de cine; y ¿quiénes estaban?, los blancos, la gente que tenía un poquito de solvencia, que venía de Nuestro Tiempo, del Cine Club Visión, La Televisión, y aquellos que venían de los católicos, realmente te encontrabas en Cuba pocas familias negras donde algún miembro quería ser cineasta. Médico y abogado, quizás, ¿pero cineasta? En Cuba negros y negras haciendo cine, o estudiándolo, se dan enteramente a partir de la Revolución. Sara recuerda que a ella la formaron como pianista, y Sara venía de una familia con determinada alcurnia social.

Entonces, cuando el ICAIC empieza a nutrirse entran muy pocos negros. Hoy día es un instituto que es menos blanco, pero podría ser un poco más variopinto. Somos pocos los directores negros con visibilidad, y la cantidad de directores de largometrajes negros caben en mi mano. Asimismo esto se refleja en las otras áreas: en sonido, Germinal Hernández y Juan Demóstenes, que hicieron el cine analógico; en la edición Nelson Rodríguez, mulato, e Iván Arocha, que vive en Nueva York, editor de Sara y Nicolasito, los demás eran blancos. Si vas a los productores no busques negros porque no había; si vas a fotografía, Julio Simoneau, mulato. No hay fotógrafos negros en Cuba, todos son blancos. Y no es que hubiera racismo, es que se empezó a hacer cine con la gente que había.

JR: *En ese contexto, ¿qué ha significado visibilizar la obra de Guillén Landrián?*

JLS: Visibilizar la obra de Guillén Landrián me pareció que era una operación cultural importante, teníamos en Cuba un gran director oculto porque pesó más lo extra artístico y lo antisocial, tanto es así que cuando Michael Chanan publica su libro sobre el cine documental, *Cuban Cinema*, no menciona a Nicolasito, no lo conoce, Paranaguá tampoco. Esa pelota no se la pasaron, por tanto no la vieron. Nicolasito estaba relegado en gran medida, por su conducta, pero ahora está en el lugar donde tiene que estar. Y otra cosa importante: cuando su obra se exhibe en Cuba –en el ICAIC, el mismo organismo donde él trabajó, el mismo organismo que lo separó– él estaba vivo y lo supo. Incluso, en el quinto piso del ICAIC, hay una foto de Nicolasito donde están los grandes del cine cubano. Tengo el honor de haber propiciado esa exposición permanente: la empieza Titón, Alfredo Guevara, Julio García Espinosa, Humberto Solás, Manuel Octavio Gómez, y está Nicolasito. Costó su poco de trabajo hacer entender que había que ponerlo, pero lo hicimos.

III.
La intervención experimental

Baracoa. Una trilogía de la montaña

Raydel Araoz

I.

Buscaba Nicolás Guillén Landrián un tema para un nuevo documental cuando, entre las páginas de un periódico, encontró un reportaje sobre la vida de los barqueros del Toa, con una foto donde al parecer estaba Ociel, y este sitio desconocido despertó la chispa que sacó a Nicolasito de La Habana, centro geográfico de sus documentales, para aventurarlo hacia Baracoa. Para aquel entonces Guillén Landrián había filmado *En un barrio viejo* (1963), *Un festival* (1963) y *Los del baile* (1965), de manera que su cine antropológico había madurado hacia un realismo lírico de corte observacional, tendencia que marcará la primera etapa de su producción cinematográfica, entre 1963 y 1966. Ese período se cierra con la trilogía de Baracoa: *Ociel del Toa* (1965), *Reportaje* (1966) y *Retornar a Baracoa* (1966), donde el concepto de comunidad, que acompañará gran parte de su cine, terminaría de construirse. En la obra de Guillén Landrián este concepto puede leerse como

> el conjunto de personas que confluyen en un espacio geográfico delimitado –un barrio, las márgenes de un río, el área de un bailable popular– cuyos lindes definen asimismo un espacio común de interacción sociocultural. Estas comunidades apresadas en el celuloide tienden a convertirse en microespacios sociales en las zonas urbanas, donde las personas se mueven en áreas cerradas como las habitaciones de los deportistas o el estadio, o en los límites de un bailable popular; mientras que en los sitios rurales la comunidad se despliega a lo ancho

de un macroespacio, en áreas de mayor extensión, donde los individuos padecen una gran dispersión espacial y su movilidad sirve de pretexto para el recorrido documental de los límites geográficos de esa comunidad. La excepción de esta tendencia sería *En un barrio viejo* (1963), donde la comunidad, pese a ser urbana, tiene un carácter macro. (Araoz 2014: 124-131)

Esta trilogía no sólo culmina un período estético en la producción fílmica de Guillén Landrián, sino también una etapa de vida. Luego de *Retornar a Baracoa*, se agudizan sus contradicciones con el ICAIC, queda prácticamente separado de la industria cinematográfica y, al regreso, su cine y su vida tomarán otro rumbo para entrar en el mito.

II.

Ociel del Toa se inicia con la singularidad de su banda sonora. Una sensación nostálgica llega tras el sonido de la flauta, con las notas espaciadas del piano que se superpone al sonido directo de los golpes de la vara contra el fondo del río. Una atmosfera silente –por los intertítulos y la ausencia de diálogo directo o voz en *off*– viste la primera secuencia de los barqueros en el río. La música juega entonces la travesura de trastrocarse con el sonido directo, sobre todo en los primeros planos, bien por la reverberación del sonido ambiente, bien porque el golpe de vara hace a veces la función del *gong*, que ya la música había adelantado. Una vez que nos hemos adaptado a la musicalidad del sonido de la vara, que hemos hecho nuestra esa sonoridad, la sincronía a la que estuvo atado el sonido directo oscila, y se libera incluso de la imagen del barquero, trasladándose a otros planos, sin que en este recorrido deje de evocar al río, al trabajo de los hombres en sus cayucas. Al liberar este sonido –el golpe de la vara en las lajas del río– para que flote en la banda sonora, ya sea como música o enlace entre escenas o reminiscencia del trabajo del barquero, el sonido se vuelve signo, metáfora sonora del discurso poético del documental.

A diferencia de otros documentales de Guillén Landrián, *Ociel del Toa* posee un personaje central, Ociel, y es desde ese «hallazgo»[1] que cuenta la vida de una comunidad: los barqueros del Toa. Sin embargo, lejos del modelo narrativo clásico, donde la historia sigue a un héroe a través de sus peripecias para alcanzar un objetivo, la historia de Ociel se ve diluida, porque a Guillén Landrián le interesan más las relaciones del protagonista con su entorno que las peripecias de su héroe. De ahí que la (re)presentación del conflicto hombre *versus* naturaleza deviene estudio de la vida humana en las condiciones adversas de la montaña, y la fórmula épica del crecimiento del héroe a través de su historia desaparece ante la mirada antropológica de Nicolasito[2].

---

[1] La palabra es exacta: al llegar al Toa, Guillén Landrián «encontró» al niño (Ociel) que aparecía en la foto del reportaje que lo había llevado de la urbe a la montaña.

[2] Aunque el término «cine etnográfico» pudiera usarse, y se usa, como sinónimo de «cine antropológico», el primero es una especialización del segundo. De modo general es posible enmarcar la trilogía de Guillén Landrián dentro del cine antropológico; pero, si atendemos a cada uno de sus documentales, encontraremos que responden a distintas antropologías: *Ociel del Toa* estaría dentro del cine etnográfico; *Reportaje*, dentro de un cine de etnografía experimental —como *Los maestros locos* de Jean Rouch (1955)–; y *Retornar a Baracoa* sería un cine de

Dos grandes bloques temáticos configuran este estudio de esta comunidad del Toa: un primer bloque acerca del trabajo, cuyas secuencias marcadas por el paso de los barqueros –especialmente Ociel y Filin– en sus cayucas por el río, en tanto abren y cierran el documental, engloban y unifican el filme; y un segundo bloque sobre el ocio, con las fiestas de los montañeses, la visita de Ociel al pueblo, los gallos, la plenaria, la oración en la iglesia, que parece situarse en el interior del documental. Estos dos bloques están cosidos por los planos sonoros y por un discurso textual, una escritura que, a través de interítulos sobre fondo negro, prolonga la sensación de quietud. El recurso silente de los intertítulos en *Ociel...* se reactualiza, a través de una triple función narrativa, que cohesiona y estructura la historia; y que pudiéramos desglosar entre las que simulan el pensamiento de los personajes, las que estructuran el relato y las que reflejan la voz autoral[3].

antropología social. Si algo une estos documentales, más allá de la zona geográfica donde se desarrollan, es precisamente esa mirada antropológica de Guillén Landrián que coloca la comunidad humana, sus relaciones, sus costumbres, en el centro de su discurso.

[3] Excluimos en este análisis la función de presentar a los realizadores del documental; es decir, la función más básica y común de los intertítulos, en la secuencia de créditos.

Las primeras representan sobre todo la voz de Ociel, aunque ocasionalmente pueden dar voz a otros personajes, como la abuela de Ociel: «tengo cuatro hijos/ uno de ellos peleó en la guerra/ es ahora chofer». Desde una síntesis escrituraria, las pequeñas frases que aparecen nos dan el punto de vista del personaje acerca de su mundo y de sí mismo. Las segundas estructuran el relato, a través de guías temáticas —como: «Ociel», «Filin», «los gallos», «11 am plenaria», «iglesia protestante del Toa»— orientando al espectador dentro de la narrativa cinematográfica. Las terceras se hacen eco de la voz autoral, ya sea como un ente narrativo (en el plano del discurso) que dialoga a través de la escritura con Ociel, sustituyendo la voz en *off* o el diálogo del sonido directo, cuando leemos «Ociel: la muerte no se puede ver»; o a través de una intervención estructural (en el plano del montaje), cuando resalta alguna frase de Ociel, sacándola del contexto (del intertítulo donde fue presentada) y repitiendo sólo un fragmento, que deviene cita revestida de sentido. Con esa operación Guillén resalta un fragmento no sólo por la repetición sino a través del aumento del tamaño de la tipografía, y el nuevo intertítulo se carga entonces de un nuevo sentido, que nos obliga a repensar lo dicho, y a preguntarnos por su significación. En documentales posteriores como *Taller de línea y 18* (1971) la reduplicación de la información es ya abiertamente una pregunta: «¿ESTÁ UD. DISPUESTO A SER ANALIZADO POR ESTA ASAMBLEA?»[4].

---

[4] En *Taller de línea y 18*, al intertítulo con la pregunta citada le sigue otro con un fragmento de la pregunta que dice: «¿UD?». Este fragmento es en sí mismo una oración unimembre, que, por un lado, extrema el cuestionamiento hecho en la primera pregunta al lector-espectador, que es quien puede leer este texto extradiegético; y por otro, permite al narrador omnisciente compartir sus dudas con el espectador sobre los personajes que se postulan en la asamblea, obligándonos al análisis crítico de lo documentado. Con este método escriturario, heredero del cine silente, Guillén Landrián encontró una forma de inducir un tipo de reflexión brechtiana sobre el fenómeno del otorgamiento de cargos y los análisis asamblearios, tan comunes en la sociedad cubana, y que normalmente no eran vistos por

Un discurso lírico viene a completar este tejido temático, donde la plasticidad fotográfica toma dos centros: la contemplación del hombre y la contemplación de la naturaleza. Y estos dos motivos, ya sea en los planos detalle de los balseros o en los planos fijos bajo el hechizo de la inmovilidad de las familias, ya en los planos generales del hombre en la exuberancia de la naturaleza, se dan la mano para hablarnos de la soledad de los barqueros y de su armonía con la naturaleza. Y este sentimiento sobrecogedor se adorna con la belleza que Livio Delgado roba a la luz contrastada del río en la mañana, al sol duro sobre el pueblo, a las oscuras noches iluminadas con faroles o al silencio que va cayendo sobre los barqueros cuando el sol se desdibuja en la neblina. Aquí la magia de la fotografía encuentra un aliado en el montaje poético que, a través de asociaciones visuales y sonoras, carga de un discurso simbólico las secuencias aparentemente descriptivas de la vida en la región. De esta manera el río, y sus aguas que siempre corren, aparece para marcar el trabajo del barquero, en el transporte de mercancías o de personas, y es también una metáfora del nacimiento, como en la escena en que Filin espera el parto de su mujer, y los gritos de la parturienta terminan cuando entran los pies de los barqueros en el río, y el agua, como metáfora de los fluidos maternos, corre entre los pies que empujan la cayuca[5]. El montaje establece, también, en un nivel más abstracto, una lectura simbólica donde el espacio se construye como espejo de las tensiones humanas. Los conflictos ideológicos de la época en la *polis* se visualizan entonces como una oposición espacial. Así, «la plenaria», que se celebra en el espacio no boscoso, soleado, al aire libre, está en oposición al espacio religioso, filmado en interior, de noche. Si bien estos espacios, que representan ideologías diferentes

---

el cine como actos conflictivos, sino más bien épicos, cuando no purificadores o depuradores de algún mal.

[5] Esta metáfora aparece también de forma explícita cuando leemos en el intertítulo, que expone aparentemente el pensamiento de Ociel, que «pujar un niño al mundo es como nadar el río con la cayuca cargada».

y en pugna, están visualmente diferenciados –ya que en la época la religiosidad estaba siendo desplazada por el nuevo discurso político de los espacios públicos a los espacios interiores del templo o al espacio privado del hogar–, el intertítulo, contrario al discurso visual, los aúna. Guillén Landrián pone un énfasis en la fusión de estas dos ideologías –la cristiana y la comunista– en la religiosidad popular[6], a través del discurso paralelo que aparece en sus intertítulos, al mostrar la ausencia de contradicción en la muchacha que quiere ser joven comunista y va a la iglesia con su tía. La estructura narrativa[7] no sólo se vale de secuencias de oposición simbólica, sino

---

[6] En el documental *En un barrio viejo* ya aparece esta idea en la escena final, donde en una ceremonia de la religiosidad afrocubana (que bien pudiera ser del Palo Monte) aparecen, entre las imágenes religiosas, las imágenes de los líderes de la Revolución.

[7] Entre las siete secuencias que forman el documental, la secuencia inicial con la presentación de Ociel y Filin, los barqueros, en su trabajo y su familia, está montada tomando como escena marco el viaje de Ociel y Filin por el río. En este núcleo semántico, prácticamente descriptivo del trabajo de los dos barqueros, se intercalan dos escenas que presentan la familia y el espacio íntimo de Ociel y de Filin. Le siguen tres secuencias de la vida de Ociel y su familia –«la fiesta», «Ociel en el pueblo», «los gallos»– y dos secuencias de la vida político-religiosa de la comunidad –«la plenaria» y «la iglesia»–. Estas cinco secuencias nos muestran el tiempo libre tanto de Ociel como de la comunidad. Después siguen la secuencia

que además, a través de asociaciones arquetípicas (apoyadas también por los comentarios de los intertítulos), construye una lectura simbólica del espacio[8]. El río y los barqueros pueden estar asociados a la entrada en la vida, por el fluir del agua, por la barca que llega, porque estas imágenes se asocian a los planos de una parturienta; también pueden estar asociados a la muerte (la barca que transporta a los muertos a la otra orilla), cuando en el mismo río, los mismos barqueros simplemente se alejan, aparece en tierra una procesión fúnebre y los intertítulos comienzan a hablar acerca del rostro de la muerte. En ese momento, cuando ya la película se dispone a terminar y Filin y Ociel se van alejando por el río mientras sobreviene el *fade* a negro, parece que es la película, la propia imagen fílmica, lo que transportan a ese otro reino, y que sobreviene el fin de la historia, la muerte, que como dice un intertítulo «…no se puede tocar / ni oír / ni sentir».

III.

Reportaje es un desprendimiento de *Ociel del Toa*. El hecho documentado, una asamblea campesina, reaparece luego de *Ociel…* con vida propia en un nuevo documental[9]. Tres partes –el desplazamiento

---

de despedida, compuesta por una escena con el entierro en la comunidad y los intertítulos donde Ociel y el narrador dialogan sobre la muerte, y la escena final, que es un regreso al río, como en el principio, pero en otro horario, cerrando el final de un ciclo, o de un día de trabajo.

[8] El espacio exterior, donde la vegetación es más exuberante, se presenta como el lugar de lo estable; allí están las escenas de la familia, la fiesta tradicional y allí trascurre el ciclo de la vida: el nacimiento y la muerte. Los otros espacios exteriores como el río, la tierra con escasa vegetación (el camino a la plenaria) o la calle del pueblo son sólo lugares de tránsito, cuando no el sitio de lo extracotidiano (el espacio de la plenaria), fuera del orden natural.

[9] Después de *Reportaje*, Guillén Landrián volvió a reutilizar su propio material fílmico en documentales como *Coffea Arábiga* (1968) y *Desde la Habana ¡1969! Recordar* (1970), introduciendo planos de documentales anteriores. A diferencia

de los campesinos al acto político, la asamblea y la fiesta– estructuran este singular relato en torno al maridaje entre el ocio y la política. Al igual que en *Los del baile*, Guillén Landrián vuelve a atender al tiempo libre; pero esta vez los sujetos pertenecen a una comunidad rural y antes de asistir al baile se reúnen en una asamblea campesina. La fiesta deviene entonces un instrumento de lo político, moneda de cambio que recompensa a los participantes del acto por donar su tiempo libre.

Esta pequeña obra de unos 9 minutos y medio de duración, y cinco estampas, está construida como un contrapunto entre imagen y sonido[10]. La banda sonora enrarece la imagen, la carga de nuevos sentidos y para ello se vale de dos fuentes acústicas: la música construida en estudio y el sonido ambiente grabado en rodaje. Estas fuentes sonoras tienen roles opuestos en el filme, la música es la encargada de generar tensión, una sensación enigmática, como de suspense, mientras que el sonido ambiente crea un momento de relajación, de regreso a lo natural, aunque este sonido directo, con sus voces y ruidos, no esté usado de manera sincrónica, sino como un ambiente, un colchón sonoro que le da a las imágenes un anclaje en lo real. Ambas sonoridades se alternan a lo largo del filme para otorgar, desde el sonido, una lectura intencionada de las imágenes que, en sí mismas –la caminata de unos campesinos, una reunión,

---

de *Reportaje* estas dos obras tienen un carácter más de collage; la edición no pretende narrar un suceso, sino un proceso: en *Coffea Arábiga* la producción del café; en *Desde La Habana...* la historia de algo más de una década, quizás una memoria de la Revolución, a través de las imágenes y hechos que impactaron al país. *Reportaje* parece, si se me permite la metáfora, un hipervínculo de *Ociel del Toa*, una deriva que amplía el segmento que aparece en *Ociel*; mientras que en *Coffea Arábiga* o en *Desde La Habana...* el material fílmico reutilizado funciona como una base de datos que se integra al nuevo discurso con un nuevo sentido, y la autocita no pretende que se le reconozca como continuidad de una idea anterior.

[10] El filme podría dividirse en cinco bloques temáticos: la marcha, la reunión, la quema de Don Ignorancia, la comida y el baile.

el baile de una fiesta popular– no tendrían al menos el carácter de extrañamiento que la banda sonora les imprime.

Gracias al suspense, la música genera cierta expectativa y lo anunciado parece llegar cuando la tensión sonora coincide con los únicos planos violentos del filme: la quema de la ignorancia. Allí imagen y sonido parecen alcanzar una coherencia y un clímax. Toda la tensión sonora encuentra entonces su cauce en las imágenes donde los campesinos queman el ataúd con un muñeco llamado Don Ignorancia adentro.

La mirada antropológica de Guillén Landrián capta este evento, donde la nueva política revolucionaria penetra dentro de la cultura popular. Si la plenaria es un acto político de reafirmación revolucionaria, con las ideas marxistas leninistas que ya propugnaba la revolución (los primeros planos de los retratos de Marx y Lenin dejan clara esa presencia), termina en un acto simbólico, propio de la cultura popular, el entierro o la quema de un muñeco que simboliza lo negativo y que, al desaparecer, nos libra de lo nefasto como un exorcismo[11].

---

[11] Este acto simbólico puede encontrarse en la religiosidad popular cubana como acto mágico en los *ebbós*, baños lustrales, recogimientos y rompimientos, y en las fiestas populares como acto festivo o farsesco (carnavales, parrandas, etcétera). En el documental Las parrandas (1977), Constante Diego filma en el bando de los chivos, uno de los dos bandos que compiten por organizar la mejor parranda del pueblo, un desfile con un ataúd donde yace el animal icónico del bando contrario (el sapo). Mientras desfilan, las falsas plañideras teatralizan un llanto burlón. En un momento del desfile dejan el muñeco en el suelo y prenden los fuegos artificiales que destrozan con su salida de luz y fuego la caja mortuoria. Este tipo de exorcismo, la quema del chivo expiatorio, también se puede encontrar en las fiestas populares de América. Al comienzo del carnaval de Veracruz, en México, se celebra el entierro del mal humor, donde se pasea en un ataúd a alguien o algo que representa el mal humor. Este acto festivo contiene aún una reminiscencia mágica, porque las personas piensan que da buena suerte al carnaval. Según Horacio Guadarrama Oliveira el antecedente de esta práctica se remonta al entierro de la Sardina, que se realizaba en el siglo XIX en épocas de carnaval y que «consistía en meter una persona que representaba la Sardina en una caja de muerto, la cual era paseada por las calles de Veracruz, hasta que finalmente

Aquí la quema de Don Ignorancia se vincula implícitamente con la campaña educacional del gobierno revolucionario, que ha librado de la ignorancia a los campesinos[12]. Sin embargo, Guillén Landrián hace notar, en medio de todo este fervor revolucionario, una nota discordante: el crucifijo sobre el pecho de la joven. Para la época, la religión era parte y resultado de la ignoraría que se quería eliminar, y ese crucifijo era una imagen exactamente opuesta a las imágenes de Lenin o Marx. Guillén Landrián no politiza sobre el tema, sino que lo muestra, como algo integrado a la actividad, en ese estilo de *free cinema* o *direct cinema*, donde la mirada explica el hecho. De cierta manera, para Nicolasito, los problemas de exclusión de la macroestructura no son conflictos que nacen en la base, en la forma de pensar de la cultura popular; por eso muestra estas imágenes aparentemente contradictorias —como lo eran para la época—, porque representaban ideologías distintas, y que supuestamente no deberían compartir un mismo espacio en armonía.

Luego de la quema de Don Ignorancia (el exorcismo) llegan la comida (la comunión) y el baile. La edición, que hasta entonces se había apoyado en cortes bruscos, como si quisiera reconstruir la mirada de un observador que desea apresarlo todo en medio de la muchedumbre y sólo atina a ver los rostros que lo rodean, se apoya ahora en un efecto, la ralentización de la imagen[13]. La fiesta, que había

---

en un lugar previamente escogido, una vez que salía la Sardina de la caja, esta se quemaba en medio de un alegre festejo» (2010: 475).

[12] El 22 de diciembre de 1961, en el discurso pronunciado en la Plaza de la Revolución, Fidel Castro declara a Cuba territorio libre del analfabetismo.

[13] El filme está construido mayoritariamente por primeros planos y planos medios y ocasionalmente recurre a planos generales. La cámara se hace partícipe del entramado de las acciones, se inmiscuye entre los sujetos, los observa sin importarle, incluso buscando, que la observen a ella. Este gusto por los primeros planos, por los rostros de las personas, acompañó el cine y la pintura de Guillén Landrián. En sus documentales Guillén estetizó el primer plano dejando que los personajes mirasen a cámara, rompiendo la convención voyerista del cine. Esta mirada a cámara se nos presenta en personajes en movimiento que desafían al espectador

comenzado sonando con una música popular bailable, va dando paso a través de una disolvencia sonora a una música no bailable, volviendo a sus acordes disonantes, mezclándose con el ritmo popular hasta desplazarlo mientras la imagen ralentizada adquiere una dimensión inquietante. La cámara que parece bailar: hipnotizada por el rostro guajiro de una muchacha, ahora parece desearla. La muchacha se contornea lentamente, nos mira, nos invita a algo misterioso, quizás sexual, quizás sólo indescifrable para el observador.

El documental finaliza, tras el bailable, con un texto sobre fondo blanco donde aparece una definición: «Reportaje. Genero informativo que surge en el siglo XIX y que tiene hoy una enorme importancia. Por lo general se trata de un relato vivo sobre un hecho o una realidad que se estudia o expone». Una nota aclaratoria, inusual en Guillén Landrián y que quizás necesitó incluir por lo atípico de su reportaje.

IV.

Si *Ociel del Toa* es la culminación del camino abierto por Guillén Landrián con *En un barrio viejo*, *Retornar a Baracoa* es el fin de esa etapa y el comienzo de una nueva exploración[14]. En *Ociel...*,

---

por su sexualidad, su alegría o su cansancio, y su mirada parece una invitación a seguirlos por esa caminata o ese bailable; o en personajes estáticos cuyo mirar despierta cierta ternura, añoranza o desolación. Estas últimas miradas, las estáticas, tienen un paralelo en sus retratos de personajes comunes, de gente sin elegancia, sin glamour, como si los sujetos que despertaran la atracción estética en su cine se hubiesen trasportado de un soporte a otro; pero, en esa migración, la mirada con frecuencia se vuelve más tímida, quizás dubitativa. Lejos del cine y de la posibilidad de hacer cine, ya en sus cuadros, los personajes de Guillén Landrián ganan el color, con un expresionismo figurativo que recurre a colores planos y alegres: una viveza tropical que contrasta con la nostalgia que envuelve a los personajes.

[14] Aunque en *Nosotros los del Cuyaguateje* (1972) el realismo lírico del cine antropológico de su primera etapa vuelve a resurgir, ya estará contaminado con el discurso de su segunda etapa (1968-1972), marcado por un cine didáctico con referente en la actividad productiva, donde el interés inicial por el hombre dentro

aflora la experiencia formal de los documentales anteriores, tanto en los desplazamientos sonoros donde el sonido directo y la banda sonora dialogan y se besan –lo que nos remite a lo logrado *En un barrio viejo*–, como en la manera de montar algunas escenas. Digamos, por ejemplo, en Ociel…, la fiesta que trae la reminiscencia del documental *Los del baile*, en los primeros planos de los bailadores, incluso en la repetición de la estructura de montaje cuando, desde los planos de los bailadores en el exterior, pasa al interior de una casa a observar a una mujer que hace sus tareas domésticas, y la música queda en el fondo, como lejana. En ambas secuencias la cámara se acerca a la mujer a saltos (por corte), hasta tener un primer plano, y luego regresa al bailable. La diferencia entre ambas mujeres, más allá de las características físicas y socioculturales, está en la actividad que realizan: en *Los del baile*, un documental sobre el ocio, la mujer descansa, cambia de actividad física pero no de orden, mientras que en *Ociel*…, un documental interesado en el par trabajo/ocio, la mujer trabaja, la escena se construye conceptualmente en oposición al bailable, el interior de la casa no es, para la mujer campesina, el espacio del ocio, sino su espacio de trabajo.

En cambio, con *Retornar a Baracoa*, aunque puede encontrarse alguna secuencia que nos recuerde escenas de sus documentales anteriores[15], lo más llamativo es la aparición de las nuevas formas que vendrán en sus próximos filmes. A partir de *Retornar a Baracoa*, la voz de las personas gana protagonismo, aparecen las entrevistas no sincrónicas o en *off* que encontraremos en *Coffea Arábiga*, en el «informe del ingeniero Bernaza sobre la siembra directa», y en *Taller de línea y*

---

de la cultura popular se desplaza hacia la documentación de este dentro de un proceso productivo.

[15] Una de ellas es la ceremonia afrocubana que remite a *En un barrio viejo*, aunque allí la ceremonia parece de Palo Monte y en *Retornar a Baracoa* parece de Regla de Ocha por el uso de los batá. En ambas secuencias Guillén Landrián muestra la presencia de imágenes de los héroes de la Revolución en las casas donde trascurre la ceremonia religiosa.

18, en el «informe del ingeniero Montesino»; también la voz grabada en el sonido directo, al hacerse audible, deja de ser colchón sonoro para convertirse en voz coral, como ocurre en la oficina del «IUCI Municipal» donde las personas van a plantear sus problemas. Esta voz coral se estiliza en *Coffea Arábiga* al musicalizarse con el uso de coros vocales que rítmicamente enuncian un discurso como pueden ser las enfermedades de la plantas del café. Nace también en *Retornar...* la voz en *off* no como narrador en *off*, sino como discurso ideológico en el caso de las escenas finales cuando sobre un fondo negro escuchamos un fragmento de un discurso de Fidel Castro Ruz, y como ambiente sonoro en el uso constante de una voz radial, que justifica los cambios sonoros, musicales o de otras voces como el narrador radial que anuncia el programa o que recita un poema. Este uso de una voz en *off* será en *Coffea Arábiga* y en *Desde La Habana ¡1969! Recordar* un eje central del discurso estético, porque al *collage* visual acompañará este *collage* sonoro, en ocasiones justificado por la presencia de una radio, que puede evocar quizás un cambio de emisora. En *Coffea Arábiga* Guillén no sólo repite un fragmento sonoro de *Retornar a Baracoa*, sino que copia[16] la secuencia entera de la mujer negra que se peina, poniéndose los rolos, mientras escucha un poema de amor en la radio.

Entra también en *Retornar...* el camino hacia una edición más fragmentada, de planos más cortos, con un mayor apoyo en la foto fija y en las estructuras en forma de bucles o circulares, que se van agudizando hasta *Desde La Habana ¡1969! Recordar*. En esta exploración la edición le roba protagonismo a la fotografía y se abre a una poética de libre asociación, donde las imágenes se suceden no por la secuencialidad lógica del discurso sino por asociaciones analógicas que le otorgan una visualidad ecléctica y alucinada.

---

[16] La autocita en Guillén Landrián casi toma forma de avalancha en sus dos documentales posteriores a *Retornar a Baracoa*: en *Coffea...* cita fragmentos de *Reportaje* y *Retornar a Baracoa*, y en *Desde La Habana...* cita fragmentos de *Coffea Arábiga*.

Retornar a Baracoa parece, al igual que *Reportaje*, una glosa, una ampliación de un tema expuesto en *Ociel del Toa*: el pueblo de campo. Si en *Ociel...* el pueblo aparece en una secuencia donde el protagonista baja de la montaña en busca de ocio en su día libre y apenas tenemos algunas imágenes de los exteriores; en *Retornar...* el pueblo se nos muestra en su complejidad, a través de sus pobladores y sus espacios religiosos, laborales, habitacionales, institucionales. No hay en *Ociel...* ninguna información sobre cuál es el pueblo al que va el niño; sin embargo, un plano de la calle llena de banderitas, que luego encontraremos colgadas entre las casas del pueblo de Baracoa, puede generar esa continuidad simbólica. *Retornar...* se inicia con un intertítulo donde se da una ubicación geográfica e histórica de Baracoa que va desde la colonia y su descubrimiento por Colón, hasta la Revolución. En la etapa de la revolución nos dice:

> Luego en la Revolución.
> Una emisora de radio, un parque, la JUCEI municipal y algo más. Los aviones son aún el asombro, la fuga, pero también la prolongación de Cuba, del mundo.
> Se siguen fabricando difíciles carreteras, la lucha contra el fango es dura; por mar la comunicación plantea un viaje largo, accidentado y esporádico.

En este texto aparece ya anunciado el ámbito espacial que estructura el discurso audiovisual: la vida en Baracoa, sus pobladores, instituciones y medios de comunicación. El documental, con una estructura circular, presenta una secuencia inicial similar a la secuencia final: un avión aterriza mientras unos hombres –tomados con fotos fijas en primeros planos– miran hacia arriba, como si siguieran el aterrizaje del avión. Estas secuencias encierran, como un paréntesis, el resto del documental, que presenta una estructura en bloques temáticos: la institución de gobierno municipal (JUCEI); la religiosidad popular: afrocubana y católica; el trabajo: la fábrica de chocolate, el puerto y la construcción de la carretera; el ocio:

Banda Municipal del domingo. El asunto del trabajo aparece en dos momentos en el documental. El primero de ellos está formado por dos secuencias temáticas –la fábrica de chocolate y el puerto–; y cada una de ellas presenta en su interior una secuencia de menor duración que introduce otro argumento, y divide el tema productivo en dos periodos. Así, la fábrica de chocolate se interrumpe con una secuencia del ocio asociado a la radio, en la cual una mujer se peina, poniéndose rolos. Esta secuencia esta desvinculada de los planos que le anteceden con la mujer en medio del proceso productivo, incluso queda separada por un intertítulo que anuncia la llegada de este *insert*. Luego de esta interrupción se retoma el tema de la fábrica de chocolate. Sin embargo, la secuencia del puerto está construida de manera que la desviación del tema productivo hacia el espacio íntimo del niño que construye un barco se vuelve no un *insert* sino un tejido. Desde el intertítulo que presenta esta secuencia, «El puerto y un niño», la idea de imbricar ambas escenas –los hombres que trabajan en el puerto, el niño que arma un barco– se hace explícita a través de la copulativa que junta «puerto» y «niño» en el intertítulo. Luego, en las imágenes, esta secuencia está compuesta de dos escenas: los estibadores del muelle, con planos filmados donde vemos los hombres trabajando en la barriga del barco y en la grúa; y la escena del niño armando un barco, que está montada con una secuencia de fotos fijas. La escena del niño está separada de la de los hombres por un intertítulo. Las fotos del niño, que en un inicio vemos jugando a armar un barco, terminan en el astillero dentro de un barco que está a medio armar. El niño asombrado contempla la inmensidad de la barriga del barco, como si su juguete se hubiera llevado a una escala gigantesca.

Para la segunda vez en que aparece el tema del trabajo el documental se acerca al cierre. En esta última etapa Guillén Landrián construye una secuencia sobre la construcción de la carretera, de manera que –parafraseando a Nicolasito– este fin no es el fin sino el inicio de una nueva ruta hacia Baracoa. La secuencia de la construcción de la carretera, filmada con primeros planos o planos medios, editada sólo con los momentos de acción –verter el cemento, palearlo, pasar el nivel, etcétera–, adquiere una sensación de vértigo, que se incrementa por contraste con los *insert* de foto fijas o por la variación del espacio cuando lo intercalado son los planos filmados. Estos *insert* no crean otro tema, sino que funcionan como *flash back*, porque son fotos de los personajes o planos de secuencias que hemos visto a lo largo del documental. Este montaje hace que todo el pueblo sea testigo de la construcción de la carretera, pero también anuncia que todo el pueblo va a modificarse con esta nueva vía de comunicación.

Dos veces se refiere directamente Guillén Landrián a la partida del lugar, las dos están en los intertítulos. La primera, al inicio del documental, cuando dice «Los aviones son aún el asombro, la fuga…»; y luego en el intertítulo que presenta la escena del niño, que dice: «Un niño que hace barcos para salir de Baracoa igual que el padre». Esta pequeña información textual nos condiciona la lectura de las imágenes, de manera que las fotos de un niño jugando con un barco se vuelve un símbolo de la añoranza por la ausencia del padre, un deseo que se materializa en el juego, ir más allá de Baracoa, y que en el documental es sólo un guiño, el guiño de un niño que juega a partir de esa tierra inhóspita. A diferencia de *Ociel…*, en *Retornar…*, donde el sonido les ha dado voz a los personajes documentados, los intertítulos son declaradamente la voz autoral y desde esa voz Guillén Landrián estructura el relato dividiéndolo en segmentos temáticos, y dirige la lectura de algunas escenas. Esta forma de intertítulo será la forma predominante en sus documentales posteriores.

La presencia de Fidel Castro, había sido hasta este documental muy ocasional, más bien incidental, pero en *Retornar…* Fidel se vuelve un personaje referido, omnipresente, en el que los pobladores de Baracoa han depositado su fe; su imagen está presente en las ceremonias religiosas afrocubanas, su nombre se invoca como amenaza contra el funcionario que al parecer no es capaz de encontrar solución a un problema. Esta referencia, casi mítica, se evidencia hacia el final del filme cuando escuchamos la voz de Fidel –un fragmento de un discurso– pero no vemos su imagen. Este juego simbólico y también propagandístico con la imagen de Fidel se retoma en *Coffea Arábiga* y *Desde La Habana ¡1969! Recordar*, de una forma tan polisémica que aún hoy genera disímiles interpretaciones. Algunas, al no tener en cuenta el contexto epocal del realizador, han incrementado la leyenda de disidente de Guillén Landrián. Así la lectura que se ha hecho en las escenas de *Coffea...*, donde la imagen de Fidel está acompañada en la banda sonora por el tema «El tonto de la colina» de Los Beatles, grupo prohibido en la época, entiende esta secuencia como un acto irreverente o burlesco, cuando en realidad el texto de la canción venera a los soñadores. Después de la polémica sobre estos documentales, la imagen de Fidel se va haciendo menos frecuente en la obra del documentalista, al tiempo en que se agudizan sus conflictos con el Instituto Cubano de Arte e Industria Cinematográficos (ICAIC).

Independientemente de las alusiones a la fuga de Baracoa, el documental se torna un constante regreso, ya bien al parque, con sus hombres sentados en los bancos, ya bien a las olas que golpean una y otra vez la roca negando la salida por mar, bien a la imagen del avión que siempre llega. Baracoa se vuelve así un destino, un lugar donde el pasado y el presente conviven (uno de los hombres del parque está sentado sobre un banco escrito con el lema del antiguo Partido Ortodoxo: «vergüenza vs dinero»), aún con los cambios –la nueva carretera, la fábrica de chocolate– de la nueva época.

Después de la trilogía de Baracoa, la producción de Guillén Landrián se silencia y se abre una de las zonas oscuras de su biografía. Separado del ICAIC, enviado a la Isla de la Juventud a trabajar en las granjas de cría de pollos como método de reformación, enferma de los nervios. Dos años después de *Retornar a Baracoa* volverá al filmar y será un renacer, donde la experiencia de su trabajo anterior alcanza un nuevo clímax. Fuera del realismo poético, Guillén avanza entonces hacia sus zonas más experimentales.

Bibliografía

Araoz, Raydel (2014): «Desde La Habana, 2014, recordando a Guillén Landrián». En *Cine Cubano* 191: 124-131.

Guadarrama Oliveira, Horacio (2010): «Los carnavales del Puerto deVeracruz». En García Díaz, Bernardo & Guerra Villaboy, Sergio (ed.): *La Habana/Veracruz. Veracruz/La Habana*. México: Universidad Veracruzana, 469-494.

El extraño caso de *Reportaje* (1966)
Historiografía y políticas de la duda en los filmes de Nicolás Guillén Landrián[1]

Ruth Goldberg

Doce años después de su muerte y resurrección, Nicolás Guillén Landrián es hoy reconocido como un crucial innovador en la historia del cine cubano, y ha inspirado un torrente de homenajes entre los jóvenes documentalistas cubanos que reclaman su legado. La afirmación de que «Álvarez, que todo lo sabe, enseña; Nicolasito, que duda, *revela*» (Zayas, en Guerra 2012: 342) ha sido frecuentemente repetida y constituye un decisivo marco referencial de la obra de Landrián para esos cineastas que Susana Barriga y otros han reconocido como «los hijos de Landrián». Muchos de ellos repiten valoraciones similares a través de una idea central: «él nos permite ver por nosotros mismos en vez de enseñarnos qué pensar» (Barriga 2013). El reclamo implícito en juego es que Landrián documenta y revela una verdad no expresada previamente, la cual contradice la narrativa triunfalista oficial de la época. Esta contextualización de la obra de Landrián como la revelación de una verdad que permite al espectador sacar sus propias conclusiones es un elemento central de su canonización.

Contextualizaciones como esas tienen mucho que enseñarnos acerca de *cómo* la obra de Landrián importa, inspira y es valorada en el presente, y apunta en la dirección de importantes investigaciones futuras sobre las ideologías de la recepción y la retrospección. Su obra

---

[1] Traducción de Dean Luis Reyes.

está imbricada y es inextricable de la definición y de la vigilancia sobre el significado de los términos «revolucionario» y «disidente», y de las luchas en torno a la representación de la Revolución que obsesionan a la historiografía del cine documental cubano.

El extraño caso de *Reportaje* (1966)

Existen ejemplos que apoyan la distinción entre Álvarez-como-panfletero y Landrián-como-oráculo que hace Zayas; y además hay (al menos) un caso que resiste esa categorización. En *Reportaje* (1966), también conocido como *Plenaria campesina*, su más didáctico y cínico filme, Landrián *sí* instruye desde una posición preceptiva, así como de un modo radicalmente innovador, que merece nuestra estrecha atención, y lo hace utilizando las técnicas disyuntivas del surrealismo.

Al satirizar los documentales oficiales del periodo en el estilo que Lillian Guerra (2012) ha descrito como la representación «hiperreal» de la Revolución cubana, *Reportaje* —en sí mismo una obra maestra de retórica visual construida— encarna sinceramente los métodos retóricos que se propone criticar, conduciendo al espectador al interior de un mareoso laberinto de preguntas en torno a la subjetividad y al cine político que perturba nuestra comprensión de la forma documental.

Aquí, Landrián espolea el seductor poder de la orquestación en el contexto documental, insertando provocadoras escenificaciones, desconcertantes asincronías entre imagen y sonido, música temática, cámara lenta y efectos de sonido dentro de un aparentemente simple «reportaje». Al tiempo que revela su subjetividad irónica y su elaboración, por otro lado, a primera vista *Reportaje* contiene un realismo convincente, que fuerza al espectador a atender con cuidado el examen de su reclamo de verdad, pues socava sistemáticamente toda certidumbre en torno a la incursión histórica propia del registro del ICAIC y de la forma documental misma. La reivindicación de Landrián como un cineasta que rechaza fijar los significados de sus películas en las maneras típicamente asociadas con el filme de propaganda pudieran, en este caso, inadvertidamente limitar nuestra comprensión de su obra, pues *Reportaje*, que en la superficie parece un esfuerzo simple, después de un riguroso escrutinio pudiera calificarse como una de sus más significativas, persuasivas y formalmente complejas orquestaciones.

Uno de los aspectos más eficazmente desestabilizadores de la visión orquestada del artista sobre los eventos de *Reportaje*, no obstante, es que Landrián también problematiza la cuestión de si su propio filme es «verdad» de la manera en que se ha afirmado, al llamar nuestra atención sobre las construcciones audiovisuales que usa para asegurar que el espectador ve sólo lo que él. Pese a su belleza artística, experimentación reflexiva y elegancia poética, mientras más fuerza con el sonido y el ordenamiento del registro fílmico original al servicio de imponer una perspectiva única, con mayor júbilo Landrián se apropia y subvierte las técnicas tradicionales del filme de propaganda.

Una nota sobre el documental y las estrategias de representación

Aunque puede que comprendamos que el documental, como género, es una negociación compleja entre el cineasta y la realidad, el reclamo de verdad permanece en el corazón de la mayoría de las obras de este tipo: es decir, que una verdad inmediata ha sido apresada debido a que sucesos espontáneos fueron observados mientras ocurrían –y por tanto el texto creado a partir de ellos es también creíble (Godmilow, en Shapiro 1997). Sin embargo, más que producir una descripción de los eventos, los documentalistas también tienen la rara oportunidad de implicar a la audiencia en la consideración de las políticas y de «las construcciones ideológicas enterradas en las representaciones de la historia –construcciones tan básicas y duraderas como la oposición bien/mal, normal/anormal y la mayor de todas, nosotros/ellos» (Godmillow, en Shapiro 1997: 83).

Reportaje construye su apasionado argumento sobre una compleja configuración de la dicotomía «nosotros» y «ellos», creando una tensión polarizada entre opuestos binarios. Landrián representa ese par binario como «nosotros» (los campesinos, con quien el espectador es conducido a identificarse) y «ellos» (la Revolución, que el cineasta representa como una imposición externa). La dicotomía nosotros/ellos es también desarrollada en el agudo contraste que Landrián dibuja entre la cultura «oficial» (para él, una amenaza) y lo que aprecia como una «auténtica» cultura rural.

En los elementos formales del filme, Landrián carga la tensión entre la construcción de «nosotros» y la construcción de «ellos» en la discontinuidad entre imagen y sonido que Marcel Beltrán ha descrito como un magistral «juego semántico entre lo que se ve y lo que se oye» (Puentes Valladares 2015: en línea) que merece un examen más profundo.

Los usos de la discontinuidad y de la asincronía en Landrián proceden directamente de la tradición documental surrealista (Reyes 2015) que se apropia de los temas y métodos disyuntivos del mundo onírico para explorar asuntos tabúes. De hecho, más que en algún otro caso, los filmes de Landrián funcionan como el inconsciente del cine cubano, del mismo modo que nuestros propios sueños nos permiten conocer aspectos de nosotros mismos que de otra manera permanecerían ocultos. Es apropiado, entonces, que en este homenaje al documental surrealista la principal estrategia de Landrián sea la que el psicoanálisis atribuye al trabajo del sueño: la «escisión» de objetos y afectos en buenos objetos de afección y malos objetos de hostilidad, usando música temática y toda la colección de herramientas de la comunicación audiovisual para conseguir sus fines. Esas técnicas merecen una mirada más profunda.

El muerto delante y la gritería atrás

Reportaje, tercer filme en usar material registrado por Landrián en Oriente durante 1965, documenta un rito revolucionario interpretado en el campo cubano. Antes del inicio, noventa segundos de música discordante sobre los créditos de apertura ubican el tono para que el espectador espere una experiencia dramática tensa y desagradable. La incongruencia entre la partitura dodecafónica y las imágenes pastorales del filme crean una carga surreal poderosa, que sacude la atención del espectador. Esta es una de las formas de asincronía más características de *Reportaje*: el uso de música «anenfática» (música de carácter diferente al de las imágenes en pantalla), en el sentido del contrapunto clásico entre imagen y sonido descrito por Eisenstein (Donnelly 2014: 34). A través del filme, Landrián apalanca esta música discordante y pausas de silencio dramático para crear una sensación de tensión y de aversión hacia los eventos. Sobre esta atmósfera sonora de vanguardia, un grupo de campesinos desfila con un ataúd por un camino polvoriendo, imitando una procesión funeraria. La partitura, que utiliza una flauta penetrante y un piano rasgado con severidad, crea un contraste extremo con el rústico ambiente campestre donde los signos de modernidad apenas son evidentes.

Los sonidos de pasos de marcha sobre el camino son amplificados durante esta secuencia, en una distorsión de los sonidos característica de Landrián[2] –su homenaje a Bresson. La gramática fílmica sugiere que escuchamos el sonido de la acción en pantalla (los manifestantes marchando); pero es esta una de las tantas orientaciones falsas de carácter reflexivo presentes en el filme. Lo escuchado no es el sonido de los pasos reales del grupo. La marcha amplificada es un efecto sonoro de *foley*, adicionado durante la posproducción como efecto onírico[3]. La orquestación del entorno sonoro forma una estra-

---

[2] Esta técnica es utilizada magistralmente en *Taller de Línea y 18* (1971), donde los sonidos de maquinarias son editados para obtener efectos inquietantes.

[3] Bill Toles, diseñador de sonido y artista de *foley*, fue tan amable de analizar la secuencia; un diseñador de sonido, sostiene, puede percibir que el efecto de *foley* fue grabado en una habitación cerrada con tres o cuatro personas caminado sobre gravilla, capturada por un micrófono en posición fija. Según Toles el sonido del grupo numeroso de personas caminando en un espacio abierto mayor debió haber producido un conjunto de sonidos totalmente distinto.

tegia retórica clave en los momentos más impactantes del filme, aquí impuesta sobre las imágenes editadas para sugerir una solemne marcha forzada.

La escenificación es otro de los elementos claves tomados en préstamo del cine de ficción en esta secuencia. De acuerdo con entrevistas, la marcha no estaba planeada como parte de los eventos de ese día, sino que Landrián, quien quería mostrar la masa del pueblo marchando junta, los hizo seguir sus instrucciones (Zayas 2015). Este es uno de los varios momentos en que Landrián lleva a los campesinos a conducirse como actores de un filme de ficción. (Los espectadores contemporáneos, que esperarían excavar el texto documental en pos de evidencia de cómo sentían los campesinos el proceso revolucionario en 1965, podrían encontrarse repentinamente dentro del agujero del conejo, al comprender que todo lo visto y oído hasta ahora es una orquestación: la marcha misma, los efectos de sonido de *foley*, la influencia emocional de la música y las expresiones serias de los campesinos que se encuentran inesperadamente marchando). En esta secuencia inicial, Landrián empuja con tanta fuerza las fronteras entre ficción y documental que sería difícil localizarlas[4].

Los campesinos arriban a un punto de reunión donde se pronuncian fervientes discursos políticos ante retratos de Castro, Martí y Lenin. Mientras, la cámara atrae al espectador hacia un encuentro íntimo, poderosamente subjetivo, en una serie de planos estáticos: los campesinos están mortalmente serios –de pie alrededor, observando con sospecha y aburrimiento la asamblea, en contraste con la apasionada retórica política que parece no conmoverlos en lo más mínimo.

La elección retórica de no mostrar lo que observan (el orador o la fuente de sonido) comunica el absoluto desinterés del director en

---

[4] Esto no sugiere que la representación del desacuerdo político en *Reportaje* es «falsa». Por el contrario, pone de manifiesto que los significados del filme fueron cuidadosamente construidos para enrolar al espectador en la visión del director, y que requiere un escrutinio igualmente cuidadoso.

lo que se dice. Las tomas estáticas de los campesinos, por contraste, producen una inquietante sensación de retrato, la cual persiste en sugerir que el artista ha girado su cámara para mirar con profundidad lo realmente importante: lo individual. Esta secuencia también crea una tensión extrema entre sonido e imagen. Una joven con un crucifijo colgando de la blusa se mueve inquieta ante la mirada penetrante de Landrián, acentuada por un momento largo en completo silencio en que la cámara registra el crucifijo. Los pobladores miran directamente a cámara, inexpresivos. Ubicados contra el sonido distorsionado de los discursos, esas poderosas imágenes declaran la extrema desvinculación de los protagonistas del contexto retórico en que se encuentran. La dislocación entre lo que vemos y escuchamos durante la secuencia saca de balance al espectador, llevándolo hacia un estado de profunda inquietud.

Al yuxtaponer la carga triunfante del discurso oral con las expresiones desinteresadas e inertes de los campesinos, *Reportaje* satiriza la inserción de una compleja ideología política en comunidades como esta. La ominosa partitura musical acentúa una serie de cortes que van y vienen entre los participantes y los retratos de Castro, Martí y Lenin, y pinta la secuencia con una exagerada sensación de amenaza y premonición, como si redujera la Revolución a una voz disminuida desencarnada y a algunas fotografías, sin poseer siquiera presencia humana. A través de esta rigurosa orquestación de signos, *Reportaje* afirma que esas imágenes icónicas, esa retórica, no establecen conexión válida con los curiosos. Los campesinos, sugiere el filme, simplemente la soportan.

En la orquestación de elementos visuales y sonoros, Landrián profundiza su metáfora dicotómica de «nosotros» y «ellos» —la imagen es «nosotros», la gente, con quienes el espectador es conducido a identificarse. En esta secuencia, el sonido es «ellos», la fuerza exterior desencarnada de la Revolución. Tanto la impetuosa e inquietante partitura musical como la voz desencarnada que pronuncia los discursos políticos son equiparadas con la Revolución, y representadas en esta secuencia como intromisiones violentas e indeseables en un ambiente de lo contrario pacífico y bucólico.

K. J. Donnelly ha descrito cómo los lapsos en la sincronía entre sonido e imagen en el cine crean un poderoso efecto inquietante: «la carencia de sincronía entre sonido e imágenes puede ser caracterizada como potencialmente desconcertante para la audiciencia, quizás incluso como los momentos de peligro estético y representacional» (2014: 73). Y, de hecho, a partir de este punto, *Reportaje* luce como una especie de manual de las diversas maneras en que la asincronía puede ser usada para desconcertar a una audiencia.

Escuchamos los aplausos, pero la imagen correspondiente no muestra a ninguno de «nosotros» aplaudiendo. En vez de eso, sólo vemos curiosos contemplando en silencio, sin pestañear. Landrián consigue este efecto insertando con maestría tomas que son a un tiempo asincrónicas (y contradictorias) con el sonido grabado.

La gramática de la comunicación audiovisual dicta nuestra apreciación de que estamos viendo a los participantes escuchar lo que nosotros escuchamos («un sonido que aparece al mismo tiempo que la imagen es a menudo comprendido como un solo evento» [Donnelly 2014: 76]). Pero una cercana revisión revela que los campesinos no están en realidad observando ni escuchando los discursos en los momentos en que son mostrados haciéndolo.

El editor Walter Murch cambió para siempre la manera en que tanto editores como espectadores evalúan secuencias como esta, al enseñarnos a buscar los parpadeos, la reacción humana involuntaria a la cognición, en el instante en que es comprendida una frase sonora como una oración o una ronda de aplausos (Murch 1988: 95). *Reportaje* nos pide que creamos que los campesinos permanecían impasibles ante la retórica política de los discursos, pero además nos exige que ignoremos que los espectadores no están manifestando la reacción física autónoma de seres humanos cuando escuchan la palabra hablada. Sonido e imagen eran grabados por separado durante esta época, por supuesto, pero el cineasta seguía teniendo la opción de mostrar la fuente sonora y/o de sincronizar los planos de reacción a la misma. Aquí no se muestra a nadie aplaudiendo, aunque oímos aplausos; y este contrapunto produce un significado para el espectador.

Tales discontinuidades indican que las imágenes usadas aquí como planos de reacción pueden haber sido filmadas durante el día y luego reordenadas durante la edición para sugerir reacción. Al final, no podemos saber el espectro completo de verdades de ese momento de hace cincuenta años; de quién aplaudió o de cómo se sintieron ante los sucesos. Sólo podemos mirar de cerca el poderoso impacto de la construcción: un plano de reacción donde nadie reacciona. La yuxtaposición sugiere que los actores tienen agencia y escogen mantenerse impasibles, pero ese significado no es revelado a través de un simple acto de observación de los eventos. Es el director quien crea esa percepción a través del magistral uso de la asincronía entre sonido e imagen.

Hay varios momentos donde el filme muestra sus costuras y el director de orquesta nos permite ver intencionalmente los elementos formales del filme para indicar su visión poética. El ensamblaje culmina con los campesinos quemando simbólicamente su ignorancia, cuando prenden fuego al ataúd y a la efigie de «Don Ignorancia». Estos son los únicos momentos del filme en que Landrián nos permite escuchar la charla natural y animada de las voces de la gente, un fragmento sonoro que se extiende a través de dos secuencias visuales. En contraste con el desinterés proyectado en la secuencia de los «discursos», ahora escuchamos y vemos a una multitud de jóvenes alrededor del ataúd, excitados por el llameante final. Landrián no permite al espectador más que un momento para registrar y disfrutar el entusiasmo, no obstante. Impone la ominosa música temática de la Revolución sobre las voces jóvenes, conduciendo la partitura hacia un escalofriante crescendo.

El muerto al hoyo y el vivo al pollo

La impresionante imagen de la efigie ardiente se disuelve suavemente en la secuencia siguiente: repentinamente la tensión se disipa y se nos permite relajarnos en el sonido ambiente de una tarde soleada entre amigos. El cambio de tono ofrece un bienvenido alivio después de la extrema tensión de la secuencia previa. El ritual oficial terminó y los campesinos de repente se ven más «en casa» mientras comienza una fiesta, con sandwiches, música y baile. Presenciamos un ballet de manos; manos preparando sandwiches, manos trasladando sandwiches, manos llevando sandwiches a las bocas, manos sirviendo bebidas, manos tocando instrumentos. Movimiento fácil, familiar, orgánico[5].

Repentinamente, la gente sonríe y la cámara se demora sobre los rostros y cuerpos de los bailarines, que se mueven ligera pero crecientemente fuera de sincronía con el ritmo musical. La cámara se cierra sobre la mirada fija de una joven mujer, al tiempo que la ominosa partitura musical retorna una vez más y destroza cualquier momentánea sensación de seguridad que pudiéramos tener; mientras la secuencia se disuelve en cámara lenta, el cuerpo casi entra en trance. Los dos temas musicales (el de la Revolución y el de la gente) se superponen en disonancia, hasta que el tema de la gente es eclipsado por el de la Revolución; pero todavía el cuerpo de la bailarina se mueve imparable, inquietante, en tiempo del ritmo del changüí. Su mirada, dirigida fijamente a la cámara, parece sugerir: puedes imponer otra cultura encima de esta, pero este ritmo auténtico está en el cuerpo de Cuba; este ritmo, esta música, es la naturaleza de este cuerpo (léase nación), y permanecerá.

Este uso extremo de la asincronía culmina en el momento más perturbador del filme. J. K. Donnelly ha descrito el efecto que la disonancia cognitiva de la asincronía entre imagen y sonido tiene

---

[5] Aquí, de nuevo, la deuda con Bresson resulta llamativa.

sobre el sistema nervioso, provocando ansiedad extrema en el espectador (2014: 11, 84) y consiguiendo un efecto brechtiano alienante. Esto es combinado con el otro aspecto estridente e inesperado de la secuencia: la mirada fija de la danzante sobre la lente de la cámara. Durante el rodaje de esta secuencia, Landrián dirigió a los pobladores como actores –moviéndose en medio del baile con la cámara, gritando «¡Mírame! ¡Mírame a los ojos! ¡No dejes de mirarme!», en la búsqueda de su visión (Reyes 2015)[6]; y al escenificar la acción y luego editarla para crear una tensión extrema entre imagen y sonido, Landrián efectivamente comunica su visión poética de estos acontecimientos. Desde su punto de vista, ambas culturas están fuera de sincronía en todo sentido. Aquí, en la comida, la música y el baile, sugiere, hay una auténtica cultura rural cubana[7]. El recubrimiento revolucionario, tras la revisión cínica de Landrián, es posicionado como un espectáculo peligroso.

Fin... pero no es el fin

Al elaborar los elementos formales a su disposición para crear una lógica de contradicción entre el discurso oficial y la experiencia individual, Landrián provoca además innumerables y duraderas preguntas y contradicciones en el espectador, sin ofrecer una perspectiva de resolución. Ofrece, en cambio, una provocación final en la forma de un texto sobre la pantalla, que describe al reportaje como un género

---

[6] Algunos críticos han sugerido que los bailarines miran con incomodidad en la secuencia debido a la naturaleza performativa del ritual revolucionario, pero podríamos también considerar como motivo la presencia de un extraño enorme, con ojos de loco, corriendo a través del salón de baile con una cámara gritando «¡Mírame a los ojos!».

[7] Aunque esto, también, es una construcción. La música que escuchamos no es la que ejecutan los músicos, sino una grabación hecha en un estudio en otro momento.

informativo de enorme importancia actual. En general, este provee un registro vívido de un evento o realidad que es estudiada y expuesta.

Esa ironía final resiste la conclusión. En *Reportaje*, Landrián trastorna la narrativa oficial de la Revolución, dejándonos poco espacio para sentir otra cosa que la incomodidad que él siente. Las múltiples orquestaciones subjetivas del filme comunican con efectividad su visión; pero también nos niegan la posibilidad de obtener conclusiones alternativas o de ver los eventos por nosotros mismos. Quedamos inseguros de qué habríamos visto de haber estado presentes. Finalmente, como en *Reportaje* Landrián adopta y expone simultáneamente el poder del cine documental para construir la historia, nuestra tarea primaria es observar cuidadosamente tanto la construcción del filme como la manera en que nos proyectamos en él. La dificultad emerge sólo cuando los espectadores aceptan acríticamente la información, como si el filme fuese la evidencia visual inmediata de un momento histórico.

Con la provocación final del texto sobre la pantalla, Landrián dificulta nuestra comprensión de la naturaleza de la evidencia documental misma –sin que quede nada firme o cierto a qué atenernos, excepto la certidumbre de que hay muchas verdades para un momento histórico y muchas maneras de contarla–: «Fin... pero no es el fin».

Bibliografía

Barriga, Susana (2013): Entrevista personal, 5 de julio.
Donnelly, K. J. (2014): *Occult aesthetics: synchronization in sound film.* Oxford: Oxford University Press.
Guerra, Lillian (2012): *Visions of power in Cuba: revolution, redemption and resistance, 1959-1971.* Chapel Hill: University of North Carolina Press.
Guillén Landrián, Nicolás (1966): *Reportaje.* La Habana: ICAIC.
— (1971): *Taller de Línea y 18.* La Habana: ICAIC.
Murch, Walter (1988): *In the blink of an eye: a perspective on film editing.* Los Angeles: Silman-James Press.

PUENTES VALLADARES, Lisandra (2015): «Marcel Beltrán: "El cineasta cubano contemporáneo es como un juglar"»: <http://www.cubacine.cult.cu/articulo/2015/04/24/marcel-beltran-cineasta-cubano-contemporaneo-es-como-un-juglar>.

REYES, D. L. (2010): «Nicolás Guillén Landrián: el iluminado y su sombra». En *La mirada bajo asedio: el documental reflexivo cubano*. Santiago de Cuba: Oriente.

— (2013): Entrevista personal, 5 de julio.

— (2015): «La mirada del otro: el documental surreal de Nicolás Guillén Landrián». Conferencia presentada en LASA International Congress, 28 de mayo.

SHAPIRO, Ann-Louise (1997): «How Real Is the Reality in Documentary Film?: Jill Godmilow, in conversation with Ann-Louise Shapiro». En *History and Theory* 36: 80-101.

ZAYAS, Manuel (2015): Entrevista personal, 16 de febrero.

Guillén Landrián. Fundador de imágenes

Olga García Yero

Guillén Landrián apenas dejó dieciocho documentales, algunos de ellos hoy aparentemente perdidos. A partir de esos textos fílmicos se hace evidente que el artista aspiraba a ser, y lo afirmó en varias entrevistas, un intérprete de la realidad. Su mirada a la realidad no era una más entre otras. Aspiraba a una lectura que ahondara en la realidad cubana, que él no consideraba como simples sucesiones superficiales, sino como un entramado de factores subterráneos y recurrentes. Tal concepción no podía menos que tener las más opuestas –y a veces hostiles– recepciones. Guillén se anticipó a un lenguaje artístico que la cinematografía insular no alcanzaría sino tiempo después. Y no había entonces una crítica cinematográfica capaz de evaluar el cambio que ocurría en la obra de este autor, no sólo por presupuestos de ideología, sino también por una limitación del pensamiento estético. Faltó la capacidad de percepción que reclamaba un creador como Guillén Landrián, por excesivo apego a un enfoque crítico enclavado en las vanguardias clásicas de inicios de siglo.

Como intérprete de la realidad, su mirada se detenía en intersticios difíciles del nuevo mundo cultural que emergía en América Latina, a impulsos de las tendencias creativas de la segunda mitad del siglo xx. Guillén integró saberes y rompió las fronteras establecidas entre campos discursivos. La música escogida para sus textos fílmicos dice mucho de sus vínculos con los artistas relevantes del momento. Con Leo Brower trabajó para sus filmes dedicados a Baracoa. La fotografía de Livio Delgado era una de las mejores de la época y fue otro de sus colaboradores cercanos. La visión guilleniana de la realidad es también una mirada que se traza desde una plasticidad muy peculiar. Suele ignorarse que Guillén fue pintor. Sus obras *no* están en el Museo Nacional de Bellas Artes de La Habana. Están en colecciones privadas o dispersas. Un cuadro suyo de 1988, *Diente de oro* (en Aa.Vv. 2007: 74), impresiona mucho por su conocimiento de las culturas africanas. Se trata de una máscara de una fuerza expresionista, imagen de un hombre que quiere decir a toda costa de dónde viene y cuáles son sus confluencias culturales. El diente de oro es sinónimo en Cuba de marginalidad o, como se decía entonces, «del ambiente». Esa es la misma atmósfera que hay en el documental *Los del baile* (1965), por ejemplo. Ese diente resalta la boca con una mezcla de amargura, tristeza y violencia contenida, una serie de sentimientos encontrados que denotan al hombre que conoce la triste historia de su raza. Guillén debió leer a Depestre y a Fanon tanto como a Stephen Alexis. Por lo demás, superpuesta sobre la frente de ese rostro donde se mezclan el blanco, el rojo, el ocre y el negro, hay una máscara que pudo ser bambara o ashanti, pero que es la memoria palpitante de su pasado cultural.

Guillén trazó imágenes únicas en la cinematografía cubana: mezcló técnicas del cine mudo y del sonoro; insertó imágenes plásticas típicas del *pop* y les dio un carácter cinematográfico, algo aún infrecuente en el cine cubano, marcado todavía por ecos del neorrealismo y fascinado, además, por la obra de Glauber Rocha y su estética de la violencia.

Por otra parte, Guillén empleó de forma excepcional la música y adelantó los primeros *clips* de nuestro cine. Obsesivamente rompió la linealidad del discurso hasta fragmentarlo –con lo que dio el tiro de gracia al espectador pasivo para exigir una participación muy intensa del receptor del filme–; ese gusto por el *tratamiento del detalle* lo aproximó a la perspectiva del neobarroco en ascenso en los sesenta. Omar Calabrese apuntó algo muy válido para comprender a Guillén: «El detalle consiste en la operación de hacer pasar un fenómeno

[...] de la polaridad de lo regular a la de lo excepcional. De hecho, la práctica "detallante" consiste en "poner de relieve", como hecho excepcional, una porción del fenómeno que aparecía, de otra forma, normal» (Calabrese 1987: 95). Ese modo de «cortar» para «resaltar» es factor de gran eficacia en buena parte de los documentales de Guillén; pero se evidencia con fuerza mayor en *Coffea Arábiga* (1968) y en *Desde La Habana, ¡1969! Recordar* (1970). En este último se procede a «cortar» y amplificar la imagen de los vocablos desarticulados de una frase –«El hijo de la madre Naturaleza», «The mother Nature's son», en ambos idiomas–, que se entremezclan con detalles de fotogramas igualmente cortados de sus secuencias –explosión de una bomba atómica, escenas de cadáveres en campos de concentración, mientras una voz en *off* anuncia la llegada del hombre a la Luna; en otros momentos se superponen una canción *pop* y la voz de un locutor radial–. Ocasionalmente, la obsesión del detalle lo impulsa a presentar una imagen no ya de palabras, sino de *signos de puntuación*, cuya disposición geométrica introduce un cierto relumbre de *op art*. Esto conduce a un efecto de *excepcionalidad*, típico del neobarroco (Calabrese 1987: 96) y su propia configuración obliga al espectador a renunciar a la percepción cotidiana de la imagen. La catarata de detalles diversos y aparentemente inconexos obliga al receptor a *participar*, a colaborar en una recomposición del mundo audiovisual, cuya diversidad dinámica –por llevar violentamente de un ámbito a otro, de la guerra al folclor, de la información política a la vida cotidiana en la calle– impulsa a la percepción a llegar a una conclusión propia sobre el sinfín de matices de la humanidad. Hay momentos de este documental en que se trabaja con una voluntaria difuminación de los perfiles, lo que Calabrese ha llamado «el placer de la imprecisión» (1987: 170 y ss.), una característica vital del neobarroco. Así, por ejemplo, la vaguedad de las figuras tomadas en el proceso –agotador– de cortar caña de azúcar, bajo un solo que amanece en marcada imprecisión; imágenes que son inmediatamente sucedidas por el violento claroscuro de rostros populares, mitad en sombra, mitad bajo una luz tropical. Al tiempo que la imagen tiende a trabajarse desde una estética del detalle –amplificación y excepcionalidad–, la banda sonora aparece en términos de una *estética del fragmento*, donde lo que interesa es la *ruptura*, la mutilación del texto auditivo general e incluso del contexto para el cual estaba destinado el sonido, que ha perdido sus límites originales, y que aparece, como señala Calabrese, «interrumpido»: «No posee una línea neta de confín, sino más bien lo accidentado de una costa» (1987: 89). Esta es otra y fundamental característica neobarroca en Guillén y habría que contrastarla con una imagen socializada y divulgada de una integridad absoluta de la cultura insular. Este habría de ser, quizás, uno de los factores que influyeron en que su obra hubiese sido tan rechazada en su momento en el ICAIC.

Con Guillén, pues, se asistía al nacimiento de un nuevo lenguaje artístico. Es por eso de tanto interés lo que anota el cineasta Jorge Luis Sánchez acerca de aquellos años fundacionales y la inclusión de Guillén en ellos:

> El ICAIC empieza a producir documentales [...] debutan cuatro futuros importantes directores como Oscar L. Valdés, Sara Gómez, Bernabé Hernández, y uno que llegaría a ser fundamental: Nicolás Guillén Landrián, quienes jugarían a hacer documentales con bajos presupuestos [...]. Ahí es donde empieza una mirada desde el cine hacia las zonas urbanas vinculadas con la cultura popular de este país. [...] Por tanto, no tienen antecedentes el que Sara Gómez se asome a un solar habanero, ni el que Nicolás explore a los congós reales, ni el que Bernabé filme un espectáculo teatral que protagonizan los abakuás. (2010: 114)

Mirar la realidad no era un sencillo acto epidérmico en Guillén, sino que significaba descubrirla a través de incisiones profundas que podían llegar a ser molestas. Al hacerlo, Guillén devela, por ejemplo, el dilema de los hombres y mujeres de *Taller de Línea y 18* (1971).

La obra de Guillén pone en evidencia algunos rumbos del cine cubano de los sesenta; es decir, da testimonio de ciertas constantes.

Al mirar un texto como *Los del baile* es imposible no pensar en *PM* (1961), de Sabá Cabrera Infante y Orlando Jiménez Leal: hay una continuidad implícita, una mirada cómplice que incita a la búsqueda de conexiones entre uno y otro documental. Pero lo que hace a *Los del baile* muy superior a *PM* es que en el primero las personas miran hacia la cámara, mientras que en *PM* la cámara sigue subrepticiamente los pasos y los gestos de las gentes. Eso era una auténtica transgresión, sobre todo por la polémica que había desatado *PM*. En *Los del baile* de Guillén no se focalizan específicamente los bares de La Habana nocturna, marcados por el Chori, emblemático percusionista y cantante, sino que se presta atención particular a los bailadores que asisten a los jardines de La Tropical. Es como si la historia–desde *PM*– se repitiese en algunas de sus aristas. Las parejas bailan y sonríen a la cámara. El negro cubano predomina en esta masa humana. Ni en estas escenas filmadas por Guillén ni en las registradas por Sabá Cabrera Infante y Orlando Jiménez podrían distinguirse los oficios. ¿Portuarios? ¿Estibadores? ¿Simplemente marginales? Es obvio que se trata de personas de humilde extracción social. ¿A quienes pertenecen esos rostros, esos cuerpos que se mueven frenéticamente al ritmo de tambores y trompetas? No importa la apariencia directa de las imágenes, sino su dimensión profunda. Ambos textos revelan una mirada hondamente cubana, dirigida sobre perfiles de la idiosincrasia esencial de lo popular nacional. No deja de percibirse en esto un eco muy difuminado de ciertos modos de mirar –y de percibir en lo afectivo y en lo conceptual– que estaban gestándose en la época –los difíciles años sesenta–. Lo cierto es que estos documentales no pueden ser hoy encarados sino como lo que son: obras de arte de acabada proyección y estatura. Paradójicamente, esta obra entonces silenciada resulta una fuente de diálogo intenso para la contemporaneidad, desde su discurso total hasta la mínima unidad de sentido. Ninguno de ellos expresa una gramática visual cerrada y unipolar. En esta estructura de cabal *opera aperta* reside su riqueza y su permanente invitación a una lectura dialogante.

En *Retornar a Baracoa*, de 1965, el artista alcanzó matices y fuerzas de altura fundamental. A instancias de su amigo, el danés Christensen, decide irse a otro tipo de espacio que no fuera La Habana. Esa es la razón por la cual marcha a Baracoa. Allí crea un mundo alucinante de imágenes, acciones, palabras y silencio. Ya antes había filmado *Ociel del Toa*, también en el mismo año; por eso *Retornar a Baracoa* resulta una profundización de mayor calibre, tanto en lo conceptual como en lo artístico integral. Al retomar el ámbito remoto de la Ciudad Primada de Cuba, descubre espacios humanos extraordinarios. Le interesa sobre todo el hombre en su entorno público y privado, y lo observa en una interrelación muy sutil, que no siempre tiene que ver con las palabras, ni siquiera con las acciones en su sentido lato, sino en el encuadre del ser, de lo cual deriva una percepción particular de la soledad esencial, de la esperanza y la desesperanza. Por eso la fotografía con frecuencia busca develar relaciones subterráneas y distorsionadas –otro factor neobarroco en su obra (Calabrese 1987: 160 y ss.)– entre seres, objetos y miserias de todo tipo: así se alcanzan dimensiones extraordinarias, en particular en la construcción de la imagen fotográfica, en la relación entre la peculiar banda sonora y la figura humana, y en los silencios. El mensaje en Guillén se realiza no sólo como palabra fónica, sino, sobre todo, como imagen gráfica, cargada de una resonancia semántica en la cual la connotación, la invitación al espectador a que colabore en la creación del texto lingüístico a partir de la imagen fílmica, resulta de una intensidad devoradora.

Las figuras humanas en la obra de Guillén son gentes sencillas, hechas en la dureza del trabajo: rostros duros y marcados prematuramente por la adustez del espacio en que habitan. En esa tosquedad se encierra una poesía única por su autenticidad, que nace de un dolor de siglos y que se manifiesta a través de imágenes fragmentarias del cuerpo, incluso en ese brazo del obrero que cuelga de la ventanilla de un camión y se mueve al vaivén del difícil camino en *Retornar a Baracoa*. Se trata de una poesía que está en los rostros estáticos que parecen mirar con asombro al cielo, rostros que esperan y miradas que se pierden en un espacio que nunca se llega a delimitar. Donde esa poesía alcanza ribetes nunca antes vistos en el cine cubano, ni entonces ni después, es en esa superposición de rostros de mujer y la Virgen Dolorosa en una procesión del Viernes Santo en la villa primada de Baracoa.

Guillén deja en esas imágenes un documento que consiste en una visión antropológica de la sociedad cubana. Aquí no hay nada premeditado: es el hombre que con la cámara registra las partes más sensibles de un mundo aparentemente monolítico. Su cámara se convirtió en una suerte de sismógrafo capaz de percibir la intensidad de los más ocultos movimientos objetuales. Así, crea una fragmentación de realidades –hoy podría decirse, sin riesgo de error, que se trata de una visión de fractales– que se tocan unas con otras para lograr una orquestación argumental. Por ejemplo, la imagen del niño que construye barcos para salir de Baracoa como su padre, que parece enfrascado en la construcción interminable de un barco. Sólo que esos barcos, como los que construye el padre, nunca podrán navegar. Las imágenes vuelven a repetirse cuando, al parecer, toda narración ha terminado: la difícil cotidianidad vuelve a iniciarse, en círculos que tienden a dejar la incógnita de si se cierran sobre sí mismos o no.

La pantalla negra, la voz en *off*, las voces y ruidos que se mezclan, todo eso crea una atmósfera peculiar, como frases que parecen jugar con la mejor tradición del cine mudo. Así se lee: «Baracoa tiene una nueva fábrica de chocolate», o «El puerto y un niño». Más que títulos de cine mudo, sin embargo, son integración de mensaje lingüístico a una obra que, en lo más esencial, presenta visos de arte conceptual. De aquí ese otro cartel, «¡OIGA!», que hace que el espectador atienda más allá de la pantalla. Todo esto creaba un lenguaje muy personal que requería también de un nuevo tipo de público.

El detallismo y la fragmentación vuelven a aparecer en el cuerpo de *En un barrio viejo* (1963). Esta manera de asumir la ciudad es recurrente en su obra. La ciudad es múltiple en imágenes y en posibilidad de ardides para el artista. A él no le interesa la totalidad como tema, sino la segmentación como objeto del arte; de aquí la recurrencia –por intensidad, no por exceso cuantitativo– de la imagen escorzada de esquinas callejeras, cafeterías, calles u otros espacios públicos. A Guillén le importa mostrar una ciudad que parece mirarse a sí misma a través de sus hombres y mujeres. Por eso, *En un barrio viejo* se adentra en esas calles que quedan truncas; pero a través de esa desmembración transita toda una inquietante geografía humana. Este hombre hace poesía de la gente sin historia, sin aparente protagonismo. La belleza de sus imágenes estriba en la fealdad que es capaz de develar. Paredes sucias, agrietadas, gente común en pleno ajetreo cotidiano y carente de afeites constituyen sus principales objetivos. Con esta concepción de su realidad logra no sólo crear, sino mostrar también una atmósfera que toca la dura cotidianidad sociológica del cubano.

Él relaciona todos esos seres y escorzos de sus cuerpos, en un mismo espacio, un balcón, hasta encontrar una relativa linealidad discursiva. Sugiere, pues, una narración mediante sólo un balcón y una sucesión de imágenes de individuos: viejos, jóvenes, no importa: todos parecen mirar el paso del tiempo. ¿De qué tiempo? ¿Qué se esconde realmente detrás de la melancolía de algunas de esas caras? ¿Qué hay detrás de esas posturas? ¿Humildad? ¿Prepotencia? ¿Burla? ¿A quiénes se enfrentan ellos? Todo esto queda como abierta sugerencia e incitación al espectador. La cafetera a la que vuelve una y otra vez, no sólo en este texto, sino también en otros, ¿no se convierte entonces en una cita? Es difícil no pensarlo, dado que Guillén fue también un pintor de gran magnetismo y sugerencia plástica. Esa cafetera, *Leitmotiv* en sus documentales, ¿podría ser acaso un homenaje a Ángel Acosta León? ¿Es un emblema de la cubanía?

Otro factor muy presente en su filmografía es el abigarramiento antropológico, donde confluyen el negro, el blanco, el chino –esa tríada étnica que para Severo Sarduy constituía el eje esencial de lo cubano–, así como la fiesta de santería donde se mezcla y estremece la sociedad cubana en diversos estratos. Y luego, la ironía dirigida a un espectador asumido como cómplice, cuando aparece el letrero en la pantalla: «Fin pero no es el fin». Se diría que era un símbolo; propuesta documentalista de Guillén era sólo el comienzo de un difícil camino para un nuevo lenguaje cinematográfico en la isla. Un cineasta de la talla de Humberto Solás confesó en un momento dado que «Guillén Landrián había inventado el documental en Cuba» (en Sánchez 2010: 123). No le falta razón a Humberto Solás, sobre todo si se piensa en las ideas de John Grierson en relación con este género cinematográfico y se relaciona con la obra de Guillén:

> El documental realista, con sus calles y ciudades y suburbios pobres, y mercados, y comercios y fábricas, ha asumido para sí mismo la tarea de hacer poesía donde ningún poeta entró antes y donde las finalidades suficientes para los propósitos del arte no son fácilmente observadas. Eso requiere no sólo gusto, sino también inspiración, lo que supone decir, por cierto, un esfuerzo creativo laborioso, profundo en su visión y simpatía. (Grierson 2008: 45)

Coffea Arábiga (1968) ha sido uno de sus textos más controvertidos. El café era el pretexto para entrar en diversos avatares de la nación cubana. No es casual que el documental comience con una voz en *off* y las olas que se rompen en los arrecifes para entrar en una historia que tiene tras de sí mucho de dolor y sangre. Años después, Fernando Pérez hará algo similar al cerrar *Suite Habana* (2003) y su visión de una multiplicidad desgarrante de lo humano. Por eso, las enfermedades de la planta del café se le asemejan a las enfermedades humanas y sociales. La locura, la prostitución, el terrorismo: todos son males que llevan a la muerte del ser, la enajenación y la destrucción total. Los rostros parecen esconderse detrás de las máscaras. Los objetos, en ocasiones, no se perciben y parecen disolverse en su propio significado. Es una neblina apenas lo que puede captarse y es preciso desentrañar lo que hay allí. Se fragua un lenguaje neobarroco en la deshilvanación del discurso, en la magnificación sensorial de ángulos y escorzos. Se anuncia la emergencia de la sensibilidad neobarroca –tan ligada a la posmodernidad– desde estos textos cinematográficos, como ya lo habían hecho desde sus propias escrituras José Lezama Lima y Alejo Carpentier. La historia vuelve a encontrarse a sí misma, en su cultura y su anclaje telúrico. Y todo esto marca la orientación de Guillén hacia la posmodernidad.

Desde La Habana, ¡1969! Recordar (1970), el director había marcado su mayoría de edad como creador. La posmodernidad, y no sólo en su forma neobarroca, parece asomarse en este documental. Allí están la cita, el pastiche, la ironía, el *collage*, el humor, junto con la mirada aguda hacia una realidad convulsa donde las historias parecen repetirse en una especie de laberinto[1]. Es evidente el aparente didactismo como un recurso que lo acompaña en casi todo lo que hace; pero se trata de un recurso irónico y el tono didáctico no se ejerce sobre lo que *debe ser*, sino en contraposición con lo que *no*. Las imágenes son de un mundo en destrucción. La llegada a la Luna de los primeros astronautas norteamericanos a las 3.05 pm. Ese mismo día y a la misma hora morían niños en Vietnam. Pero también atropellan a manifestantes negros en Estados Unidos. Es también el mismo día y la misma hora en que una cubana quiere ser modelo, pero lo que le advierte un letrero es: «Estate quieta». Mientras, los nombres y los años se suceden. Las imágenes se recomponen en discursos que parecen repetirse. El autor ha logrado una visión minimalista del contexto, que aparece reducido al mínimo de detalles, en contraposición con la minuciosidad del neorrealismo, obsesionado por captar la vida en su sentido más pobre y crudo. Las voces, la música, los fragmentos de un filme como *Memorias del subdesarrollo* (1968) son citados una y otra vez. Las calles son simples espacios abiertos por donde transitan hombres que no sonríen. Todo esto se vuelve como un grito ensordecedor que sale de la pantalla y se adueña de los espectadores, como nervio de una época. La música vuelve a tener aquí

---

[1] Sobre el laberinto neobarroco, véase Calabrese 1987: 146 y ss.

un papel esencial, en el desorden neobarroco de viejas melodías que se mezclan con otras sonoridades nuevas. Y todo vuelve a comenzar, pero no igual, porque ahora las voces se superponen y se convierten en un raro *collage*. Y una y otra vez se repite aquella frase: «Todo el mundo tiene algo que esconder menos yo y mi mono», que recorre todo el documental. Los juegos con las letras también son significativas, la formación de pequeñas sílabas que parecen diseñar un gran cuadro *op art*. Detrás de esa aparente fragmentación, el espectador tiene que «ordenar» sus imágenes y conformar su propio discurso. Guillén ha construido sus propios signos, que repetirá en ocasiones en algunos de sus textos. Es una suerte de juego con el receptor. Y esto lo acerca al siguiente juicio de Pasolini en relación con el vínculo entre la poesía y el cine:

> Pero entonces hay que añadir inmediatamente que el destinatario del producto cinematográfico está también acostumbrado a «leer» visivamente la realidad, es decir, a tener un coloquio instrumental con la realidad que lo rodea en cuanto ambiente de una colectividad: que se expresa fundamentalmente con la pura y simple presencia óptica de sus actos y costumbres. El caminar solos por la calle, incluso con algodón en las orejas, es un continuo coloquio entre nosotros y el ambiente que se expresa a través de las imágenes que lo componen: fisonomías de la gente que circula, sus gestos, sus expresiones, sus acciones, sus silencios, sus muecas, sus actitudes, sus reacciones colectivas [grupos de gente detenida frente a los semáforos, multitudes en torno a un accidente de tráfico o en torno a la mujer-pez en Porto Capuana], indicaciones de discos de circulación en sentido antihorario, y en definitiva objetos y cosas que se presentan cargados de significados y, por consiguiente, «hablan» brutalmente con su mera presencia. (2008: 69)

Otras obras vendrán después, como *Taller de Línea y 18* en el propio año 1971, donde el maquinismo, el *minimal*, las imágenes *pop* llegan a convertirse en recursos de expresión que conforman su lenguaje. Es un documental en el que pueden encontrarse ciertas concordancias –no tanto como influencias, sino como consonancias epocales, de sensibilidad, de percepción crítica, de reflexión tanto social como artística– con lo que después haría Sara Gómez, la única cineasta que puede situarse dentro de la misma cuerda cuestionadora e irreverente de la realidad de Guillén Landrián. En este nuevo documental, el retrato humano toca hondo. El obrero es visto en una sutil diversidad. El juego óptico con la palabra «ES TRUC TU RA» –de nuevo el detallismo neobarroco– obliga a preguntarse qué es. El ruido de fondo se convierte en parte de una banda sonora muy peculiar, vinculada de modo directo con diversas connotaciones: la estructura se revela paradójicamente como desarticulación, y está sumergida en sonidos que subrayan este sentido ominoso.

Guillén le abrió las puertas del cine cubano a la posmodernidad, y en particular en su vertiente neobarroca, cuando esta nueva tendencia creativa y conceptual no era ni siquiera soñada por los cineastas de la isla, si bien los escritores ya comenzaban a acogerla. Y lo hizo desde la factura más creativa; es decir, desde la creación de su propio lenguaje visual, de una lógica de la escritura visual que rompía con los paradigmas existentes hasta el momento en el país, donde el neorrealismo sobrevivía como en un bastión. Guillén subvirtió la realidad y la utilizó a su antojo. Creó nuevos códigos y se construyó su propio mundo alucinante.

Estoy segura, como en algún momento ha señalado el director Fernando Pérez, de que este hombre fue un cineasta visionario. A través de su lenguaje reformulado hacia un dinamismo intenso vuelve a dialogar con nosotros.

BIBLIOGRAFÍA

AA.VV. (2007): *Important Cuban Artworks, volume five.* Miami;: Cernuda Arte.

CABRERA INFANTE, Sabá & JIMÉNEZ LEAL, Orlando (1961): *PM.* La Habana: ICAIC.

CALABRESE, Omar (1987): *La era neobarroca*. Madrid: Cátedra.
GRIERSON, John (2008): «Principios del documental». En Soberón Torchia, Edgar (ed.): *33 ensayos de cine*. San Antonio de los Baños: EICTV.
PASOLINI, Pier Paolo (2008): «Cine de poesía». En Soberón Torchia, Edgar (ed.): *33 ensayos de cine*. San Antonio de los Baños: EICTV.
SÁNCHEZ, Jorge Luis (2010): «Movimiento cubano de cine documental: despeje, ruptura, meseta, discordancia y reciclaje». En *Conquistando la utopía. El ICAIC y la revolución 50 años después*. La Habana: ICAIC.

Filmar con Guillén Landrián
Entrevista a Livio Delgado[1]

Julio Ramos: *¿Cuándo viste a Nicolás Guillén Landrián por última vez?*

Livio Delgado: Debe haber sido en 1989. Un día fui al aeropuerto de La Habana a buscar a mi mujer al aeropuerto y lo vi. Lo vi en la puerta de casualidad, le pregunté qué hacía ahí, y me dijo que se iba para Miami. Me dio una tristeza enorme, porque no debió irse de Cuba en aquel estado.

JR: *¿Cuándo se conocieron?*

LD: En el año 61, cuando empecé en el ICAIC. Nicolás era un *hippie* adelantado, era un hombre totalmente distinto a todo el mundo. Era un bandido cineasta o un cineasta bandido, porque si le prestabas dinero más nunca lo veías (risas). Era un negro de una voz muy fuerte, de una intuición extraordinaria para el cine, natural. Desde el primer momento se vio que tenía una firma, un estilo, que es la base; si eso no está, no hay nada. Él editaba con la peor editora, la editora no hacía nada, él decidía todo. Nicolás, con aquella intuición fabulosa, tenía una facilidad enorme para que la gente lo aceptara, tenía una risa muy buena y casi siempre andaba con un trajecito todo arrugado y unas sandalias hechas de goma de automóvil que usaban los vietnamitas, que después se popularizaron mucho, pero eso en el

---

[1] Esta entrevista con Livio Delgado, camarógrafo de Guillén Landrián en cinco de sus primeros documentales (*En un barrio viejo, Ociel del Toa, Retornar a Baracoa, Reportaje* y *El Morro* –del cual al parecer no existen copias–) fue realizada en La Habana el 12 de junio de 2012 por Julio Ramos. Se publicó anteriormente en *laFuga* 15 (< http://www.lafuga.cl/filmar-con-guillen-landrian-entrevista-a-livio-delgado/663>).

año 63-64 era inaudito. Por ejemplo, un momento inolvidable fue cuando íbamos por la Habana Vieja haciendo el primer documental que se llamó *En un barrio viejo* (1963).

JR: *Sería una de las primeras películas que filmaste en el ICAIC...*

LD: Yo hice tres documentales educacionales primero, de temas dificilísimos como inseminación artificial de las vacas. En el ICAIC había una idea genial: los viernes citaban obligatoriamente a directores, fotógrafos, editores y productores para ver todo lo que salía, y todo el mundo opinaba, realmente había una libertad extraordinaria, aunque muchos documentales se guardaron y nunca fueron exhibidos porque no tenían la calidad requerida. Cuando se expuso *En un barrio viejo* tuvo un impacto muy grande porque era un documental muy redondito, a pesar de ser sencillo en cuanto a su realización pues se hizo con cámara en mano caminando por la ciudad durante tres días, muy libre.

JR: *¿Filmaron en 16 mm?*
LD: No, en 35 mm.

JR: *¿Cámara en mano?*

LD: Sí, pero una cámara pequeña. Ese documental tuvo su impacto, porque Julio García Espinosa, el Vicepresidente del ICAIC, quien tenía mucho conocimiento porque había estudiado en Cinecittà un tiempo, sabía ir empujando al que poseía talento y aguantando al que no mostraba. Muchos se fueron... De ahí botaban con mucha facilidad, porque había un contrato de seis meses y a los seis meses se cerraba el contrato de quienes no mostraban ese talento en ciernes. Cuando se acabó el documental, Julio le dijo a Nicolás: «Negro, esto es precioso». Había entonces una relación de amistad muy fuerte con Julio.

JR: *¿Nicolás mantuvo esa amistad con García Espinosa?*

LD: Sí. Porque Alfredo Guevara, el director del ICAIC, era otro personaje, era el *Shogun*, había un respeto enorme hacia él, era un hombre muy seco y Julio era lo contrario. Era el binomio exacto: uno era el poder y la ley, y el otro era muy popular, nosotros le decíamos el rumbero del teatro. Con ese documental de Nicolasito, Julio me descubrió, recuerdo que se viró y preguntó quién lo había hecho…

JR: *¿Qué edad tenías cuando filmaron En un barrio viejo?*

LD: Eso fue en el año 62, 63, tenía 23 años. Después un día Nicolás se aparece con un periódico de unos balseros en el Toa y fuimos allá con un productor para conocer la zona y el alojamiento.

JR: *¿Qué les captó de aquella noticia sobre la vida campesina?*

LD: Primero, el Toa es un río precioso. Cuando está la seca, tiene las chorreras; luego, en época de lluvia, no se puede pasar. Fuimos allá y descubrimos al que estaba en el periódico, Ociel, un muchacho de 16 años, y entramos con las canoas aquellas y a dormir en casa de los campesinos y, por supuesto, nos enamoramos ferozmente.

JR: *¿Tuvieron desde el principio el apoyo del ICAIC?*

LD: Claro que sí. Nosotros todos estábamos convencidos de que estábamos haciendo el mejor cine del mundo porque era el inicio de la Revolución, era la esperanza total, estábamos convencidos de que teníamos que hacer el cine mejor, y lo podíamos hacer, porque gozábamos del privilegio de tener una industria detrás, con todo, con un equipo de iluminación enorme, con cámaras y con una apertura artística formidable.

JR: *¿Qué relación tuvieron con los campesinos del Toa? ¿Fueron receptivos a la llegada de un equipo de filmación que venía de La Habana?*

LD: Después regresamos ya con cámara y trabajábamos como yo creo que se tiene que trabajar un documental, viviendo en casa de los campesinos, el productor venía con la cayuca llena de puerco asado, arroz. Y el día que no teníamos ganas, no teníamos ganas, y el día que por la noche queríamos dar una fiesta, dábamos una fiesta en casa de Tomás… y así, trabajamos con ese sentido, que creo es el que debe ser, ese sentido de aventura que se tiene producto también de la edad. Yo ahí dije una frase que se quedó, «Esto es como jugar a las casitas cuando niño, pero carísimo», porque tienes detrás una industria.

JR: *¿En qué consistía el equipo de trabajo, qué otros técnicos lo formaban?*

LD: Había un productor, un asistente de producción, Nicolás, yo, el asistente de cámara, un sonidista y un *utility*, un hombre al que siempre levábamos, se llamaba Napoleón Chávez. Siempre estaba haciendo fotos para venderlas, para buscar dinero. No era fotógrafo, era un hombre que, por suerte, tenía esa camarita y se dedicaba a hacer fotos de boda. Yo no tenía cámara fotográfica, no tenía salario para comprar una.

JR: *¿Cómo era Nicolás como director, había un buen diálogo entre ustedes?*

LD: Muy espontáneo. Recuerdo que *En un barrio viejo*, yo andaba con la cámara en la mano y él me indicaba en el mismo instante lo que quería que filmara; por ejemplo, recuerdo la escena del anciano que la sugirió en el momento en que estaba pasando.

JR: *Bellísimo ese plano largo, el de la carretilla, muy lento.*

LD: Él fue el primero que puso gente estática frente a las paredes.

JR: *Quería preguntarte sobre esto, hay una tendencia en el trabajo de cámara de aquellos años a la foto fija. ¿Cómo interpretas eso hoy, qué sentido tenía en aquel momento?*

LD: Es un homenaje al individuo, que no tiene que estar en sus labores, está parado ahí, estático, mirando a cámara, esto no se usaba. Nicolás cambió mucho el lenguaje del cine. Las primeras veces que se vio eso había gente que lo criticaba. Se cuestionaba qué hacían aquellas personas mirando a cámara, y Nicolás decía: «Porque están mirando a cámara, cuál es el problema, señores, quítense toda esa mierda de la cabeza, sean ustedes mismos, que es la base fundamental de todo».

Niños devuelven la mirada *En un barrio viejo* (1963).

JR: *Esos planos me recuerdan los debates (europeos) de los años cincuenta contra el artificio del montaje, discusiones en que surge la idea de que el plano sin cortes es capaz de captar lo maravilloso de la realidad sin necesidad de gran pirotecnia. ¿Cómo ocurre eso? Me refiero, por ejemplo, al plano continuo del cruce del río con que abre* Ociel del Toa *(1965).*

LD: Creo que ocurre cuando son generalidades extraordinarias. No te puedo decir por qué está encuadrado así. En ficción puedo explicarte más dónde va la cámara, pero cuando tú estás con un documental, el emplane es automático, el ritmo de la cámara es automático.

JR: *Es curioso, porque estás sugiriendo que en el documental el elemento poético es más fuerte que en la ficción.*

LD: Sí, para mí una de las obras más grandes que existe es *Nanuk, el esquimal* (1922). Tiene una magia extraordinaria y no tiene nada, pero es el enorme respeto que tú ves en el director y el enorme amor a los que viven ahí. En ese documental no hay malabarismo, no hay encuadres espectaculares a propósito, no hay luz espectacular, pero tú aprendes de esa gente y los acabas admirando. El director estuvo meses filmando eso y todo eso le influyó, y por suerte hizo una cosa tan sencilla. Si lo trasladamos a los documentales de Guillén Landrián... fíjate, ¿quién habla en *Ociel?*, en *En un barrio viejo* todavía menos, pues es casi silente... no le hacía falta, porque entre menos es mejor. Es que cuando tú filmas con amor, eso se refleja en pantalla. Se percibe el respeto y la admiración hacia esa gente. El viejito que viene a pedir limosna en el documental *En un barrio viejo* está filmado con amor, no hay crítica. Todo tiene un sentido de amor, de cubanía, de respeto al cubano, la crítica se puede hacer también así, es más difícil pero se puede hacer así.

JR: *En el caso de* En un barrio viejo, *e incluso de* Ociel del Toa, *parece haber una relación con ciertos movimientos, con cierta técnica formal, por ejemplo, de un naturalismo estilizado y del* cinema vérité.

LD: Es muy fácil de entender. El ICAIC años después funda la Cinemateca, su director era Héctor García Mesa, que era un hombre culto, inteligente, maravilloso, que hizo unas relaciones en Europa enormes y que tenía el privilegio con veinte y tantos años de ver el cine que no veíamos porque aquí lo que se veía era cine americano, mexicano y argentino. Hasta la década del sesenta el cine americano era de horror, y por suerte en esa década empezó a entrar toda la nueva ola francesa, todo el neorrealismo, que es básico, Bergman, Kurosawa, y empezó a entrar el cine soviético que, como tú sabes, era una maravilla. Yo recuerdo el impacto, cuando vimos la copia doblada al checo, pero con subtítulos en inglés, de *Citizen Kane* (1941).

JR: *Cuéntanos un poco de* El Morro *(1963), la tercera película que filmaste con Guillén Landrián. Que yo sepa no se ha vuelto a ver.*

LD: Es un documental muy sencillo. Tú tenías una meta, había que hacer películas, documentales, no podías estar seis meses sin trabajar. Ya Nicolás estaba atrasado en eso, y me propuso hacer un documental en el Morro porque es un lugar muy plástico. Entonces, Nestor Almendros se apareció ahí. Yo no había hablado nunca con Almendros y él no me conocía. Y entonces hicieron el famoso plano que hacía años que no veía, y tiene una cosa interesante que a mí se me había olvidado, que es la manera de vestir del negro cubano en esa época, que iba elegantísimo a esos lugares.

JR: *Guillen Landrián decía que* Los del baile *(1965) había sido la inspiración de la introducción de* Memorias del subdesarrollo *(1968), con Pello el Afrokán también, y hay momentos incluso en* En un barrio viejo *alternativos a* PM *(1961), o sea, a la investigación fílmica de una Habana de antes. ¿No discutieron ustedes la relación entre* PM *y lo que ustedes estaban haciendo?*

LD: No sé de *Los del baile* (1965).

JR: *¿No habían visto* PM*? ¿No tuvo ninguna presencia* PM *en las discusiones del ICAIC?*

LD: La película no dice nada. Yo creo que la respuesta de Fidel fue la manera de deshacerse de gente que ya estaba queriendo hacer cosas en contra de la Revolución.

JR: *Después del primer internamiento de Guillén Landrián en Isla de Pinos en 1965, cuando Guillén Landrián regresa y hace* Coffea Arábiga *(1968), cambia el estilo de la cámara, y se intensifica el montaje. Parece haber un cambio muy notable entre la trilogía de Ociel y lo que ocurre después del 66-67.*

LD: Nicolás empezó a volverse loco, estuvo ingresado.

JR: *¿Tú llegaste a percibir su locura en Baracoa cuando filmaban* Ociel*, es decir, antes del internamiento en Isla de Pinos?*

LD: No, en Baracoa no, fue después que la gente comentaba que Nicolás se estaba volviendo loco, porque antes, a pesar de sus actos singulares, él tenía control hasta un punto, pero un día empezó a hacer cosas inauditas. Un día llegó al ICAIC con una lata de aceite vacía y me dijo que la guardara, que era importante. Después me enteré que estaba en el Hospital Psiquiátrico y lo fui a ver. Él estaba acostado, lo despertaron, se sentó y me dijo: «Tú sabes que uno de hacerse el loco, se vuelve loco». Tenía conciencia. Hablé con el siquiatra y me dijo que no había solución, tenía esquizofrenia.

JR: *Se ha creado este mito de una figura deambulante.*

LD: En los últimos tiempos estaba muy deteriorado físicamente, muy descuidado en la ropa. Estaba enfermo mentalmente, y es una desgracia porque era el único que tenía en esa época un sello, él y Bernabé Hernández, que no hizo tanto como Nicolás, pero también tenía un sello.

JR: *Los otros directores contemporáneos, sobre todo Santiago Álvarez y Sara Gómez, ¿cómo lo veían?*

LD: Sara Gómez era muy amiga de Nicolás, era una mujer de carácter fuerte, tenía su estilo también y tenía unas discusiones muy fuertes en el ICAIC.

JR: *¿Nicolás también?*

LD: Nicolás tenía las agallas de hacer exactamente lo que quería y después discutir. A *Coffea Arábiga* tuvo que quitarle algunas cosas porque lo llevó a unos planos enormes y Alfredo le pidió que para no buscarnos problemas quitara esto y aquello. El ICAIC era un oasis, había otra sección de la cultura que estaba en la locura del realismo socialista que Alfredo no quería de ninguna manera. Y en su momento, hubo problemas entre jefes políticos y Alfredo Guevara porque Alfredo estaba muy suelto en el sentido estético, pero Alfredo era una fortaleza porque era un hombre súper brillante, con unas agallas enormes y con claridad de qué cosas hay que hacer.

Cuando tú tienes creadores con personalidades muy fuertes, tienes que ser así. Nosotros teníamos el privilegio de tener una industria detrás apoyándonos, lo que es una maravilla descomunal. A mí luego me dieron las herramientas que necesitaba para *Cecilia* (1981), para *Un hombre de éxito* (1986), para *El siglo de las luces* (1991), filmada en Yalta, en Francia, y en La Habana, costosa producción, doce millones de dólares franceses, al ICAIC le pagaron por nosotros. Es interesante, porque yo tenía un salario de 370 pesos y me dijeron que habían pagado más de cincuenta mil dólares por mí, de los cuales no vi ninguno. También te compensa que tienes una industria detrás y la prerrogativa de hacer *El siglo de las luces*, con Humberto Solás, es impagable. Ya al final fue una maldición porque Humberto estuvo diez años sin filmar y a mí se me acabó la carrera.

JR: *¿Por qué acabó tu carrera?*
LD: Hay directores que no les gusta que otros sobresalgan, ahora con *Roble de olor* (2003) se hizo una encuesta en el cine y lo que más gustaba era la música de Sergio Vitier y la imagen, porque las actuaciones son malas. Alguna gente me ha dicho que me tienen terror, porque sé demasiado. Yo no me puedo aguantar si en una secuencia le tengo que decir al director que le faltan por los menos dos planos. Si tú tienes un director nuevo, y eliges un fotógrafo nuevo y un editor nuevo la película es una novatada. El director nuevo tiene que buscarse un fotógrafo y un editor de mucha experiencia para que le aseguren esos dos renglones. También hay una generación nueva que trabaja con amigos, como yo era amigo de Humberto, como Mario García Joya era amigo de Titón.

JR: *En un nivel más personal, afectivo, ¿qué recuerdas de la expulsión de Guillén Landrián en el 1972? ¿Había cambiado la política cultural ya?*
LD: No, era Nicolás que no empezaba a tener claro los límites, sabes que todo el mundo tiene claro hasta donde llegar, yo en mi casa puedo decir unas cuantas cosas, en otros lugares no puedo hablar. Creo que nadie podía solucionar la expulsión de Nicolás, porque Alfredo Guevara era el director del ICAIC, tenía todo el poder justificado porque tenía que controlar a una partida de locos que hacían cine, porque era una industria del Estado en un momento dificilísimo. No vamos a hablar de lo que hizo Nicolás porque no hace falta, pero te digo que se pasó en la manera de comportarse. Se le aguantó mucho porque él también tenía discusiones, venía un día mal y podía tener una gran discusión en posfilmación por el problema de que la editora no iba a trabajar, uno puede cuestionar la ausencia de la editora pero no formar un escándalo.

Nicolás con su manera de ser se buscaba muchos problemas, porque hacía lo que le daba la gana, nosotros le llamábamos a eso un libretero, andaba libre, no tenía freno. Recuerdo un día que estábamos en la Habana Vieja y apareció una señora de esas que tienen metida en la cabeza que si no existe ella se acaba la Revolución, y cuando estábamos filmando viene esa señora, se para delante de la cámara y nos cuestiona quiénes somos y si teníamos permiso para filmar allí. Y Nicolás, que estaba vestido con su traje y su corbata, le dijo: «Señora, somos de la Agencia Central de Inteligencia, no moleste». Y la mujer se fue convencida, a nadie se le ocurre una cosa así. Cuando hablaba en serio convencía a cualquiera, yo le decía que era el mejor actor que ha dado este país. Y tenía ese sello que es importantísimo, tenía una personalidad, un alma. Gracias a como él era, hizo el cine como tenía que hacerlo y ahora es un director de culto.

IV.
La mediación tecnológica

Ruido[1]

Dylon Robbins

Ciclón

Vi por vez primera los documentales de Nicolás Guillén Landrián en el verano de 2005, en La Habana, gracias a Dean Luis Reyes y Edgardo Dieleke. Las dos cintas de VHS eran copias de tercera generación ondulantes y borrosas de los *transfers* realizados por Manuel Zayas como parte de su proyecto de investigación final en la EICTV de San Antonio de los Baños. En esa ocasión, vi la totalidad de su filmografía existente, del primer al último filme, de principio a fin. Era julio. Hacía calor. Y humedad. El diminuto altavoz zumbaba y crujía bajo el peso de la particular impresión sonora de esos filmes, cuando se subía el volumen lo suficiente como para escucharlo por encima del retumbar de camiones, ómnibus y automóviles que cruzaban por la Avenida 23, justo al otro lado de mi ventana.

En cuestión de días, ruidos de mayor magnitud envolvieron ese apartamento, mientras el huracán Dennis rastrillaba a través de la isla, ofreciendo un inapreciable respiro verde-amarillo en el breve momento en que su ojo silente cruzó sobre La Habana, antes de volver a su campaña salvaje, batiendo la ciudad con viento y agua. Posiblemente en ese instante se me ocurrió que había una intensidad específica en la obra de Guillén Landrián que convierte la tarea de enfrentarse a su cine en un asunto análogo a permanecer a la intemperie ante algo incontrolable (a semejanza de estar sometido a la Historia), que te rodea en un caos zigzagueante y dificulta cualquier

---
[1] Traducción de Dean Luis Reyes.

intento singular, impulsado por el ansia de demostrar una tesis, de descifrarlo –y, por consiguiente, de disciplinarlo. Esa intensidad es, en buena medida, sonora –algo que presumiblemente lleva la marca de la experiencia de trabajo del director en la radio (Reyes 2010), así como el fruto de una sensibilidad sonora general que revela su consciencia profunda de las múltiples maneras en que sonido e imagen se relacionan audiovisualmente. Sus filmes constituyen, a este respecto, ejemplos de escucha y de crítica de la percepción a través de la saturación audiovisual.

Representan, más aún, comentarios acerca de la naturaleza del ruido. Hay una dimensión ruidosa abrumadora en su obra, y si fuéramos a atenderla como formada por piezas acerca del sonido, si escucháramos cada una como parte de un hipotético ejercicio que nos permitiera pensarlas como compuestas para la radio, por ejemplo, se vería bien claro cuánto de su constitución visual parece responder a estructuras donde la organización sonora prevalece: desde la interacción de marcha, gritos y lastimero *pizzicato* de *En un barrio viejo* (1963), hasta el chapoteo de los remos, el agua goteante y los gruñidos del trabajo de parto en *Ociel del Toa* (1965). Están también los pies que se arrastran y las voces apagadas de los guajiros reunidos en *Reportaje* (1966), que coinciden con una orquestación musical cargada de metales y de instrumentos de viento armonizados en semitonos, e interferidos por objetos que raspan las cuerdas de un piano. Las imágenes de *Retornar a Baracoa* (1966) parecen seguir un flujo sonoro definido por motores de avión y camiones, cantos, radios y el golpeo de palas metálicas sobre la dura tierra, con interludios idílicos de un programa radiofónico donde se recitan versos acompañados por ricos arreglos de cuerda. El frecuentemente examinado *Coffea Arabiga* (1968) inicia con la voz de Nicolás Guillén entonando «Un largo lagarto verde», antes de declinar hacia un silencio crepitante desde el cual sonidos indiscernibles de olas y proas de botes emergen lentamente, sólo para ser destrozados de manera abrupta por el arrollador sonido de la tumba francesa.

Está además esa capa sobre capa del ruido industrial generado por maquinarias y materiales, o el altavoz distorsionado, en *Taller de Línea y 18* (1971), que sirve como una indicación sonora de la densa confluencia del cine con las transformaciones en la organización del trabajo (Ramos 2015). Y la estática de radio cortada por estratosféricos acordes de flauta o motivos de trompeta, aplausos extáticos, sonidos de disparos o el timbre familiar de la voz de Fidel, en *Desde La Habana ¡1969! Recordar* (1970), es mucho más que una exposición de sonidos de archivo para contextualizar imágenes. Esos ruidos operan a un tiempo como contextualizaciones, como sonidos no musicales, y como iconos sonoros cuya función discursiva advierte acerca de los usos analíticos del ruido como un calificador de la marginalización y de la racialización[2]. Como sugeriré luego y describo aquí, estos elementos formales participan de una reflexión continua y generalizada acerca del ruido en la primera década y algo más de la Revolución cubana.

El ruido en este cine y en esta discusión funciona como una categorización del sonido en oposición a la música, y simultáneamente como la consideración de los sonidos musicales en tanto inferiores debido a su estatus racial y social. Sostendré aquí que el ruido, en su implementación analítica más general, es una aproximación conceptual a la variación e incertidumbre enraizada en las ideas acerca del sonido y a sus particulares inflexiones sociales y raciales, pero con frecuencia prolongada para atender a contextos y circunstancias no necesariamente sonoros. La idea de que el ruido tiene su propia historicidad no es nueva[3]. Sin embargo, el ruido

---

[2] A propósito de la ubicación de sonidos en un contexto discursivo y de la sugerencia de que puedan funcionar como iconos, he encontrado particularmente relevantes las proposiciones de Kane (2016) acerca de los sonidos acusmáticos, y los enfoques cognitivos en contraste con los afectivos. Véase su texto para un tratamiento mejor desarrollado del problema, particularmente las páginas 225-226.

[3] Algunas coordenadas esenciales dentro de la densa constelación de intervenciones a este respecto incluyen a Attali 2014, Bijsterveld 2017, Schwartz 2016,

en el contexto latinoamericano y caribeño necesariamente revive y acompaña paradigmas de su historia cultural regional que participan de tensiones sociales y étnicas bastante comunes, a través de las cuales diferentes tecnologías de inscripción y prácticas de actuación suelen relacionarse con el Estado[4]. Y, más allá de esto, la relación del ruido con los procesos de marginalización cambia nuestro foco de atención hacia sitios de conflicto y discordia que deben ser analizados para extraer los desafíos particulares de tales desacuerdos. Mi preocupación primaria es aquí cómo, al ser abordado a través de un medio como el cine, el ruido permite la exploración de imaginarios entrelazados y de vocabularios críticos compartidos entre la crítica de los medios, los estudios del sonido (*sound studies*) y las preocupaciones acerca de los contextos sociales de producción musical y las prácticas de representación.

La dimensión sonora de la producción cinematográfica cubana de la primera década de la Revolución y en lo adelante es uno más de sus rasgos interesantes. Ello se hace evidente en el rango de su producción, que incluye largos y significativos documentales y noticiarios, que suponen muchos notables e innovadores usos del sonido, como en *Memorias del subdesarrollo* (1968), *Lucía* (1968), *La muerte de un burócrata* (1966), *LBJ* (1968) y *Ciclón* (1963), entre muchos otros. Puede notarse en ellos una continua exploración de los vínculos entre música y sonido diegético, con ejemplos tan tempranos como *Historias de la Revolución* (1960), de Gutiérrez Alea, que contó con la implicación temprana del compositor e intérprete Leo Brouwer, así como del jefe del departamento de sonido del ICAIC durante la primera década, Eugenio Vesa. La grabación sonora, como elemento integral de la producción fílmica, fue una de las áreas en que el ICAIC buscó desarrollar técnicas y experticias, lo cual merece un

---

Hainge 2013 y Wisnik 1999.

[4] Véase Ochoa 2014, y particularmente su análisis en el capítulo «The ear and the voice in the lettered city's geophysical history».

examen más extenso y detallado[5]. Más aún, en el interés de crear una personalidad musical única para el cine cubano, el presidente del ICAIC del período, Alfredo Guevara, destinó espacio y recursos para la creación del Grupo de Experimentación Sonora (GESI), que Brouwer empezaría a dirigir en 1969[6]. Entre los notables créditos del GESI están *El hombre de Maisinicú* (Manuel Pérez, 1973), o su intervención no acreditada para el segmento de inicio de *De cierta manera* (1977), de Sara Gómez, cuyo prólogo es un testamento de la fusión de sonidos musicales y no musicales. Como se ha sugerido, la personal firma musical y sonora de Brouwer, no obstante, es a menudo reconocida como determinante en la configuración del conjunto del cine cubano desde un momento tan temprano como 1960, e incluye las producciones de largometrajes más destacadas y un número importante de documentales[7]. Sería impreciso atribuir una idea de autoría superior a Brouwer para el campo sonoro particular del cine cubano de este período; pero, como Julio Ramos ha sugerido, prestar atención a su compromiso, técnicas e ideas ofrece acceso a las especificidades de los enfoques que mereciera el sonido en el ICAIC. Otras personas colaboraron también en ello, como los técnicos de grabación y sonido Vesa, Carlos Fernández y Ricardo Istueta, cuyos numerosos créditos incluyen *En un barrio viejo* (1963), de Guillén Landrián. Por ello, el GESI abarca un espacio para repensar no sólo las relaciones entre tradiciones nacionales y foráneas, la fusión de tradiciones musicales populares y académicas, o las diferentes modalidades a través de las cuales música e imágenes podían interactuar en el cine, sino también cómo la composición musical y

---

[5] Véanse, por ejemplo, los comentarios de Glauber Rocha y la entrevista a Raúl García (26:40), en *Rocha que voa* (2008), acerca de la creatividad del ingeniero de sonido y los excepcionales esfuerzos para resolver la sincronización sonora de su filme *Câncer* (1972). Sobre el período de tiempo en que Glauber estuvo en el ICAIC, véase Sarusky 2010.

[6] Véase Chanan 2004: 265, Guevara 2003 y Villaça 2004.

[7] Véase Chanan 2004: 229-230.

La *victrola* en la escalera de *Cuba baila*.

las técnicas de grabación proveían de un aparato único a través del cual acercarse a las relaciones entre música y efectos sonoros, o entre sonidos musicales y no musicales; o sea, para revisitar la dialéctica clásica de música y ruido[8]. Entonces, invoco al GESI aquí como evidencia adicional de las valencias del sonido y del *continuum* de sonidos que eran incluidos bajo la tutela de los principios de trabajo del instituto, así como del contexto creativo en que los filmes del ICAIC confluían, vinculado esto a cómo los documentales de Guillén Landrián emergieron en un ambiente ya configurado bajo una intensificada sensibilidad sonora. De hecho, los filmes de Guillén Landrián reflejan esta sensibilidad, mientras invocan además una paleta de audio variada para examinar y cuestionar, como si se tratara la suya de una *política sonora del ruido*, que historiza y politiza el ruido como parte de una revaloración formal compleja de otras políticas de representación prevalecientes. Para contextualizar mejor esos aspectos en Guillén Landrián, es útil mencionar, si bien provisionalmente, el estatus cambiante de la *victrola* en años en los que el lugar del ruido se sitúa dentro de una economía política del sonido más amplia y expresa la atención que prestaba en su obra a la radio y a otros medios de comunicación vinculados.

---

[8] Para más información sobre el GESI y el interés en la fusión de diferentes tendencias y tradiciones, véase Levitz 2014, Hernández 2009, Acosta 1989 y Moore 2006: 154-158. La posición de Brouwer (1982: 25) ante los problemas estéticos vinculados también resultan relevantes, como por ejemplo los beneficios que atribuía a la tecnología de grabación en la transformación de la estética musical (1982: 49-59). Sobre música y ruido, véase Attali 2014 y Steintrager 2011.

Toma chocolate, paga lo que debes

Un medio close-up de Flora, su pelo negro meticulosamente prolijo, piel de porcelana y modesta bata de casa, que mira implorante a Ramón, un hombre pálido medianamente calvo, en un anónimo traje gris leve. «¡A Dios, Ramón, se lo debes a Dios!», le dice, mientras él se vuelve y dirige a la puerta. La cámara panea para seguirlo. «¿Adónde vas?» Corte al exterior del apartamento que lo muestra pasando rápido a través de la puerta y bajando las escaleras, empujando bruscamente a un grupo de hombres (sus vecinos), encabezados por un músico negro, Emilio. Ellos lo observan pasar mientras él evita saludarlos. Emilio es el primero en mirar a Flora y hacia la cámara, que baja hacia ellos. La observan en silencio mientras llama: «¡Ramón!». Sólo entonces ella parece advertir a los espectadores mudos y se vuelve hacia ellos, las manos aferradas al pasamanos, para continuar su giro en silencio hacia la puerta, por donde desaparece rápidamente, cerrándola con discreción tras de sí. El corte a los hombres cargando la victrola *los muestra mirándose de manera inquisitiva antes de ser alentados a seguir adelante por Emilio, escaleras arriba, con el peso de la* victrola. *Flora regresa, tras algunos pasos trabajosos, portando un fajo de billetes envueltos para Emilio: «Tenga. No necesitamos el dinero, ni necesitamos nada». Emilio observa con decepción su mano cerrada y regresa el dinero suavemente a su bolsillo. «Vamos», dice a los otros, mientras comienzan el descenso de las escaleras que han luchado por ascender. «¡Vamos!»...*

Este momento en *Cuba baila* (1961), de Julio García Espinosa, habla del ruido. Se trata de una escena donde un grupo de vecinos, encabezados por un músico negro, Emilio, aparecen escalando una estrecha escalera con esfuerzo, llevando el peso de una *victrola* o *jukebox*, préstamo de la bodega de la esquina, que será alojada temporalmente en un sencillo apartamento de clase media donde viven Flora y Ramón, este último un caricaturesco servidor público blanco y de bajo nivel. La razón del préstamo son los quince años de su hija en los próximos días y el deseo de ayudarles a hacer una fiesta de celebración, a pesar de que carezcan de dinero para ello. Antes de alcanzar el tope de las escaleras, los hombres son despedidos por una descortés Flora, cuyos planes para la fiesta incluyen valses interpretados por una orquesta en el salón de un club social frecuentado por una selecta y muy blanca élite. Hay una transición crítica en la película cuando las dimensiones raciales –y no sólo sociales– del grandioso designio de Flora se manifiestan claramente en su oposición, además, al dinero y a la colaboración de, como más tarde explica, un «negro«. «Él y toda su familia», dice, «no pueden venir a la fiesta».

Lo no explícito en la escena –cuyo relato se despliega a lo largo de un itinerario de diferentes actos musicales y de los espacios donde estos se suceden– es el polémico estatus de la *victrola* en los años iniciales de la Revolución y en el período inmediatamente anterior al filme. Como dispositivo operado con una moneda, su proximidad con las máquinas tragamonedas presuntamente las asocia a la complicidad de los dueños de casinos con el régimen anterior y al tipo de economía que los sostenía. Al igual que el juego o incluso los parquímetros, fueron prohibidas inicialmente en febrero de 1959, antes de que el clamor público provocara una reunión para revisar y finalmente rescindir la política[9]. Como Bijsterveld ha señalado en otro contexto, el recurso a reglamentar la definición y control del ruido ha sido históricamente reñido privilegio de unos pocos (2017: 60). Un índice de las implicaciones de la prohibición estatal de las *victrolas* es el hecho de que la reunión contó con la presencia de Fidel Castro. Mientras que las críticas contra la nueva política enfatizaron la importancia de la *victrola* en el sostenimiento del mer-

---

[9] Más sobre el conflicto en Díaz Ayala 2003, Moore 2006, Orejuela 2013: 79-82 y Vázquez 2014: 169-170. Dos textos de prensa que ubican el desacuerdo y la prohibición dentro de un contexto relevante son «Centro de cafés de la Habana y el conflicto de las victrolas» (*Revolución*, 17 de febrero de 1959: 5) y «Por ruidosas y negocios suspendieron las victrolas» (*Revolución*, 18 de febrero de 1959: 2).

cado de la música popular y de las redes de técnicos y vendedores que mantenían las máquinas, las justificaciones para la política estaban en armonía con la audibilidad pública del dispositivo. Para sus oponentes, era presuntamente «ruidoso», y debía ser «silenciado» para no «molestar» los derechos de los vecinos a la «tranquilidad» (Anónimo 1959: 5). Su uso, además, debía ser confinado a espacios cerrados y no abiertos, donde su sonido pudiera extenderse a áreas adyacentes. De este modo la *victrola*, como objeto que organiza sonoramente el espacio social, transforma la música en ruido y se convierte en testigo en un intercambio injusto y estructuralmente desigual, que implica preocupaciones más amplias y vastas con el sonido y la sociabilidad, por lo cual la noción de «ruido» se convierte en abreviación de una matriz de inflexiones sociales y raciales de algún modo familiares en este contexto, como asimismo anuncia una categoría de sonidos indeseables e incluso inútiles. En el proceso de reevaluación de la prohibición de la *victrola*, el emplazamiento del dispositivo como nodo central de una red mayor de distribución y comercio de música, su capacidad para vender y sostener la productividad de la música y su rol en atraer la productividad de los muchos técnicos empleados en grabar y producir grabaciones, así como de los que daban servicios a las máquinas, todo ello se convierte en justificación necesaria para su aceptación final, al aprobar dar marcha atrás a la prohibición. La supervivencia del criterio de ruido de la *victrola* (el ruido que inicialmente justificara su prohibición) descansó en la conveniencia de que esos sonidos y su marco empresarial fueran recategorizados, ahora, como sonidos de productividad; esto es, como sonido industrial, en oposición al del ocio. Es interesante especular, en la medida en que resulta razonable, acerca de la estratificación residual del trabajo en una antigua esclavocracia y en las diferentes clases y sectores laborales implicados en los diferentes estadios y estratos de la producción, mantenimiento y uso de la *victrola*, así como en músicos y consumidores, dueños y operadores de máquinas y estudios de grabación, y en cómo el reconocimiento eventual de los actores menos visibles y audibles en el proceso sirvieron para legitimar el dispositivo. Pese a las realidades históricas, el rechazo condescendiente de Flora a la *victrola* ascendente ejerce la redirección del flujo social y sonoro, lo cual constituye una micropolítica de exclusión y una reglamentación informal del ruido.

Como noción flexible, las vertientes del ruido son, de hecho, muchas. Este examen del intento de prohibición de la *victrola* es familiar para esas otras disposiciones similares que buscan el control de los sonidos públicos, a veces incluso a través de los bailes, como manera de configurar el acceso y la inhabitabilidad para algunos segmentos de la sociedad, como esos sumarizados por Roche y Monteagudo en las primeras décadas de la República[10]. El ruido, entonces, se convierte en sinónimo de marginalidad, en tanto abarca los sonidos «desplazados», desagradables –musicales u otros–, de lo indeseable, lo amenazante. Esto es ciertamente lo que teóricos y críticos tenían en mente al contemplar las capacidades perturbadoras de esos sonidos considerados por algunos como ruidosos. Attali (2014) ubica los sonidos ruidosos en los márgenes de la sociedad y extrae efectos políticos de sus consecuencias sónicas, al igual que E. P. Thompson (1992), quien describe los sonidos ruidosos como efectivos al ser empleados al servicio del desorden que busca afirmar la soberanía popular sobre los dominios de la vida social, aunque infligidos con crueldad. Asimismo, Fanon (1952) hablará de la concepción «ruidosa» de los *ratés* o «conexiones perdidas», «impactos» o «fallos», al proponer una noción de la subjetividad colonial[11]. Y Fred Moten (2003) ha sugerido cómo el supuesto sonido ruidoso del «grito» constituye un elemento central para definir la estética de lo negro, tanto dentro como fuera de los modelos prevalecientes. Michael Denning (2016), finalmente, vería en el advenimiento de la música popular grabada y la floreciente industria musical que traía los sonidos musicales «ruidosos» de la

---

[10] Véase Moore 1998 y Bronfman 2004: 159-161.
[11] Véase también Hill 2013.

marginalidad de las ciudades a la comprensión audible de la élite, la preparación del terreno, incluso, para una descolonización política y territorial a través de una revolución de los sentidos. El ruido tiene la capacidad, de acuerdo con tales aproximaciones, de contaminar, reacomodar y transformar la sensibilidad del poder, que es lo que ciertamente está en juego en estos tempranos desacuerdos acerca de la audibilidad de la reproducción de la música tocada por una *victrola*, en los años iniciales de la Revolución. Y cuando interpretamos más explícitamente la convergencia de la marginalización social y racial en ese contexto, podemos discernir cómo la designación de ruido y la regulación de lo ruidoso acompaña a otros, y más extensos, procesos de racialización.

La relativa indeseabilidad del ruido habla, además, sobre otro de sus rasgos culturales: su relevancia para los medios. El ruido, nos recuerda Steintrager, es «aquello que una señal debe superar, a través de la reducción o la redundancia, para ser difundida» (2011: 249). El ruido, entonces, es interferencia, un obstáculo a la comunicación, que debe ser sobrepasado o considerado. Es exceso y saturación, y también la evidencia de la mediación. El ruido es, por tanto, un desafío para el espectador, pues configura prácticas de escucha y visibilidad. Uno puede abordar, por ejemplo, la superación de las técnicas de registro mecánico, como eran empleadas en las versiones más tempranas de registro sonoro, como un movimiento para superar el ruido introducido en la grabación por el medio. Y así, la amplificación eléctrica, eventualmente empleada tanto en la grabación como en la reproducción, serviría para hacer más fácilmente audibles los originales grabados, mientras aumentaba en algunos casos los diferentes tipos de interferencia introducidos en los procesos de grabación. En el caso de la radio, Adorno nos recuerda cómo esos medios y modos de transmisión incorporan el constante zumbido de sus respectivos aparatos (Leppert 2009: 218). En consecuencia, esto condiciona las prácticas de escucha y los modos de cognición, para estimular al oyente a aislar y analizar aquello que resulta significativo y lo que no lo es en la transmisión. Se podría asimismo identificar una conciencia y preocupación por la evidencia audible y visual de la mediación en los filmes de Guillén Landrián, en tanto ellos destacan y exponen aspectos percibidos como imperfecciones en otros contextos. He escrito en otro sitio acerca de cómo tales elementos operan visualmente configurando artefactos (2016: 11). Y, especialmente desde el punto de vista audible, sus películas consagran este ruido formal hasta resemantizarlo y provocar su consideración en vez de su menosprecio.

El desplazamiento desde lo indeseable y amenazante hacia lo desconocido e incierto es mínimo. Entonces, una de las otras facetas del ruido como categoría analítica es su uso como cajón de sastre para sonidos de origen indeterminado, y por tanto atractivo para discutir nociones de legitimidad. Los ruidos pueden ser además esos sonidos que experimentamos como provocados por acciones desconocidas, emergiendo incluso de objetos o fuentes ubicadas más allá del dominio visual o de las capacidades cognitivas del oyente. En ese sentido, son percibidos pero no necesariamente comprendidos. Son sonidos acusmáticos; citando a Pierre Schaeffer: «aquellos que uno escucha sin ver qué los causa» (2004: 77). Al invocar el ruido como una relación cognitiva, podemos generalizar más allá de su vínculo con lo audible, para incorporar un rango más amplio de percepción y considerar cómo el estímulo confunde al pensamiento al complicar su incorporación en categorías existentes, que es el proceso por el cual el ruido debe ser entendido, también, como un impulso esencialmente productivo. Es a partir de este ventajoso punto de vista, más general y no necesariamente acertado, que podemos sugerir que el análogo formal del ruido nos conduce a una consideración de rasgos intergenéricos, como son, por ejemplo, la frecuentemente citada hibridez del cine cubano de este período y sus usos simultáneos de lenguajes ficcionales y documentales. Son, en ese sentido, filmes «ruidosos», en tanto complican la asimilación e interpretación fácil, de acuerdo con un solo criterio de verdad.

Como caso concreto, *Desde la Habana ¡1969! Recordar*, uno de los filmes más complejos de Guillén Landrián, ejercita el rango completo de estos diferentes aspectos del sonido. Invoca el ruido como una clase de sonido no musical, como sonidos de procedencia desconocida, o sonidos acusmáticos, como sonidos musicales de poblaciones social y racialmente marginadas, como interferencia, como evidencia de la mediación, como lo ilegible y lo incomprensible. Se trata de un filme, finalmente, que promulga esas diversas implicaciones como parte de una estrategia de crítica que opera para insertar los espacios marginalizados y a los agentes de la cultura popular dentro de las narrativas históricas del Estado.

Tiros

La cámara hace zoom *sobre un poster donde se lee «100 años de lucha», con los círculos internos atravesados por líneas negras ondulantes que sugieren las conchas usadas por los santeros para mirar más allá del presente. Un* close-up *extremo sobre el negro de los ceros disuelve a un montaje de detalles de un panorama de retratos de figuras históricas claves: Martí, Maceo, Máximo Gómez, Frank País, Jesús Menéndez, Camilo Cienfuegos, El Ché, Toussaint Louverture, Bolívar, San Martín...Un* flash *de las fechas 1868 y 1968, sonido de aplausos, las orugas de vehículos armados, una multitud de banderas y pancartas en la calle, un poster con bustos de Marx, Lenin, Fidel, más imágenes en movimiento de un desfile militar, carteles conmemorando la victoria cubana en Playa Girón, tomas altas de una multitud de masas, y al fondo, un collage aural de la voz de Fidel: «qué año nuevo y vida nueva...». Títulos en blanco sobre fondo negro: «PARA. RECORDAR. 1969». Una foto de Fidel y palomas blancas. Otro texto: «¿VOY BIEN, CAMILO?». Más multitudes ondeando banderas y manos. (APLAUSOS) Una pantalla pequeña, negro sobre blanco: «UNA FLOR PARA CAMILO». La cámara hace* zoom *sobre una imagen de una rosa blanca mientras la voz de un niño entona: «Una flor para Camilo». Corte a imágenes del discurso de Fidel el dos de enero de 1968: «el más justo nombre de este año, por su característica y por su espíritu, y como tributo de profunda veneración y recuerdo y cariño hacia el heroico comandante Ernesto Guevara, y hacia los heroicos combatientes que con él cayeron...». Una escena de guirnaldas dedicadas «A Camilo» pasando a través de las calles hacia el mar, muchachas jóvenes con flores, música orquestal sombría acompaña un corte a una guirnalda flotado en el agua con sonidos de ovación. Otro corte nos lleva a la escena de apertura de* Memorias del subdesarrollo, *sus congueros, iluminación, multitud, el mozambique de Pello el Afrokán. Prosigue ininterrumpida, como cita, hasta el título sobre pantalla: «Memorias del subdesarrollo». Mientras la imagen corta, el sonido original continúa: «Teresa, ¿Dónde está Teresa?». En su lugar vemos un montaje de titulares de prensa: «ASALTADO», «MONCADA, 48 MUERTOS», «MAS DE 80 MUERTOS» e imágenes de Fidel joven. El sonido de disparos de la escena original de* Memorias... *se superpone, mientras el filme corta a otra pantalla de títulos: «CONDENADME, NO IMPORTA, LA HISTORIA ME ABSOLVERÁ». El mozambique repite el estribillo: «Te-RE-sa, Te-RE-sa». Otra pantalla de títulos, blanco sobre negro: «LA HISTORIA»...*

Así transcurre un segmento de dos minutos del corto documental de Nicolás Guillén Landrián *Desde la Habana ¡1969! Recordar*. El filme critica la celebración de los «Cien años de lucha» que abarcan un siglo de historia cubana, a partir del Grito de Yara del 10 de octubre de 1868. Como fuera primeramente descrito por el discurso de Fidel Castro al conmemorar el aniversario, este periodo avanza con una certidumbre teleológica hacia el presente revolucionario, mostrando un flujo y reflujo de antagonismos de clase y liderazgos de vanguardia que sugiere una reelaboración de la periodización marxista clásica de acuerdo con las condiciones locales (Castro 1976: 59-97).

El filme de Guillén Landrián, no obstante, cuestiona cómo esta historia es interpretada por vertientes oficialistas del discurso revolucionario, y perturba su movimiento con una vertiginosa complejidad formal y temática, integrada por elementos tanto visuales como sonoros. De primario interés aquí es el uso de sonidos en *collages* excepcionalmente densos de material de archivo. En *Desde la Habana* los ruidos emergen y tropiezan, desafiando los principios de organización del documental expositivo, y con él el discurso revolucionario dominante, que era su análogo histórico[12]. *Desde la Habana* emplea el sonido en un contrapunto creativo con la imagen, en una manera que lo vincula a lo que Chion ha descrito como disonancia audio-visual productiva (1994: 38), cuestionando las formas en que el sonido se relaciona con la imagen en este filme, desviando situaciones de *synchresis* (1994: 63), o de sincronía y síntesis de sonidos e imágenes desiguales, que crean significados terciarios que suplantan, de hecho, cualquier acercamiento directamente aditivo de sonido e imagen. Aquí debemos examinar cómo diferentes recursos al ruido participan de la elaboración de esta crítica.

Desde la Habana comienza con una conmovedora reflexión sobre las ambivalencias del «Progreso» y la «Modernidad», que sirve para instalar el examen del filme de los «Cien años de lucha». Imágenes de un hongo atómico de lo que parecen ser filmaciones de la prueba Trinity dan inicio a la melancólica «Mother Nature's Son» de Los Beatles. Le sigue un característico montaje sincopado de imágenes e intertítulos, o lo que Dean Luis Reyes ha descrito como «una textura hipnótica y desorientadora» (2010: 59). La secuencia referencia víctimas de guerra, el Holocausto, el corazón artificial, Girón, Vietnam, la exploración del espacio, el alunizaje, el Ku Kux Klan, protestas raciales, un desfile en New Orleans, pobreza. Finalmente, mientras

---

[12] En su crítica del documental cubano contemporáneo, por ejemplo, Reyes cita a Santiago Álvarez, Nicolás Guillén Landrián y Tomás Gutiérrez Alea como excepciones dentro de una mayor producción de documentales –pasada y presente– caracterizada por un enfoque problemáticamente no reflexivo de la realidad representada (2004: 7-19). Comparar el tratamiento de los «Cien años de lucha» en *Desde la Habana...* por Guillén Landrián con el comparativamente más expositivo y lineal de Bernabé Hernández destaca la irreverencia de los filmes del primero.

las imágenes del hongo atómico regresan para cerrar el segmento, se sugiere que la marcha hacia adelante de la Historia es algo autoevidente. Resulta útil recordar aquí cómo las discusiones teóricas sobre el montaje, desde sus orígenes en los enfoques divergentes de Eisenstein y Pudovkin (Jacobs 2015: 30-38), girarían sobre las diferentes maneras de evaluar y calcular el ritmo de las imágenes secuenciadas, lo cual implica hasta qué punto el cine en su dominio visual participa de la organización temporal de sonidos que es el ritmo[13]. La tensión, aquí, entre ritmo y tempo de las imágenes fijas y las cavilaciones solemnes del tema de Los Beatles sugiere desde el inicio cómo tales tendencias formales disonantes constituirán una dimensión esencial del desarrollo temático del filme. A nivel temático, más bien insinúa el montaje, los movimientos de la Historia son tanto a favor como en contra de la Humanidad, pues a la sombra de la aniquilación total la raza humana explora y preserva, extermina y oprime, sufre, resiste y crea. La selección de imágenes que hace Guillén historiza esas ambivalencias, sugiriendo un contexto formado por tensiones a lo largo de líneas imperiales, nacionales, raciales y sociales. Su reflexión en esta secuencia es, en ese sentido, tanto universal como particular, lo cual es un aspecto importante, considerando la prominente tendencia dentro del documental cubano a interpretar lo que era percibido como realidades locales de interés nacional, o global, en tanto estuvieran directamente vinculadas a la postura geopolítica cubana. Es más, como premisa para lo que sigue en la película, este segmento apunta a enjuiciar la certidumbre teleológica de los «Cien años de lucha» anunciados por Fidel Castro al sugerir que los movimientos de la Historia son ambiguos[14].

De manera similar al discurso original de 1968, el filme invoca a la Revolución como punto de partida para echar una mirada hacia

---

[13] Para una discusión y crítica más desarrollada del ritmo y los parámetros de tiempo, véase Abel 2014.

[14] Véase particularmente Castro 1976: 89.

«Asaltado», de *Desde La Habana*...

atrás sobre una serie de luchas que abarcan la revisión cronológica de la historia cubana. Pero el filme de Guillén supone una crítica de esta narrativa histórica a través de la incorporación en buena medida audible de temas en esencia ausentes del discurso de Castro. Comenzando con la proclamación de la República en 1902, los intertítulos anuncian los años como imágenes que vienen y van en un flujo irregular: fotos, caricaturas políticas y páginas de revistas y periódicos envueltos por música, entrevistas y transmisiones radiofónicas. Es en el recurrente uso de material radiofónico en este y otros de sus filmes donde se revela como importante aspecto de la sensibilidad sónica de Guillén Landrián el aislar e identificar los roles de la radio en la configuración de la paleta tonal del discurso revolucionario. Como ha sugerido McEnaney, la radionovela y el melodrama acuñaron el sello sonoro de la radio y condicionaron a un público oyente, cuya programación regular de entretenimiento estaba conformada por dramas familiares e intrigas interrumpidos espontáneamente por sonidos y voces (McEnaney 2017: 124-125). Voces como la de José Antonio Echeverría, en su interpelación acusadora «¡Pueblo de Cuba!», cuando intenta dar el falso anuncio del asesinato de Fulgencio Batista el 13 de marzo de 1957, y que Guillén Landrián invoca en un punto al final del filme. O lo que Alejandra Bronfman ha descrito como el «espectáculo aural» de sonidos, como los disparos escuchados durante el anuncio comercial del Café Pilón, o cuando el senador antimperialista y anticorrupción Eduardo Chibás se suicida como gesto político en medio de una transmisión radiofónica en vivo (2017: 133). Las ondas de radio en Cuba, a lo largo de los cincuenta, formaron las avenidas a través de las cuales redes de radio clandestinas como Radio Rebelde ofrecerían al público oyente alternativas a la desinformación transmitida por el régimen de Batista desde los reportes noticiosos de las estaciones de radio existentes (Bronfman 2017: 138). La radio vendría a constituir una conducta sonora que más tarde sería absorbida por el Estado revolucionario, conformando un espectro de sonidos que incluían las transmisiones incidentales y los ruidos de interferencia que acompañaban a las transmisiones. El uso del ruido que hace Guillén Landrián cuenta una historia de mediación, de experiencias como espectador y de interrupción, que fueron rasgos integrales de un paisaje sonoro de militancia y de su eventual apropiación por el Estado. Los temas articulados audio-visualmente dentro del flujo de archivo de este segmento fílmico, finalmente, son expresados y luego variados de acuerdo con una lógica que recuerda más claramente la evolución temática musical que la narrativa. Las imágenes y referencias de la lucha política violenta —Mella y Machado, Echeverría y Batista— telegrafían el presente revolucionario del filme y sirven como indicador de la narrativa ya manifiesta en el discurso original de Fidel, la voz del cual, nos recuerda Bronfman, se convierte en una presencia de audio familiar en las transmisiones radiofónicas después de la caída del régimen de Batista (2017: 139). De manera interesante, el tema de la negritud aparecerá mezclado dentro del ciclo de años y décadas, las cuales, como Anne Garland Mahler señala, son un tema recurrente a través de la filmografía de Landrián (2015: 60).

Según fuere que, en la noción de Fidel Castro acerca de la época, los afrocubanos como bloque desaparecieron de su narrativa tras la abolición de la esclavitud, el tratamiento de Guillén Landrián los coloca como protagonistas centrales en un proceso continuo de cubanidad que da lugar a la Revolución. Ello se nota claramente desde las imágenes de apertura en adelante. Revelador de la crítica implícita de Guillén hacia la narrativa de Fidel Castro es el segmento titulado «Entrevista con fulana de tal, profesora de La Escuela "María Luisa Dols" para Señoritas», que utiliza imágenes deterioradas de escolares para acompañar la voz grabada de una mujer mayor: «¿En la escuela? ¿Negrita? Ninguna. Que yo sepa. Que yo recuerde. No había ninguna». Mientras, los sonidos de la secuencia de inicio de *Memorias del subdesarrollo* interrumpen la escena. El golpe de trompeta puntúa las imágenes mientras se ciernen sobre los recuerdos de esta mujer acerca de la ausencia de niñas negras en su escuela. Que sea la música de Pello el Afrokán la que se escuche no puede resultar más desproporcionadamente relacionado, por cuanto manifiesta una incuestionable negritud, que exhorta a una organización de conjunto y a un espectro sonoro general que habla de la comparsa y del carnaval, y, por consiguiente, de música y gente «ruidosas», cuya audibilidad y visibilidad estaban sumariamente prohibidas y criminalizadas en los primeros años de la República, a la que los recuerdos de la mujer corresponden. Los intertítulos del filme, entonces, refuerzan esta alteración sugiriendo, durante los sonidos de *Memorias…*: «¿Eh? ¿Y la Guerrita del 12?». Más aún, como intertítulos, son preguntas silenciadas, situadas como desafíos intrigantes a los recuerdos grabados de la mujer. Forman parte, en el filme, de un intercambio audio-visual cuyas implicaciones parecen responder a una anticipación de la sugerencia de Chion de que, en el cine, el silencio es silente únicamente si aparece de conjunto no del sonido sino, específicamente, del ruido (1994: 57). La referencia de Guillén Landrián a la Guerrita del 12, o sea, a uno de los más significativos y violentos usos de la autoridad del Estado para suprimir la organización y representación política de los afrocubanos, es colocada en el filme como aparente respuesta a las reflexiones de la anciana que recuerda la ausencia de estudiantes negras en su escuela de infancia[15]. Pero refieren más precisamente

---

[15] La guerrita del doce refiere comúnmente a la violencia racialmente polarizada del verano cubano de 1912, cuando miles de afrocubanos fueron ejecutados

la ausencia de estos y de similares eventos en la periodización de la historia de Cuba promovida como los «Cien años de lucha» y su trayectoria de lucha política violenta, de vanguardia. Como tal, las interrogantes y su acompañamiento sonoro sirven para revelar la relación crítica del filme con esa narrativa dominante, en la forma de un ruido ataviado de silencio.

El segmento descrito al inicio de este examen de *Desde la Habana...* es de interés aquí dado que genera una serie de preguntas acerca de la naturaleza de esta crítica, que más adelante se complementa con el uso de fragmentos ficcionales. Debemos considerar que la ficción, incorporada en el documental expositivo, supone un modo de disonancia formal en tanto perturba los códigos y condiciones de recepción y consumo del género, introduciendo, por así decirlo, un elemento de ruido formal. En este segmento, más aún, Guillén Landrián usa imágenes de un panteón de protagonistas históricos –Martí, Maceo, Máximo Gómez– para establecer el discurso público oficialista que busca complejizar.

La transición hacia el presente revolucionario del filme está marcada por imágenes de desfiles militares y referencias a Camilo Cienfuegos, que aparecen contra un fondo sonoro adornado con fragmentos de discursos de Fidel Castro –de manera más prominente, el de la declaración del Año del Guerrillero Heroico en honor al Che Guevara. Más que revivir la historia, popular y mayormente oral –o sea, inaudible públicamente– de la traición a ambos por Fidel Castro, esta serie de imágenes invoca la noción de la vanguardia militarizada,

---

sumariamente por fuerzas del gobierno y milicias rurales. La violencia, de alcance nacional, fue en respuesta a la movilización del Partido Independiente de Color, que en su esfuerzo por obtener el reconocimiento oficial a su grupo había recurrido a la protesta armada, inicialmente dirigida contra propiedades foráneas en la isla. La respuesta estatal hizo de su objetivo a los afrocubanos en masa, con independencia de la filiación política, y fue exacerbada por la amenaza de una nueva ocupación por parte de los Estados Unidos de América. Más sobre el doce en Helg 1995: 66-78. Sobre sus secuelas, véase Fernández Robaina 1995.

figura central de la propia narración de la historia de Cuba y la consolidación nacional hecha por Fidel: «Un pueblo integrado, unido, dirigido por un partido revolucionario, partido que es vanguardia militante. (APLAUSOS)» (Castro 1976: 90). La prevalencia de uno de los discursos de Fidel actúa cual recordatorio de cómo su impresión y distribución buscó incorporar los ruidos de aplausos de esas audiencias, ruidos que los puntuaban, y los cuales él incitaba, con los que interactúa como parte de su propia práctica escénica.

Sin embargo, la narración de Landrián en este segmento, aunque temáticamente coherente hasta este punto, da un giro inesperado cuando la escena de apertura de *Memorias…* interrumpe abruptamente el movimiento frenético de la iconografía revolucionaria. Barbudos, cuerpos uniformados, armamento, la voz de Fidel Castro, multitudes y banderas ondeantes reunidas a la luz del día son reemplazados por la escena nocturna de desorden festivo «ruidoso» y anónima violencia del filme de Gutiérrez Alea. Es la cifra audiovisual de lo despectivamente referido como el «elemento», para usar términos contemporáneos. Más provocativa aún es la sincronización del sonido de disparos de la escena original con imágenes de archivo de titulares de prensa refiriendo el fallido ataque al cuartel Moncada que inauguró la actividad militar rebelde; el chasquido y detonación de las armas de fuego, sonidos estos considerados ruidosos, quizás sean además una referencia involuntaria y velada al sonido de disparo que interrumpe la publicidad del Café Pilón durante la cita del suicidio en vivo de Eduardo Chibás, e igualmente evidencia congruente de cómo este –y otros filmes, en el mismo sentido– revela a través de su dimensión audible una conciencia y sensibilidad hacia las sonoridades de la transformación política y su presencia mediada. Las ambigüedades de este fragmento en relación con el resto del filme multiplican y dificultan cualquier respuesta definitiva respecto de su función. En tanto que sonidos impuestos encima de imágenes, despliegan una serie de tensiones que implican, con seguridad, consideraciones estéticas y formales. El ruido de disparos es un marcador audible de una violencia que espera ser contextualizada aquí, como si promulgara su ambivalencia acusmática y sonora. Son sonidos seleccionados de otro sitio y reasignados para lo que es percibido como un tipo enteramente diferente de *relato*. Alteran y desorientan, ya que resemantizan sonidos que originalmente significaron marginalidad y monstruosidad en el filme de Gutiérrez Alea, y cuya función aquí, en cambio, toma parte de una estética del ruido de mejor elaboración. Es presumible que en estos y similares aspectos sónicos de la obra de Guillén Landrián podamos identificar su relación con un contexto audible más amplio, uno en cuya productividad el ruido sea redimido –justo como la historia absolverá a la violencia– y la continuidad de los mecanismos de racialización dejen su registro audible a través de él.

Bibliografía

Abel, Mark (2014): *Groove: an aesthetic of measured time*. Leiden / Boston: Brill.

Acosta, Leonardo (1989): «Radiografía del GES». En *El Caimán Barbudo*, marzo.

Anónimo (1959): «Centro de cafés de la Habana y el conflicto de las victrolas». En *Revolución*, 17 de febrero: 5.

Attali, Jacques (2014): *Noise: the political economy of music*. Minneapolis: University of Minnesota.

Bijsterveld, Karin (2017): *Mechanical sound:technology, culture, and public problems of noise in the Twentieth Century*. Cambridge: MIT Press.

Bronfman, Alejandra (2004): *Measures of equality: social science, citizenship, and race in Cuba, 1902-1940*. Chapel Hill: University of North Carolina Press.

— (2017): *Isles of noise: sonic media in the Caribbean*. Chapel Hill: The University of North Carolina Press.

Brouwer, Leo (2004): *Leo Brouwer: gajes del oficio*. La Habana: Letras Cubanas.

Castro, Fidel (1976): «En la velada conmemorativa de los cien años de

lucha». En *Discursos: tomo I*. La Habana: Editorial de Ciencias Sociales, 59-97.
CHANAN, Michael (2004): *Cuban cinema*. Minneapolis: University of Minnesota Press.
CHION, Michel (1994):*Audio-vision: sound on screen*. New York: Columbia University Press.
DENNING, Michael (2016): *Noise uprising: the audiopolitics of a world musical revolution*. London / New York: Verso.
DÍAZ AYALA, Cristóbal (2003): *Música cubana: del areyto al rap cubano*. Miami: Universal.
DUARTE, Amelia & RUIZ, Ariadna (2011): «El *collage* de la nostalgia: una mirada desde la colina. Rasgos postmodernos de la obra documental de Nicolás Guillén Landrian». En *Cine Cubano on line* 20, enero/marzo: <http://www.cubacine.cult.cu/sitios/revistacinecubano/digital20/articulo14.htm>.
FANON, Frantz (1965): *Peau noire, masques blancs*. Paris: Éditions du Seuil.
FERNÁNDEZ ROBAINA, Tomás (1995): *El negro en Cuba: 1902-1958*. La Habana: Letras Cubanas.
FUENTE, Alejandro de la (2001): *A nation for all: race, inequality, and politics in Twentieth-Century Cuba*. Chapel Hill: University of North Carolina Press.
GARCÍA ESPINOSA, Julio (1961): *Cuba baila*. La Habana: ICAIC.
GUEVARA, Alfredo & PÉREZ CASAL, Camilo (2003): *Tiempo de fundación*. Madrid: Iberautor Promociones Culturales.
HELG, Aline (1995): *Our rightful share: the Afro-Cuban struggle for equality, 1886-1912*. Chapel Hill: University of North Carolina Press.
HERNÁNDEZ, Isabelle (2009): «Hablar del Grupo de Experimentación Sonora del ICAIC: más que la historia contada». En*Cine cubano on line* 13: <http://cubacine.cult.cu/sitios/revistacinecubano/digital13/cap10.htm>.
HILL, Edwin C. (2013): *Black soundscapes white stages the meaning of Francophone sound in the black Atlantic*. Baltimore: The Johns Hopkins University Press.
JACOBS, Lea (2015): *Film rhythm after sound: technology, music, and performance*. Berkeley: University of California Press.

KANE, Brian (2016): *Sound unseen: acousmatic sound in theory and practice*. New York: Oxford University Press.

LEPPERT, Richard (2009): «Commentary». En Adorno, Theodor W.: *Essays on music: Theodor W. Adorno*. Berkeley: University of California Press.

LEVITZ, Tamara (2014): «Experimental Music and Revolution: Cuba's Grupo de Experimentación Sonora del ICAIC». En *Tomorrow is the question: new directions in experimental music studies*. Ann Arbor: Michigan University Press.

MAHLER, Anne Garland (2015): «"Todos los negros y todos los blancos y todos tomamos café": race and the Cuban Revolution in Nicolás Guillén Landrián's *Coffea Arábiga*». En *Small Axe* 19 (1): 55-75.

MCENANEY, Tom (2017): *Acoustic properties: radio, narrative, and the new neighborhood of the Americas*. Evanston: Northwestern University Press.

MOORE, Robin (1998): *Nationalizing blackness: afrocubanismo and artistic revolution in Havana, 1920-1940*. Pittsburgh: University of Pittsburgh Press.

— (2006): *Music and revolution cultural change in socialist Cuba*. Berkeley: University of California Press.

MOTEN, Fred (2003): *In the break: the aesthetics of the black radical tradition*. Minneapolis / London: University of Minnesota Press.

OCHOA GAUTIER, Ana María (2014): *Aurality: listening and knowledge in Nineteenth-Century Colombia*. Durham: Duke University Press.

OREJUELA, Adriana (2013): *El son no se fue de Cuba: claves para una historia, 1959-1973*. Caracas: Fundación Celarg.

RAMOS, Julio (2015): «Sonoridad del trabajo: los montajes de Guillén Landrián en *Taller de Línea y 18*». Conferencia leída en LASA 2015. San Juan, Puerto Rico.

REYES, Dean Luis (2004): *Contra el documento*. Pinar del Río: Ediciones al margen.

— (2010): *La mirada bajo asedio: el documento reflexivo cubano*. Santiago de Cuba: Editorial Oriente.

ROBBINS, Dylon (2016): «Deterioration as documentation: fashioning the cinematic artifact in the documentary». En *Discourse: Berkeley Journal for Theoretical Studies in Media and Culture* 38 (1): 69-84.

ROCHA, Eryk & VASCONCELOS, Bruno (2008): *Rocha que voa*. Manaus: Europa Filmes.
SARUSKY, Jaime (2005): *Grupo de experimentación sonora del ICAIC: mito y realidad*. La Habana: Letras Cubanas.
— (2010): *Glauber en La Habana: el amor y otras obsesiones*. La Habana: Unión.
SCHAEFFER, Pierre (2004): «Acousmatics». En Cox, Christopher & Warner, Daniel (eds.): *Audio culture: readings in modern music*. New York: Continuum.
SCHWARTZ, Hillel (2016): *Making noise: from Babel to the Big Bang & beyond*. New York: Zone Books.
STEINTRAGER, James A. (2011): «Speaking of noise: from murderous loudness to the crackle of silk». En *Differences* 22 (2-3): 249-275.
THOMPSON, E. P. (1992): «Rough music reconsidered». En *Folklore* 103 (1): 3-26.
VAZQUEZ, Alexandra T. (2014): *Listening in detail: performances of Cuban music*. Durham: Duke University Press.
VILLAÇA, Mariana Martins (2004): *Polifonia tropical: experimentalismo e engajamento na música popular*. São Paulo: FFLCH/USP.
WISNIK, José Miguel (1999): *O som e o sentido: uma outra história das músicas*. São Paulo: Companhia das Letras.

NICOLASITO'S WAY: LOS SINUOSOS CAMINOS DE LA ESTÉTICA REVOLUCIONARIA

Ernesto Livon-Grosman

> Lo que hace que con frecuencia los documentales sean tan fáciles de comprender es la restricción arbirtraria de sus temas. Suelen atomizar los procesos sociales y presentarnos la alienación que producen esos procesos. Sin embargo uno puede pensar la complejidad de un momento que no puede ser contenido en una sola obra, un momento que contiene de una manera indisoluble hechos y valores cuyo significado no pueden aun visualizarse. El tema del documental sería entonces esta totalidad.
>
> Guy Debord (en *Sobre el pasaje de unas pocas personas a través de un breve período*, cortometraje, 1959)

Los documentales que constituyen la producción cinematográfica de Nicolás Guillén Landrián (1938-2003) llaman la atención no sólo por el grado de experimentación formal que los define, sino también por las dificultades que acompañaron su exhibición. Una consecuencia lógica de estas restricciones fue la escasa atención crítica que recibió su obra; otra, más sorprendente, es el carácter de culto que alcanzaron sus películas en el medio cinematográfico cubano. Al comparar su obra con la de otros realizadores cubanos contemporáneos, como Santiago Álvarez, con los que que Nicolasito compartía los espacios del ICAIC (Instituto Cubano del Arte y la Industria

Cinematográficos), llama la atención la incomodidad que produjo su obra, una suerte de presencia fantasmagórica donde muchos cineastas sabían de sus películas, aun cuando estas no se proyectaban ni se comentaban en los medios oficiales. Esta ausencia crítica está ligada a la censura institucional de su persona y de su obra, que a su vez hizo que la circulación de sus películas fuera, durante años, subterránea. Me gustaría proponer que las restricciones de difusión que rodearon su obra en general, y en particular a *Coffea Arábiga* (1968), se deben más a los desafíos formales que proponen sus documentales que a la preocupación oficial respecto de los contenidos de sus películas. La dificultad de sus documentales está ligada a un montaje discontinuo y a lo que pareciera ser una narrativa de asociación libre; y, sin embargo, es esta complejidad lo que hace que sus trabajos puedan ser percibidos como la reflexión política que son[1].

Nicolás Guillén Landrián –conocido como Nicolasito, para distinguirlo de su tío, el poeta Nicolás Guillén– estudió con Theodor Christensen y Joris Ivens, directores europeos que participaron activamente en la formación de la primera generación de documentalistas que surgieran del entonces recién fundado Instituto del Cine Cubano. En este contexto, la idea de influencia no es tanto una opción personal que surge del gusto por ciertas obras, sino más bien fruto del impacto institucional de un grupo de directores e intelectuales que definieron las estéticas de los primeros estudiantes de cine que se formaron en los años tempranos del ICAIC. A la influencia de Christensen e Ivens hay que sumar la de otros directores y productores como Agnès Varda, Chris Marker, Michel Piccoli y Jean Luc Godard, realizadores que viajaron a Cuba con la intención de filmar durante los primeros años de la Revolución en

---

[1] Esta dificultad para la exhibición de su obra resulta particularmente paradójica si se tiene en cuenta que el ICAIC estuvo consistentemente interesado en la música experimental.

una época en que la isla se transformaba en un importante destino de la izquierda revolucionaria del mundo.

Durante la primera mitad de la década, Marker y Varda filmaron películas icónicas de los primeros años de la Revolución que los colocaron como referentes entre los nuevos realizadores cubanos. Un ejemplo de esta influencia es el caso de *Salut les Cubains* (1963) de Agnès Varda, que tuvo a Sara Gómez como asistente de dirección. Las marcas de esta influencia pueden verse en el uso que Varda hace de las imágenes fijas en ese y otros filmes, recurso que quedará asociado al documental de ensayo de la época. Las películas de Sara Gómez adoptaron no sólo la foto fija, sino también cierto tipo de ritmo en el montaje que recuerda al de Varda.

Tanto Varda como Marker fueron fotógrafos y en su transición de la fotografía al cine incorporaron la imagen fija como eje de sus primeros trabajos cinematográficos. El dispositivo fotográfico también es un punto de contacto entre la obra de Nicolasito Guillén Landrián y la de otros directores de la época, y un recurso que ayuda a colocar sus filmes en el contexto de una producción cinematográfica internacional. Una de las paradojas de la obra de Nicolasito está justamente en este doble estándar según el cual lo que era bueno para los directores extranjeros, todos ellos simpatizantes de la Revolución, no es lo suficientemente bueno como para evitar la censura que habría de durar cuatro décadas. Pese a las dificultades institucionales, sus películas se distribuyeron clandestinamente, a veces en copias digitales muy malas; y esta circulación, aunque tardía, permitió que su obra fuera creando una audiencia entre los directores más jóvenes[2].

---

[2] Desde 2003 Ann Marie Stock ha venido editando en Estados Unidos, en formato DVD, una colección de clásicos del cine cubano. El volumen 9 de la serie está dedicado a la obra de Nicolasito. Esta edición en DVD, que por primera vez permite acceder a buena parte de la obra de Nicolasito, es hasta donde conozco la única disponible oficialmente que cuenta con el apoyo del ICAIC. Para más información véase <http://www.cubancinemaclassics.org/Cuban_Cinema_Classics.html>.

La difícil recepción de sus películas dentro del marco de las instituciones culturales cubanas es, a mi manera de ver, la consecuencia de la concepción instrumentalista y normativa que la Revolución tenía de la relación entre arte y política en un momento en que el *establishment* estaba definiendo su propia versión del realismo socialista. Los censores que lograron prohibir sus películas nunca lograron articular las razones de su incomodidad, pero es posible imaginar que se debió a la combinación de cierta concepción programática del arte y la desconexión respecto de otros discursos y prácticas políticas sobre el cine que ya circulaban fuera de Cuba. Uno de esos referentes, al menos para buena parte de los directores franceses que visitaban la isla, eran los textos y las primeras películas de Guy Debord. Su participación en el letrismo primero y en el situacionismo después hizo que Debord se convirtiera en referente de una izquierda iconoclasta que siempre mantuvo una relación, por momentos tensa, entre arte y política. Para el mayo francés Debord resultó ser una fuente de inspiración por la frescura libertaria con la que interpreta algunas de las nociones más importantes del marxismo, en un momento en que la rebelión obrero estudiantil, que quería distanciarse tanto de la derecha gaullista como de la izquierda estalinista, lo coloca en una posición de liderazgo intelectual. Los sesenta fueron una década expansiva tanto para la izquierda latinoamericana como para la europea, y 1968 en particular fue un momento importante por las discusiones que dentro de la izquierda iban a profundizar la distancia respecto del modelo soviético.

Este es el contexto intelectual en el que Nicolasito filma *Coffea Arábiga*, un documental en sintonía con las discusiones de ese momento y en el que es posible encontrar ecos de la crítica que Debord hace del espectáculo, una crítica que trasciende la referencia a un gobierno o una revolución específica. Al mirar la obra de Nicolasito con una perspectiva global se hace más evidente que el tono paródico que con frecuencia se le atribuye deja de ser una explicación convincente de la reacción oficial. La parodia no logra abarcar la complejidad de la relación entre Nicolasito y el *establishment*, que lo prohibe, lo interna en una institución psiquiátrica y restringe sus movimientos, pero que a la vez también le da los medios para seguir haciendo películas dentro del ICAIC[3].

De todos los documentales que Nicolasito realizara en Cuba, hay tres que se distinguen por su complejidad conceptual: *Desde la Habana ¡1969! Recordar* (1970), *Taller de Línea y 18* (1971), y el más conocido de todos, *Coffea Arábiga* (1968). *Coffea* es el más didáctico, al ser un proyecto por encargo para la Serie de la Enciclopedia Popular[4]. Con un mensaje técnico y por lo tanto sobredeterminado de antemano, *Coffea* se presenta como un documental institucional con el fin de promover el plan de plantación de café en el cordón de la Habana. El proyecto del café, como tantos otros emprendimientos de desarrollo económico de los sesenta, era coherente con los objetivos políticos de la Revolución, que siempre invocó la diversificación productiva como una estrategia para reducir la dependencia del monocultivo del azúcar. El documental muestra los múltiples pasos de la producción de café, desde el sembrado de los plantines hasta el momento de la preparación de la bebida, pasando por la recolección, el tostado y la identificación de sus patologías. Hace todo este recorrido del proceso de producción a partir de una narrativa exhuberante de información técnica, pero contrapunteada con comentarios que interrumpen la narrativa lineal. Es esta deriva en el sentido debordiano del término la que desestabiliza el didactismo del contenido sin jamás dejar de cumplir con su función informativa y la que le permite incorporar múltiples registros semánticos, lo que

---

[3] Un ejemplo inequívoco de parodia cinematográfica se puede encontrar en las películas de William Klein, contemporáneas a las de Nicolasito. Los filmes de Klein ridiculizan hasta el absurdo la banalidad del sistema capitalista y son otro referente importante de la producción cultural en circulación en la década de los sesenta.

[4] Nicolasito dirigió todos sus documentales en Cuba, con la única excepción *Miami Downtown* (2001), que realizó durante el tiempo que vivió en Miami.

aleja a *Coffea* del modelo experimental de un director como Santiago Álvarez, y lo diferencia claramente de la mayoría de los documentales producidos durante los sesenta por el ICAIC, más preocupados por la transmisión de contenidos. El grado de preocupación formal de *Coffea* lo torna un proyecto más abstracto y por momentos más cercano a la instalación que al cine político militante, porque remite a una narrativa fragmentada y paratáctica que crea, a su vez, una tensión entre lo que se dice y la forma en que se lo dice[5].

Coffea comparte con las películas de Santiago Álvarez la conciencia del momento histórico que uno puede encontrar en *Now* (1965) o en *LBJ* (1968), pero relativiza el protagonismo revolucionario al contraponer lo público y lo privado. Los recursos formales en *Coffea*, el juego asociativo que identifica a los esclavos como la primera fuerza de trabajo al servicio de las plantaciones y una canción popular, la parataxia discursiva de los carteles que van difuminando los bordes que separarían el discurso estrictamente técnico de la voz narrativa del documental, como es el caso en la referencia al baile, son dispositivos que le agregan al valor de agencia de sus películas la distancia crítica de un discurso digresivo. El delicado equilibrio entre el cumplimiento con un proyecto didáctico, el de promover la siembra de café, y el juego asociativo de la edición es lo que hace tan difícil clasificar este documental y proponer un juicio que lo explique como un todo. Compleja de explicar, pero no tan difícil de imaginar, es la incomodidad que estas derivas narrativas deben haber causado a una audiencia preocupada por la transmisión de un mensaje instrumental y pedagógico[6].

---

[5] El documental toma su título, *Coffea Arábiga*, del nombre científico de una variedad de café, *Coffea Arabica*, que tiene entre otras la característica de ser particularmente resistente a las enfermedades.

[6] Hay por lo menos tres cortos documentales sobre Nicolasito, y cada uno de ellos ofrece un punto de vista complementario sobre la relación entre lo personal y lo institucional: *Café con leche* (2001), de Manuel Zayas; *Nicolás: el fin pero no es el*

Coffea Arábiga se proyectó por primera vez en 1968, cuando Nicolasito ya tenía en su haber varios filmes, algunos de ellos con premios internacionales, como *En un barrio viejo* (1963), *Ociel del Toa* (1965) y *Retornar a Baracoa* (1966). Por razones personales y profesionales *Coffea* inicia una segunda fase en su trabajo como cineasta.

Poco antes de comenzar la producción de la película, Nicolasito había recibido el alta después de ser acusado de «conducta impropia», un eufemismo de uso frecuente en el discurso oficial, que servía para describir actividades contrarrevolucionarias. Nicolasito se acerca al ICAIC desde un lugar de *outsider* para pedir que lo dejen hacer cine o le permitan irse del país. En respuesta asu pedido el Instituto lo pone en contacto con la Serie de la Enciclopedia Popular, que le encarga la filmación de *Coffea Arábiga*. En un reportaje con Petusky Coger, Nicolasito recuerda las circunstancias en las que surgió el proyecto:

> Me pidieron que hiciera *Coffea Arábiga*, que fue el documental más problemático de los hechos por mí en ese período. Yo fui al departamento de documentales científico-técnicos como una concesión a la dirección del ICAIC, ya que me aceptaban de nuevo. Pero, por ejemplo, *Ociel del Toa* no es por encargo, *Retornar a Baracoa* no es por encargo, *Los del baile* no es por encargo, *En un barrio viejo* no es por encargo. Son documentales que yo hice libremente, que yo escogí y realicé. (Petusky Coger & Ríos & Zayas 2005: en línea)

El carácter de encargo y las restricciones que esto implicaba se convierten en la ocasión para explorar las convenciones del género tal como se lo practicaba en ese momento en el contexto cubano. De hecho, pensar en *Coffea* en relación a un momento específico de la historia del cine documental latinoamericano ayuda a ver mejor las ramificaciones de lo que propone Nicolasito en el documental, que

---

fin (2003), de Víctor Jímenez y Jorge Egusquiza Zorrila; y el más reciente *Retornar a la Habana con Nicolás Guillén Landrián* (2012), de Julio Ramos y Raydel Araoz.

se aleja del neorrealismo dominante de la época en busca de otros modelos[7].

Hacia la segunda mitad de la década, en 1967, Guy Debord publica *La sociedad del espectáculo*, donde desarrolla la idea del espectáculo como un sistema de relaciones sociales basadas en la imagen. Unos años antes propone el concepto de *détournement* como la distancia crítica capaz de resistir la sobredeterminación de ese sistema de imágenes que regula el funcionamiento social. Debord pone en circulación esos conceptos en la década del cincuenta y por lo tanto ya estaban, al menos potencialmente, disponibles en Francia para los directores que irían a Cuba en la década siguiente. Pero, por otra parte, como sugerí al aludir a otras obras contemporáneas a la de Nicolasito, ya a principios de los años sesenta Latinoamérica había tenido sus propias experiencias de *détournement* en algunas obras surgidas en el contexto más del arte que del cine; piénsese, por ejemplo, en las actividades que tuvieron lugar en el Instituto Di Tella en Buenos Aires, y más tarde en *Tucumán Arde* (1968), colectivos que con relativa facilidad combinaron exploración formal y compromiso político[8].

---

[7] Cuba no es el único país que en ese momento está tratando de definir el campo cinematográfico latinoamericano. La estética del hambre de las películas de Glauber Rocha, el cine militante de Raymundo Gleizer o el surrealismo de Alejandro Jodorosky son algunos de los ejemplos que permiten establecer un marco de referencia en el cual colocar las películas de Nicolasito. En particular habría que mencionar *La hora de los hornos* (1968) de Fernando Solanas y Octavio Getino, que a la vez que se aparta del neorrealismo establece una relación entre arte y activismo político que no estaba presente en otros documentales de la época, a excepción de la ya mencionada *Now* de Santiago Álvarez. Como conjunto, estas películas dan una idea de la diversidad de las poéticas en juego en la década en la que se filma *Coffea*; y de hecho son películas con las que el *establishment* cubano va a experimentar cierto grado de incomodidad. La discusion sobre la relación entre arte y política excede los límites de la Revolución cubana; sin embargo, la mirada no tan solitaria de Nicolasito demarca tempranamente en la historia del ICAIC los límites de la estética oficial.

[8] En 1966 y en un contexto muy diferente del cubano, Oscar Masotta y Roberto Jacoby, ambos activos participantes del Instituto Di Tella de Buenos

El uso que *Coffea* hace de la noción situacionista de *détournement*, entendida como el abandono del sentido original a favor de la resignificación de cada elemento del conjunto, ayuda a pensar de qué manera el documental implica una alternativa crítica al modelo del documental cubano, que ya comenzaba a perder flexibilidad; para volver a la cita de Debord, *Coffea* se propone «mostrar toda la complejidad de un momento que no se resuelve en una obra única»[9].

Una de las estrategias con las que *Coffea* se hace eco de la crítica situacionista del espectáculo es el gesto con el que la película disuelve la diferencia entre lo público y lo privado colocándolos a un mismo nivel de importancia, suspendiendo el orden jerárquico que define lo que significa estar comprometido políticamente con la cotidianidad de la Revolución cubana. La manera en la que la película sigue un sinuoso recorrido para incorporar el desvío de lo privado sin nunca perder de vista el punto de llegada del proyecto colectivo caracteriza toda la obra de Nicolasito y es particularmente notable en *Coffea*.

Un buen ejemplo de esta disolución de la diferencia entre el registro público y el privado es la secuencia en la que una mujer escucha

---

Aires, presentaron su «antihappening», donde hacían circular fotografías y gacetillas de prensa anunciando un happening que no había tenido lugar. La inclusión en *Coffea* de una breve entrevista a una mujer que espera el bus y contesta preguntas sobre el cultivo de café en checo, sin que la película incluya traducción o subtitulado alguno, tiende a producir una fractura similar en la homogeneidad de las narrativas que cargan de sentido cada acto público que tiene lugar en la Revolución. Vale la pena recordar que mientras Masotta y Jacoby podían considerarse a sí mismos y al Instituto Di Tella como *outsiders* del sistema, Nicolasito, en cambio, está trabajando dentro de una de las instituciones más existosas de la Revolución cubana y por momentos funciona como un *insider*. Debo un agradecimiento especial a Mariano Mestman por sus generosos comentarios y datos sobre el cine político de los sesenta y setenta.

[9] Vale la pena recordar que en la versión cinematográfica de *La sociedad del espectáculo* Debord dedica cerca de un minuto de la película a la imagen de Fidel hablando por televisión, lo cual confirma en cierto sentido que su crítica no excluye a los gobiernos llamados socialistas.

Mujer peinándose, *Coffea Arábiga* (1968).

la radio mientras se peina. El montaje combina en planos sucesivos elementos de esa imagen de lo íntimo, el tocador, la radio y el poema sentimental, subvirtiendo la relación jerárquica entre productividad y ocio. Al igual que las otras mujeres que participan en la cosecha del café, los ruleros son el elemento visual que encadena los múltiples planos de las trabajadoras en diferentes actividades. Mientras se peina, la mujer, que aparece por medio de una serie de fotos fijas, escucha en la radio un poema leído con enunciación melodramática que recuerda los radioteatros de la década anterior, previos a la popularización de la TV. La secuencia enfatiza el carácter no productivo de estas actividades y se las ingenia para ofrecer una representación en la que lo cotidiano recibe la misma atención que las actividades revolucionarias, naturalizando la transición que va de la audición radiofónica a la recolección y el secado del café. En esta y otras películas Nicolasito presenta una idea del ocio que nunca aparece parcelada por una fórmula como la de Lenin cuando proponía que un revolucionario debía tener un tercio de su tiempo dedicado al trabajo, un tercio al ocio y un tercio al descanso. En sus películas el ocio y la idea de la fiesta se presentan como actividades que no necesitan de ninguna justificación, como sucede en la secuencia dedicada al baile. En el contexto de su obra es más atractivo leer la fiesta como la lógica del placer y como comple-

Plano medio de mujer joven bailando, *Coffea Arábiga* (1968).

mento orgánico del trabajo, más que como una defensa nostálgica de los años prerrevolucionarios: es decir, es menos una disensión que la celebración del presente en una revolución real y concreta[10].

El tema de la fiesta es para la Revolución cubana un tema contencioso, que con frecuencia se presenta asociado a los años prerrevolucionarios, a la decadencia capitalista; por extensión, el fin de la fiesta se piensa como uno de los objetivos programáticos de la Revolución. En la secuencia que abre *Memorias del subdesarrollo* (1968), de Tomás Gutiérrez Alea, se muestra un baile callejero, una fiesta que termina con un disparo y un cadáver; es decir, con una admonición sobre los posibles peligros de la fiesta. Esta secuencia, que no tiene continuidad narrativa alguna durante el resto de *Memorias*, ejemplifica la idea que la Revolución tiene de la fiesta[11].

La noción de *détournement* está presente a lo largo de todo el documental y, de manera muy especial en la relación entre palabra e imagen, en la secuencia dedicada a la germinación de la semilla de

---

[10] Véase en <https://vimeo.com/72162475>.

[11] Para otro ejemplo de la dificultad que la política cultural cubana ha tenido con la fiesta en el cine, véase *PM* (1961) de Sabá Cabrera Infante. Mucho más reciente es la excelente reflexión de Antonio José Ponte en *La fiesta vigilada* (2007). Véase también el videoclip en <https://vimeo.com/72162136>.

café. Narrada por la voz en *off* del Ingeniero Bernaza, la secuencia es en sí misma una obra maestra del uso del espacio en la pantalla, por el tamaño de la letra y sobre todo por el ritmo con que aparecen las palabras. La deriva consiste en este caso en que el texto que se lee se aparta de la prolija narración del ingeniero y en un momento se «cuela» en pantalla el texto «Dale duro a los yanquis», con el sorprendente resultado de que la inclusión de esta consigna, uno de los lemas clásicos de crítica al intervencionismo norteamericano, genera más preguntas que respuestas: ¿el discurso político y el técnico pertenecen al mismo registro? ¿Las prácticas agrícolas alcanzan un nuevo nivel semántico cuando quedan yuxtapuestas a las consignas revolucionarias? ¿Es el discurso político sinónimo de pragmatismo? Un poco a la manera de las intervenciones de los letristas franceses, que al recortar capas de afiches publicitarios resignificaban las imágenes que iban quedando expuestas, el trabajo cinematográfico de Nicolasito revela no un texto escondido sino las relaciones de poder entre dos tipos diferentes de discurso público, al hacer que las palabras que aparecen en pantalla se aparten del sonido que están representando[12].

Los documentales de Nicolasito siempre se caracterizaron por la complejidad de la banda sonora, por lo general construida a partir de múltiples sonidos extradiegéticos que constituyen un componente en sí mismo más que un mero mecanismo de apoyo para la imagen. En una de las secuencias más notables de *Coffea* el documental superpone la canción «El loco en la colina» («The Fool on the Hill») de los Beatles con la imagen de Fidel Castro subiendo a un podio frente a una multitud. La primera impresión es de sorpresa, por la aparente incongruencia entre la imagen y la letra de la canción y por el uso de un tema de los Beatles en un momento en que el rock en general y los Beatles en particular estaban prohibidos en Cuba. La sorpresa, sin embargo, cede y se hace evidente la perspicacia del comentario político que produce el documental a partir de un dispositivo básico

---

[12] Véase en <https://vimeo.com/72162401>.

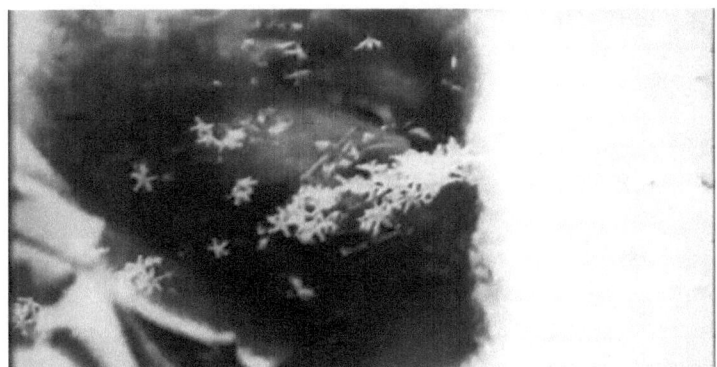

Flores sobre barba, *Coffea Arábiga* (1968).

de edición: la superposición de dos imágenes y la banda de sonido –el primerísimo plano de la barba de Fidel y una imagen de flores de café acompañados por la canción de los Beatles– crea un nuevo significado que no existía por sí mismo en ninguno de sus componentes antes del montaje. En este caso, la canción de los Beatles funciona como una forma de narración en *off*, una suerte de coro griego que comenta las acciones del personaje, y las flores son el puente metonímico entre la imagen de Fidel Castro y la letra:

> [...]
> Well on the way,
> Head in a cloud,
> The man of a thousand voices talking perfectly loud
> But nobody ever hears him,
> or the sound he appears to make,
> and he never seems to notice.
>
> But the fool on the hill,
> Sees the sun going down,
> And the eyes in his head,
> See the world spinning 'round.
> [...]

El sorpresivo fundido de la imagen de Fidel con flores de café superpuestas a su barba, en el momento mismo en que sube a una tribuna, lo transforma en un *flower child*; aunque se trate de otras flores, otras barbas, otras revoluciones contemporáneas pero distantes, por un instante todas ellas coexisten en un mismo gesto de admiración y de crítica[13].

La obra de Nicolasito, en particular *Coffea Arábiga*, estableció, simultáneamente con sus pares europeos, la posibilidad de un documental comprometido políticamente aunque no necesariamente con el mismo significado que esos términos tenían dentro de la revolución en la que se produjo. Parafraseando a Debord, *Coffea* cuestiona una economía de la imagen y expone el espectáculo que acompaña a la Revolución y el criterio unidimensional con el que esta representa la productividad, el liderazgo político, la guerra, etcétera. La obra de Nicolasito también expande, más allá de las circunstancias de las políticas culturales cubanas, la discusión de las posibilidades críticas del documental como género; por extensión, es también una invitación a revisar los criterios que se han seguido para la construcción de la historia del cine latinoamericano. ¿En qué medida sus filmes desestabilizan la noción del Tercer Cine como una estética alineada con la Revolución cubana? ¿Hasta qué punto se puede decir que las dificultades de los censores cubanos con la obra de Nicolasito dicen más sobre cómo el cine militante fue usado como una herramienta ideológica dentro de la Revolución, que sobre su obra en particular? En este contexto, cabe preguntarse si la categorización de su obra como paródica no es una justificación de cierta visión burocrática del arte y, en última instancia, otra manifestación de la autocensura. Más importante quizás es la posibilidad de pensar que intersecciones

---

[13] Los Beatles estrenaron «Fool on the Hill» a fines de 1967, como parte del álbum *Magical Mystery Tour*. La canción, según McCartney, se refiere al Gurú Maharishi, y al igual que el uso que *Coffea* hace del tema, la canción misma es ambivalente respecto de su juicio del personaje. Véase el videoclip en <https://vimeo.com/72162245>.

como las que se encuentran entre los documentales de Nicolasito y ciertos conceptos del situacionismo no dependen de un contacto directo de Debord con el cine cubano, sino de lo que Wittgenstein (2009) pensaba respecto de ciertas estructuras del lenguaje: que existen relaciones de familia, por las cuales ciertos aspectos de una estructura se repiten como se repiten aspectos fisionómicos dentro de una familia, como semejanzas que, en este caso, comparten una misma época.

Las películas de Nicolasito siguen necesitando de una interpretación que nos permita comprender mejor las condiciones en las que se produjeron. En este sentido, es más útil pensarlas no como una anomalía dentro de la historia del cine cubano, sino como parte de una izquierda que más allá de sus filiaciones nacionales desea mantener una mirada crítica sobre las instituciones, incluso aquellas que apoya. Son también una oportunidad para volver a pensar las múltiples formas de compromiso político que coexistieron en los sesenta y los setenta, diversidad ideológica que se dio dentro de la izquierda latinoamericana y que, por momentos, disintió con el *establishment* cubano, pero que no fue muy diferente de la que tuvo lugar simultáneamente en Europa. Basta recordar que el mismo Régis Debray, que en los años setenta manifestara su desacuerdo con Guy Debord, es el que en 1967, estando en Bolivia con el Che Guevara, publicó *Revolución dentro de la revolución: lucha armada y lucha política en América Latina*. O que el ICAIC insistió en cambiar el final de la primera parte de *La hora de los hornos* antes de su exhibición en Cuba porque cuatro minutos de un plano fijo de la cabeza del Che muerto se consideraba malo para la moral cubana. Un momento como el presente, en que buena parte de los gobiernos latinoamericanos están revisando la historia de las últimas décadas, es una buena ocasión para preguntarse qué significaría hoy producir cine latinoamericano con compromiso político. La obra de Nicolasito Guillén Landrián ayuda también a repensar la relación entre compromiso político y experimentación formal, ya no como antagónica sino como colaboración donde el primero es la extensión de la otra en el mismo sentido en que la teoría es la extensión de la práctica.

BIBLIOGRAFÍA

CHANAN, Michael (2004): *Cuban Cinema*. Minneapolis: University of Minnesota Press.
DEBORD, Guy (1959): *On the passage of few persons through a rather brief period of time*: <http://library.nothingness.org/articles/SI/en/display/120>.
— (2009): *Society of the spectacle*. London: Rebel Press.
GARCÍA BORRERO, Juan Antonio (2009): *Intrusos en el paraíso: los cineastas extranjeros en el cine cubano de los años sesenta*. Granada: Fundación El legado Andalusí.
KATZENSTEIN, Inés (ed.) (2004): *Listen, here, now: Argentine art in the 1960s, writing of the avant-garde*. New York: MOMA.
LONGONI, Ana & MESTMAN, Mariano (2008): *Del Di Tella a Tucumán Arde: vanguardia artística y política en el 68 argentino*. Buenos Aires: Eudeba.
PETUSKY COGER, Lara & RÍOS, Alejandro & ZAYAS, Manuel (2005): «Entrevista a Nicolás Guillén Landrián» En *Cubaencuentro*, 2 de septiembre: <http://arch1.cubaencuentro.com/entrevistas/20050904/74540a9e00385c591a45bac12d946245/1.html>.
PONTE, Antonio José (2007): *La fiesta vigilada*. Barcelona: Anagrama.
STOCK, Anne Marie (2009): *On location in Cuba: street filmaking during times of transition*. Chapel Hill: University of North Carolina Press.
WITTGENSTEIN, Ludwig (2009): *Philosophical investigations*. Malden: Wiley-Blackwell.

De la ciudad como rutina a la ciudad como proceso productivo
La Habana de los años sesenta en los documentales de Nicolás Guillén Landrián

Juan Carlos Rodríguez

Tal como sucede en otras tradiciones cinematográficas latinoamericanas, los documentalistas cubanos han privilegiado lo nacional como imaginario geográfico y social. Sin embargo, al inicio del documentalismo revolucionario de los años sesenta se puede hablar de una ciudad latente, de un paisaje urbano centelleante, que incita representaciones de la realidad cubana. En su ensayo «Nuestro cine documental», publicado en la *Revista Cine Cubano* en 1964, Julio García Espinosa ofrece un panorama de los primeros cinco años de cine documental en la isla[1]. Llama la atención que ocho de los quince

---

[1] Como ha recordado Jorge Luis Sánchez en *Romper la tensión del arco: Movimiento cubano de cine documental* (2010), esta pieza es clave para entender la evolución del documental cubano, pues allí García Espinosa da cuenta de algunos aciertos de los directores cubanos en la representación cinematográfica de la compleja realidad nacional. Según Sánchez, la importancia del texto no radica solamente en el acopio de logros que identifica el autor. Su relevancia también se desprende del hecho de que el autor cierra el texto aludiendo a la existencia de una crisis en la representación de la realidad cubana a partir de 1963. Para García Espinosa, los cineastas cubanos habían perdido los vínculos orgánicos con su entorno social y eso daba paso a la confusión ideológica, la cual «crea sus mitos» y «logra también una mezcla extraña» (1964: 20). La ansiedad de García Espinosa, según explica Alberto Roldán, pudo estar motivada por una angustiosa recepción de los documentales cubanos en el festival de Leipzig por parte de

documentales discutidos por García Espinosa propongan miradas a la ciudad desde distintas ópticas: *La vivienda* (Julio García Espinosa, 1959), *Asamblea General* (Tomás Gutiérrez Alea, 1960), *Gente de Moscú* (Roberto Fadiño, 1963), *Historia de un Ballet (Suite Yoruba)* (José Massip, 1962), *Colina Lenin* (Alberto Roldán, 1962), *En un barrio viejo* (Nicolás Guillén Landrián, 1963), *El parque* (Fernando Villaverde, 1963) y *Una vez en el puerto* (Alberto Roldán, 1963). Lo significativo de esta lista es que insinúa un recorrido crítico que invita a explorar el rol de la ciudad y de la representación de realidades urbanas en el documental cubano.

A juzgar por la selección de García Espinosa, parte del desarrollo del lenguaje cinematográfico nacional en el documentalismo cubano de los sesenta conllevó la búsqueda de un lenguaje propicio para la representación de fenómenos urbanos. Aunque en estas producciones La Habana se inscribe como metáfora nacional, sinécdoque del país o símbolo de la modernidad, esa ciudad de celuloide en ocasiones conserva elementos muy característicos que la ponen en tensión con el imaginario nacional[2]. Podemos decir que la ciudad y lo urbano alimentan el inconsciente político del documental cubano.

---

cineastas del bloque soviético que cuestionaban «si el cine cubano había perdido el aliento revolucionario» (2002: 150). A contrapelo de la ansiedad expresada por García Espinosa, Sánchez abraza la mezcla como zona productiva. Para Sánchez, es precisamente esa mezcla de recursos alusiva al repertorio cultural de la cubanía la que dará impulso al cine documental en la isla (2010: 102). Dicho movimiento documental cubano, propone Sánchez, se articulará al amparo de dos figuras que, precisamente, en sus documentales de 1963, irán afinando sus horizontes creativos: Santiago Álvarez y Nicolás Guillén Landrián. Con *Ciclón*, de Álvarez, y *En un barrio viejo*, de Guillén Landrián, aparece un modo de hacer cine documental que acude a la mezcla de estilos para establecer su cubanía.

[2] Vale aclarar que en la Cuba de los años sesenta se documentaron también otras ciudades que no eran la capital. *Iré a Santiago* (Sara Gómez, 1964) y *Guantánamo* (José Massip, 1967) evidencian el interés por las ciudades de provincia. *Gente de Moscú*, mencionada por García Espinosa, anticipa el interés de los documentalistas cubanos por la filmación de ciudades en otros países, interés que se

Si analizamos los títulos mencionados por García Espinosa, queda claro que la mayoría de estos documentales se presentan como miradas a espacios urbanos genéricos de cualquier ciudad, tales como el parque, el barrio viejo o el puerto. Otros aluden a problemas urbanos, como la vivienda, o actividades características, como son la asamblea y el ballet. Curiosamente, el único título alusivo a un lugar específico es *Colina Lenin*, documental grabado en el municipio de Regla, un sector de la periferia urbana que forma parte de la zona metropolitana. Más que un lugar distintivo, La Habana es un espacio urbano implícito, una ciudad inferida. Vista a la luz de los títulos de estos documentales, la capital cubana evoca rincones, retos y eventos emblemáticos de cualquier paisaje urbano moderno. Pero, lejos de proponer una visión monolítica de la ciudad, los documentales producidos por el ICAIC durante los primeros años de la Revolución ofrecen una visión diversa de los fenómenos urbanos. No sólo revelan las distintas Habanas que coexistieron en la etapa inicial revolucionaria de los años sesenta, sino también esa poderosa «confusión» de miradas que hicieron posible aquella amalgama de ciudades yuxtapuestas.

De la enumeración provista por García Espinosa se desprenden varias ciudades: ciudad-proceso, ciudad-evento, ciudad rutina. Pese a las deficiencias reconocidas por el propio García Espinosa en el ensayo antes citado, *La vivienda* surge como modelo de aquellos documentales de microbrigadas enfocados en el fenómeno constructivo, en los

---

cristalizará distintivamente en *Cerro Pelado* (1966) y *Hanoi, martes 13* (1968), ambos de Santiago Álvarez, documentales que ofrecían miradas complementarias desde las cuales la capital cubana podía advertir sus diferencias con el resto del mundo. La tensión entre los documentales que representan la capital cubana y los realizados por cineastas cubanos en otras ciudades, tensión ya presente en la lista de Espinosa, adquiere otras connotaciones si la discusión del documental urbano dentro y fuera de Cuba incorpora el análisis de los documentales realizados por el exilio cubano en sus distintas etapas y desde distintas ciudades norteamericanas y europeas.

que la ciudad aparece enmarcada dentro de un proceso de transformación física y social. Contrario a *La vivienda*, *Una vez en el puerto* plantea los cambios ocurridos en el espacio urbano después del triunfo de la revolución, pero con el motivo de acentuar la permanencia de asuntos del pasado, lo que de algún modo sugiere la brecha entre la transformación física y el conformismo social. En cambio, *Asamblea General* propone una mirada a la ciudad como evento, como zona de movilización masiva, lo cual establece las bases para el desarrollo del reportaje documental en Cuba. *Gente de Moscú*, *El parque* y *En un barrio viejo* plantean la posibilidad de observar la ciudad como una confluencia de rutinas compuestas por cuerpos que despliegan distintos hábitos y gestos. No podemos olvidar que el interés por la ciudad documentada a partir de sus rutinas es un elemento central de una producción anterior, *PM* (Sabá Cabrera Infante y Orlando Jiménez Leal, 1961), documental que García Espinosa no menciona porque había sido censurado por el ICAIC. En estos documentales, la ciudad como rutina se va creando a partir de un montaje de imágenes que va traduciéndose en atmósferas que incitan sensaciones del lugar (el parque, el barrio) y del itinerario (la noche). Sólo una Habana ha quedado fuera del recorrido que nos ofrece García Espinosa: la ciudad que se revela como acervo de estilos arquitectónicos. Esta ciudad, ya filmada entonces, adquirirá mayor presencia en el documental cubano a partir de la década de los ochenta, cuando la capital cubana sea declarada Patrimonio de la Humanidad por la UNESCO.

La Habana vista como evento político o proceso de transformación física y social convive en estos años con La Habana vista como performance, espectáculo y fiesta de pueblo. Tanto *En un barrio viejo* como *Colina Lenin* e *Historia de un Ballet* exploran las rutinas habaneras a partir de los poderes expresivos y convocantes de las culturas afrocubanas. La ciudad como performance y espectáculo musical en cada uno de estos documentales reclama distintos espacios: los interiores de *En un barrio viejo*, las calles de *Colina Lenin*, y el viaje del solar al escenario teatral de *Historia de un ballet*. La Habana afrocubana y musical también jugará un rol importante en dos documentales posteriores: *Nosotros, la música* (Rogelio Paris, 1964) y *Guanabacoa: Crónica de mi familia* (Sara Gómez, 1964). Las Habanas representadas en los documentales cubanos han servido de marco para articular zonas de negociación y tensión entre los repertorios culturales de la capital cubana y el proyecto épico y político de la Revolución.

De los documentalistas mencionados por García Espinosa, Nicolás Guillén Landrián es quizás el que más insistió en problematizar la representación de La Habana de los años sesenta y principios de los setenta. Si nos detenemos en su filmografía, vemos que sus documentales cubren más de una década de imágenes cambiantes de la capital cubana. Habría que preguntarse cuántas ciudades filmó y editó Nicolás Guillén Landrián. Valdría la pena estudiar los imaginarios urbanos que se han proyectado en sus documentales. En lo que sigue voy a detenerme en la representación de La Habana de los años sesenta en dos de sus filmes: *En un barrio viejo* (1963) y *Coffea Arábiga* (1968). Intento registrar un desplazamiento en la cartografía de documentales urbanos que Guillén Landrián nos deja como legado: el movimiento desde La Habana como rutina popular a La Habana como proceso productivo. La primera es una ciudad compuesta por un montaje fotogénico que revela atmósferas de lo cotidiano. La segunda, en cambio, responde a un montaje asociativo en que la ciudad se revela como paisaje hipermediatizado.

Con el fin de ubicar esta discusión dentro de un panorama más amplio que invite futuras reflexiones sobre el rol de la ciudad en el cine de Nicolás Guillén Landrián, quisiera proponer una historización del documentalismo urbano de este director que pasa por cinco etapas. En sus primeros documentales (*En un barrio viejo*, 1963, y *Los del baile,* 1965), La Habana se revela como espacio profílmico y ciudad-rutina que revela los repertorios gestuales y motrices de una corporalidad popular. A esta ciudad le sigue La Habana de *Ociel del Toa* (1965): más que un paisaje representado, la capital se revela como ciudad interpelada, como destino posible de la representación de un campesinado que busca ser reconocido en la capital y dar a conocer sus modos de vida a los habaneros. Después del ciclo de documentales realizados en Baracoa, Guillén Landrián sufre algunas crisis nerviosas y es despedido del ICAIC. Un tiempo después, el director retorna al ICAIC como parte del equipo de realización de documentales científico-técnicos. A este segundo periodo en el ICAIC pertenecen la tercera y cuarta etapa del documentalismo urbano de Guillén Landrián. *Coffea Arábiga* (1968) y *Taller de Línea y 18* (1971) pertenecen a la tercera etapa, puesto que proponen una representación crítica de La Habana mediante un cuestionamiento irónico de la ciudad-proceso. Aquí la capital cubana aparece como un paisaje hipermediatizado que se desterritorializa dentro de un proceso productivo saturado de incógnitas. Esa tercera etapa, que converge con un cuarto momento de lo urbano en los documentales de Guillén Landrián, está matizada por el conflicto entre dos visiones de lo moderno. Hay una fuerte tensión entre la modernidad caótica de *Desde La Habana ¡1969! Recordar* (1970) y la modernización racionalizada que se representa en *Un reportaje en el puerto pesquero* (1972) y *Para construir una casa* (1972). Los últimos documentales realizados por Guillén Landrián en el ICAIC delatan un legado urbano constituido por el choque de dos ciudades disonantes: una ciudad-alucinada que opera como delirio histórico de alcance cósmico y una ciudad en proceso de industrialización que funciona según una razón de Estado que logra subsumir en su apelación didáctica la mirada incisiva del pueblo trabajador. Más que un paisaje representado, La Habana evocada en *Desde La Habana...* es un espacio mental en que historia y memoria se desubican simultáneamente en un ansioso flujo de fragmentos inconexos del que brotan asociaciones perspicaces. En esta cuarta etapa, el urbanismo racionalizado según el esquema de los procesos industriales que transforman la vivienda y el puerto pesquero se opone a La Habana como espacio descoyuntado de la angustia existencial y psíquica.

La quinta y última etapa del documentalismo urbano de Guillén Landrián no corresponde a la representación de la capital cubana.

Como muchos artistas cubanos en los años setenta, Guillén Landrián se vio expulsado de la institución en la que laboraba. Pero no fue hasta el año 1989 que pudo salir del país. En su exilio de Miami, Guillén Landrián se dedicó a la pintura. En el año 2001, sin embargo, tuvo la oportunidad de participar en un filme dedicado a la ciudad de Miami llamado *Inside Downtown*. A propósito de este filme, Guillén Landrián ha comentado: «Quería comunicar que yo estaba en Miami, que estaba vivo y que estaba haciendo cine». En su última mirada a lo urbano Guillén Landrián se sumerge en las imágenes y se pierde entre la gente en una ciudad de las cosas donde reina el consumo y sorprenden los encuentros fortuitos.

EN UN BARRIO VIEJO O LA CIUDAD COMO RUTINA POPULAR: HILOS DE TIEMPO, MIRADAS CRUZADAS Y DESPLAZAMIENTO ESPACIAL

En sus primeros documentales (*En un barrio viejo* y *Los del baile*), Guillén Landrián se acerca a La Habana como un espacio profílmico genérico: el barrio y la cervecería. Aunque ninguno de los filmes hace referencia explícita a La Habana como lugar de filmación, se puede inferir que las imágenes del barrio, en el primer filme, o de la cervecería, en el segundo, implícitamente capturan una realidad habanera reconocible para los espectadores. El espacio ante la cámara no se resuelve en un catálogo de paisajes sino más bien en una encarnación gestual de las rutinas urbanas que pasa por un contraste entre cuerpos en reposo, que posan o miran a la cámara, y cuerpos en movimiento, que navegan la ciudad o se extravían en el baile. La ciudad-rutina de Guillén Landrián se revela como una urbe donde los ritmos de la colectividad, musicalizados a son de tumbadoras y mozambique, pero también presentes en la marcha militar y el hormigueo callejero, son trastocados por pausas y poses que encarnan e individualizan lo urbano y lo habanero.

En un barrio viejo inicia con una toma de un techo del barrio, seguida de dos tomas a una joven que mira desde una azotea. A continuación, vemos una marcha revolucionaria que pasa por las calles del barrio, cuyo flujo luego es visto desde el interior de una barbería. La imagen de unos hombres concentrados en un juego de ajedrez evoca irónicamente el juego de poderes, batallas y guerras que implica todo proceso revolucionario. Maestro del contrapunto, Landrián hilvana marcha con rumba, fiesta y milicia, para sugerir la tensión entre proceso histórico y repertorio cultural, la cual se resuelve en una atmósfera donde el gesto épico se yuxtapone a lo habitual de los rituales del juego, el café, el cine, la comida, el paseo, el trabajo. En vez de narración, predomina un montaje fotogénico creado por asociación rítmica e icónica de imágenes que revela un paisaje cambiante de rico poder connotativo. Hay oficios que se evocan en fachadas de talleres poblados por cuerpos que miran directamente a la cámara. Pero a Landrián no se le escapa el que La Habana también sea la mirada de un viejo que deambula y pide limosna a una pareja vestida de domingo. Niños, hombres y viejos miran a la cámara: juego, trabajo e indigencia configuran un paisaje que se detiene a devolvernos la mirada y a inquietarnos con el secreto de sus preguntas.

Aunque la progresión de miradas callejeras asume un carácter generacional que evoca una temporalidad evolutiva de la niñez a la vejez y se traduce en los pasajes del juego al trabajo y del trabajo a la mendicidad, *En un barrio viejo* teje esas miradas con otras dos trayectorias: una temporal y otra espacial. Si comparamos la temporalidad evolutiva sugerida por las miradas callejeras con la progresión del filme de principio a fin, vemos que el curso de la niñez a la vejez se intercala con un movimiento regresivo sólo aparentemente parecido al del viaje a la semilla. Al principio, el paisaje habanero se asocia a la movilización política bajo el signo de una marcha de militantes que inscribe el diario vivir barrial dentro de los confines del acontecer revolucionario.

Pero, muy convincentemente, el documental insinúa que, lejos de inmutarse por la llegada al barrio de un evento que implica ruptura, los vecinos siguen sumidos en su diario vivir. Guillén Landrián inicia con un guiño al proceso histórico (la marcha de los milicianos) y culmina con una danza que celebra las tradiciones culturales afrocubanas. El viaje de Guillén Landrián por el barrio viejo es un viaje temporal entre dos constelaciones del presente: el presente revolucionario, un presente actualizado en tanto movilización política, y el presente de las tradiciones afrocubanas, un presente potenciado por cuerpos que bailan al son de los cueros. *En un barrio viejo* culmina con el suspenso de una pareja de danzantes en foto fija. Guillén Landrián concede a los paleros no sólo la última palabra sino también el vértigo de un movimiento que nos asecha desde la fijeza.

Espacialmente, el filme se inicia en exteriores, pero muy pronto la cámara de Livio Delgado aprovechará oportunidades para filmar interiores que se ven desde la calle y exteriores que son visibles desde el interior. Se crea así un paisaje urbano que amplifica la cualidad habanera de esos barrios cuya vida transcurre en los umbrales, en el contrabando de gestos en la puerta, en el vaivén que bulle entre la casa y los zaguanes. El paseo de Nicolasito por el barrio habanero es un viaje del exterior al interior: el filme culmina en el interior de una casa donde tiene lugar una ceremonia de paleros. Si el espacio callejero evoca un contrapunto de lo público y lo privado, de lo histórico y lo rutinario, la casa a su vez aparece como un espacio sagrado y religioso, como un punto de llegada que no está exento de conflicto, pues en dicho espacio heterotópico conviven tensamente dos manifestaciones de la creencia: las reglas de Congo y las fotografías de los comandantes revolucionarios.

Guillén Landrián no se contenta con registrar la coincidencia de lo revolucionario y lo afrocubano como si se tratara de una convivencia armónica. Aunque el montaje fotogénico de símbolos paleros y revolucionarios insinúa la fusión de ambos sistemas icónicos en tanto expresiones de un sincretismo religioso popular, el trabajo de cámara propone otras coordenadas de interpretación. Como las imágenes de Fidel y Camilo se encuentran arriba, el director las filma utilizando tomas en contrapicado (de abajo hacia arriba), como si fueran observadas por quienes participan en la ceremonia afrocubana representada

En un barrio viejo (1963).

en el documental. Pero Guillén Landrián muestra estas imágenes en contrapunto con tomas de la ceremonia en ángulo picado (de arriba hacia abajo), las cuales corresponden al punto de vista de un observador posicionado a la altura de las imágenes de Fidel y Camilo. Este ángulo alto de filmación puede interpretarse como una simulación según la cual se reproduce la mirada imaginaria que los comandantes revolucionarios dirigen a la ceremonia, como si vigilaran su acontecer. El mérito del trabajo de cámara estaría en recurrir a la manipulación de los ángulos de filmación para sugerir un desequilibrio, una asimetría, en la calibración de las miradas que definen las relaciones entre la revolución fidelista y la tradición afro-cubana. Según sugiere la secuencia, los líderes revolucionarios miran desde arriba al pueblo y a sus tradiciones; en cambio, el pueblo tan sólo puede mirar desde abajo y hacia arriba para acceder a la imagen de sus líderes. Aunque el modo de filmación observacional practicado por Guillén Landrián es afín a la mirada antropológica, ni la Revolución ni la tradición afrocubana se presentan de forma aislada, como si fueran objetos de estudio, en todo caso ambas se muestran como contrapuntos de una tensa cotidianidad barrial.

Coffea Arábiga o la ciudad como proceso productivo hipermediatizado: La Habana desterritorializada y el legado urbano de Nicolás Guillén Landrián

A diferencia de lo que ocurre en sus primeros documentales, cuya filmación se circunscribe a espacios urbanos genéricos pero específicos, tales como el barrio y la cervecería, espacios entretejidos con imágenes del interior de algunas casas, *Coffea Arábiga* es un despliegue heterotópico de imágenes que representa varias regiones de Cuba. El filme arranca con una imagen lumínica solar acompañada por los versos del poeta Nicolás Guillén, tío del cineasta. A la imagen del sol le sigue la imagen del mar, lo cual sugiere que el mundo evocado por las imágenes visuales y sonoras corresponde al de una isla. Luego de este segmento se combinan intertítulos y fotos fijas con el fin de repasar la historia del café en Cuba desde sus inicios en Wajay. Imágenes del interior de una hacienda de café en Santiago de Cuba sirven de contraste a imágenes posteriores: intertítulos que se refieren al trabajo de los negros, fotos de las cadenas de la esclavitud y tomas de un baile de tumba francesa que representan el legado afrocubano de la zona oriental. Este preludio culmina con una repetición de las imágenes del inicio: un baño solar y marino al compás de la poesía. Antes de presentar el título del filme, Guillén Landrián quiere dejar claro que la historia del café en Cuba viene de Oriente y tiene al pueblo afrocubano como protagonista.

Luego de una secuencia de créditos al son del jazz, siguen una serie tomas que corresponden a la preparación de la tierra para el cultivo del café. La industrialización mecánica del campo no sólo se sugiere mediante imágenes que evidencian el uso de maquinarias sobre el suelo destinado al cultivo, sino también en el montaje que propone la repetición mecánica de estas mismas imágenes. Aquí se revela una de las insinuaciones de Guillén Landrián a lo largo del proceso: el cultivo de café en el cordón de La Habana es un proceso productivo que implica una división del trabajo que tan sólo puede representarse a través de una saturación de imágenes sugerentes de un paisaje hipermediatizado. Así como la evidencia visual sugiere que la producción agrícola se ha mecanizado, el montaje repetitivo de las imágenes de las máquinas que transforman el suelo rural sugiere que la representación misma de esta realidad está sujeta a los ritmos de la reproducción mecánica. La siembra en el cordón de La Habana no se representa como un retorno nostálgico a un imaginario pastoral de naturaleza inmutable, sino como un proceso mecanizado de producción a gran escala donde máquina y naturaleza se implantan a modo de injertos en imágenes cinematográficas y afiches.

Esa representación mecanizada de una realidad transformada por sistemas y maquinarias es precisamente lo que plantea la secuencia siguiente: el informe del ingeniero Bernaza sobre la siembra directa. El informe técnico se representa en pantalla mediante un montaje trucado de palabras y letras que adoptan la tipografía de una máquina de escribir para iniciar un rico juego de ironías. Las letras del abecedario y algunas sílabas, palabras y frases sueltas dichas por el ingeniero, representan la producción agrícola en las zonas urbanas como un flujo informativo, que se mantendrá a lo largo del filme mediante la inserción de imágenes de afiches informativos.

Aquí el texto se convierte en ese trozo de realidad bajo escrutinio, en ese fragmento del mundo examinado por el documental. La saturación textual de la imagen revela el paisaje hipermediatizado de un orden burocrático que es una parodia de la tecnocracia. La tipografía mecánica del orden burocrático, que delata el discurso mecánico de la tecnocracia agrícola, sufre un giro al final de la secuencia. Su despliegue paródico se ve intensificado por una evocación irónica de consignas antiimperialistas, que están subordinadas al mismo mecanismo tipográfico: «seguro, a los yankees dale duro» y «pin pon fuera abajo Caimanera». Lo que arranca como un flujo informativo de textos en movimiento va transformándose en un poema concreto de tono satírico que se burla de la división del trabajo implícita en el proceso de transformar el cordón de La Habana en una zona cafetalera.

Al introducir La Habana en la próxima secuencia, Guillén Landrián propone la idea de que la ciudad es también un flujo informativo multimedios, un paisaje heterotópico de imágenes que acentúan el valor polisémico del proceso productivo. Una toma de una mujer blanca acercándose a una parada de autobús abre la secuencia. La mujer mira dos veces a la calle y en ambas ocasiones su mirada es seguida por fotografías: la parada y el autobús. Luego del intertítulo «Oiga», aparece un collage en foto fija de cuatro orejas acompañado por una banda sonora que anuncia la transmisión radial de Radio Cordón de La Habana. Cuando culmina el centelleo de orejas en la pantalla, el locutor radial pregunta «¿sabes lo que es un umbráculo?»; y responde: «es un cobertizo de ramaje que se dispone para resguardar las plantas del sol y de la lluvia intensa». El paisaje evocado por la banda sonora contrasta con el montaje visual de fotografías aéreas de La Habana, que revelan una ciudad repleta de edificios modernos. La explicación técnica de los umbráculos ofrecida por el locutor radial aluden a una sistematización productiva que fluye a contrapelo de la reproducción mecánica de La Habana moderna, evidente en las fotografías. Mediante el choque de flujos informativos disonantes Guillén Landrián sugiere que La Habana de finales de los años sesenta es un paisaje saturado de imágenes de procesos productivos hipermediatizados.

Dicha hipermediación también se subraya al cierre de la secuencia, cuando un reportero solicita una entrevista a la mujer blanca sobre el cordón de La Habana y ella responde en búlgaro algo que podemos inferir se relaciona con los umbráculos. Sigue un montaje de fotografías de fragmentos del rostro de la mujer acompañado por una canción de The Supremes que inicia con los versos: «Set me free / why don't you babe / get out of my life / why don't you babe». La ciudad como paisaje hipermediatizado no sólo sirve a Guillén Landrián para representar la siembra del cordón de La Habana como un choque disonante de flujos informativos heterogéneos, sino que además permite un comentario jocoso sobre las relaciones geopolíticas. En *Coffea Arábiga*, las relaciones entre Cuba y el bloque soviético se plantean como la ruptura de un idilio amoroso que adopta el ritmo de un éxito musical del *hit parade* norteamericano.

Luego de montajes dedicados a la aclimatación del sol y a las enfermedades de las plantas que afectan a los humanos, aparece otra vez La Habana, pero no la capital cubana del presente, ni la del futuro. Estamos ante La Habana comercial pre-revolucionaria, la ciudad del pasado republicano, la ciudad de las marcas de Café Pilón, Tu-Py y Regil, la ciudad americanizada por los letreros comerciales de Bolado Clothing Shop, Havana Automobiles School, Habana Business University, Broadway Stores; una Habana de vitrinas. Contrario a lo que ocurre en sus primeros documentales, en los que domina el tiempo presente, en *Coffea Arábiga* Guillén Landrián incursiona en la exploración del pasado cubano cuyo acceso es posible cuando la ciudad ya se ha convertido en un paisaje hipermediatizado. Paralelamente a la representación del cordón de La Habana como paisaje hipermediatizado del proceso productivo, la ciudad republicana aparece como paisaje hipermediatizado de una sociedad de consumo que responde a la influencia neocolonial norteamericana. Un archivo de imágenes y sonidos alusivos a la americanización de Cuba mediante la enseñanza del inglés y la comercialización del periodo navideño en la figura de Santa Claus se yuxtapone a imágenes de la violencia en el campo para revelar el paisaje contrastado de una Cuba dividida entre la hegemonía urbana y la opresión rural. Este segmento intercala fotografías de programas radiales de CMQ con imágenes de campesinos sufriendo, bohíos allanados por la policía, mujeres blancas empujando a una mujer negra y explosiones, imágenes violentas que contrastan con la voz de una mujer que practica inglés en la banda sonora y se pregunta: «Do you believe in Santa Claus? All small chidren believe in him».

Al final de la secuencia, aparece un cuestionamiento proyectado en intertítulos («¿Quieren ustedes tomar Café Regil? O ¿Pilón? O ¿Tu-py?»), seguido de una imagen de fusiles levantados y afiches que declaran: «Primero dejar de ser, que dejar de ser revolucionarios». A modo de epílogo, aparece el intertítulo de fumigación seguido de varias imágenes del proceso. El cruce de referentes históricos y tecnocientíficos crea un denso paisaje hipermediatizado que evoca resonancias ambiguas o en pugna.

Ya en la secuencia anterior La Habana comienza a desterritorializarse dentro de un archivo de imágenes que aluden a las contradicciones de la Cuba republicana provocadas por la desigualdad social. A partir de este momento, La Habana será evocada intermitentemente en un vertiginoso montaje de imágenes compuesto por secuencias alusivas a la propaganda y al proceso productivo del café. Los segmentos en que se describen las etapas del proceso productivo se mezclan con algunas digresiones, como el paseo por los mundos sentimentales de la programación radial de Baracoa, derroteros que siembran dudas sobre el sentido mismo de la siembra del café. La capital cubana relampaguea intermitentemente en un cartel que exhorta a todos los habaneros a participar de la cosecha. También centellea en algunas tomas de Fidel frente al pueblo cubano en la Plaza de la Revolución, así como en varias imágenes de gente tomando café en lo que parecería ser una calle habanera. Pero la ciudad, a fin de cuentas, se desterritorializa dentro de una avalancha de imágenes fragmentadas que aluden a la heterogeneidad polisémica de un proceso productivo que aparece como evidencia visible del trabajo colectivo, intertítulos que denominan etapas técnicas, carteles propagandísticos y tomas de manifestaciones políticas.

En *Coffea Arábiga*, La Habana se propone primero como flujo informativo dentro de un proceso productivo hipermediatizado; ese proceso de hipermediación abre la posibilidad de que la ciudad se muestre como un proceso histórico bajo escrutinio que revela, gracias a la yuxtaposición de imágenes de archivo, las contradicciones de la era republicana. Luego La Habana se confunde con una avalancha de imágenes que desterritorializan la ciudad hacia un tenso terreno donde el proceso productivo de la capital ruralizada choca jocosamente con un proceso político de aire triunfalista evocado por la manifestación del líder y las masas. Al final, estalla esa implosiva constelación heterotópica. Su onda expansiva se desborda hacia el registro cósmico de la canción de los Beatles, inspirada en la imagen de un loco en la colina. A diferencia de lo que ocurre con otras Habanas del documental cubano que se inscriben dentro del modelo de la ciudad como proceso, La Habana propuesta por Nicolás Guillén Landrián en *Coffea Arábiga* no se revela como certeza triunfalista de un mejor futuro. La Habana de *Coffea Arábiga* es una ciudad desterritorializada dentro de un proceso productivo que transforma el territorio urbano y rural en un terreno discursivo saturado de incógnitas.

Esa Habana en suspenso volverá a desterritorializarse hasta desubicar historia y memoria, o desordenar duelo, melancolía y archivo, en *Desde La Habana ¡1969! Recordar*, y seguirá su fuga hasta rayar en la estridencia sonora de *Taller de Línea y 18*. Esa fuga moderna de la capital cubana, que toma distancia de su propia modernización revolucionaria, contrasta con las reterritorializaciones de La Habana dentro de la apelación didáctica de una razón de Estado comprometida con la transformación social industrialista (*Un reportaje en el puerto pesquero* y *Para construir una casa*). Esas fugas y reterritorializaciones constituyen el complejo legado urbano que nos deja Nicolás Guillén Landrián en sus documentales. La Habana revolucionaria que filma no es una sucesión de milagros, es una ciudad compleja y contradictoria donde todavía cabe decir una verdad como ficción: «Milagros, no hay peor ciego que aquel que no quiere ver». Para explorar las zonas ambiguas y contradictorias de este legado urbano de imágenes en movimiento que llega hasta *Inside Downtown* «hay que tener buena vista, buenos ojos». Y hay que saber, además, que el legado que miramos también nos mira incisivamente y no nos quita la vista de encima, ni siquiera en Miami, ni siquiera *Inside Downtown*.

Bibliografía

Chanan, Michael (2003): *Cuban Cinema*. Minneapolis: University of Minnesota Press.
— (2007): *The Politics of Documentary*. London: BFI.
García Borrero, Juan Antonio (2003): «Coffea Arábiga». En Paranaguá, Paulo Antonio (ed.): *Cine Documental en América Latina*. Madrid: Cátedra, 316-319.
García Espinosa, Julio (1964): «Nuestro cine documental». En *Revista Cine Cubano* 4 (23-25): 3-21.
Goldberg, Ruth (2014): «Under the Surface of the Image: Cultural Narrative, Symbolic Landscapes, and National Identity in the Films of Jorge de León and Armando Capó». En Navarro, Vinicius & Rodríguez, Juan Carlos (eds.): *New Documentaries in Latin America*. New York: Palgrave, 59-74.
Naito López, Mario (ed.) (2014): *Coordenadas del cine cubano 3*. Santiago de Cuba: Oriente.
Nicholls, Bill (2010): *Introduction to Documentary*. Indianapolis: Indiana University Press.
Ramos, Julio & Robbins, Dylon (eds.) (2013): «Dossier: Especial Nicolás Guillén Landrián». En *laFuga* 15: <http://www.lafuga.cl/dossier/especial-nicolas-guillen-landrian/15/>.
Reyes, Dean Luis (2010): *La mirada bajo asedio: El documental reflexivo cubano*. Santiago de Cuba: Oriente.
Roldán, Alberto (2002): *La mirada viva*. Miami: Ediciones Universal.
Sánchez, Jorge Luis (2010): *Romper la tensión del arco: Movimiento cubano de cine documental*. Habana: Ediciones ICAIC.
Zayas, Manuel (2007): «Entrevista: Nicolás Guillén Landrián». En *Blog de Manuel Zayas*, 19 de marzo: <https://manuelzayas.wordpress.com/2007/03/19/el-cine-postergado-entrevista-a-nicolas-guillen-landrian/>.

Muted: La vida digital de Nicolás Guillén Landrián

Jessica Gordon-Burroughs

Los planos de las olas que rompen en las rocas y el sol psicodélico, que abren y cierran el documental didáctico *Coffea Arábiga* (1968), suenan, según la voz de Nicolás Guillén que recita su célebre poema, como «un largo lagarto verde, / con ojos de piedra y agua». En la pantalla de YouTube, ahora con cinco años de vida en línea, debajo de la ventana del video, un ícono en forma de triángulo señala una notificación destacada en amarillo: «Este video contenía una pista de audio protegida por derechos de autor. Debido a un reclamo del titular de los derechos de autor, se silenció la pista de audio». *Coffea Arábiga* de Nicolás Guillén Landrián habita YouTube en silencio, sujeto a la ley de propiedad intelectual internacional. Las olas rompen sobre el ruido blanco del sonido digital. Los intertítulos («se supone / se dice / que en el wajay / se cultivó por primera vez el café en cuba»), que estaban en silencio en la pista de audio original, lo cual representaba una discontinuidad sonora relevante, aquí aparecen en una continuidad que produce una unidad contingente.

En los minutos finales del video el silencio se magnifica, y suma otra nota desafortunada a la problemática circulación de la obra de Guillén Landrián. En la película original se oye el punteo de un contrabajo entrecortado de la introducción de «Young Rabbits» de Jazz Crusaders junto al ruido de ambiente de una planta procesadora de café. Un montaje veloz de gente bebiendo café corta a aplausos mientras Fidel –en una apropiación de la *Asamblea General* (1960), de Gutiérrez Alea– se abre paso hacia el podio ante una multitud. Corte a una tumba francesa, asociadas con los cafetales franceses de las provincias del Este, y bailarines afrocubanos vestidos en su tradicional traje blanco. Corte a intertítulos que anuncian en las dos lenguas la canción final, «Fool on the Hill» (1967), de Los Beatles, y el sugerente estribillo: «LOS BEATLES. the fool on the hill / el bobo sobre la colina. / todos creían que era un tonto el hombre que sobre la colina veía la tierra girar y el sol caer». Los acordes de piano iniciales de balada pop retoman la imagen de unas manos dañadas por el contacto con los pesticidas, y la voz de Paul McCartney acompañada por una flauta dulce suena sobre el mismo plano del sol con el que abre el corto. El sol se pone lentamente en un horizonte oscuro, dejando la pantalla en negro, con la voz de McCartney que desaparece gradualmente. Sin embargo, cuando vemos *Coffea Arábiga* a través de la plataforma digital YouTube, los intertítulos nos avisan «para terminar / The Beatles / en / The fool on the hill / El bobo sobre la colina», y las imágenes se suceden en silencio.

Es precisamente esta canción de The Beatles la que genera el conflicto de derechos de autor en YouTube. Y también es «Fool on the Hill» la que en 1968 se asociaría –abriendo un largo debate– con la censura de *Coffea Arábiga* en Cuba, en consonancia con la estigmatización del rock en la isla a mediados de los sesenta. Materializando la política de lo visible y lo decible discutida por Jacques Rancière (2006), en el marco de la «distribución de lo sensible», la voz de Guillén Landrián silenciada en el paisaje sonoro de lo digital acentúa la complejidad de su propuesta audiovisual, tanto dentro como fuera de la isla. En el contexto de YouTube, se utiliza una «Huella Digital Acústica» para rastrear pistas sonoras con propiedad intelectual registrada, y para determinar si están siendo utilizadas con autorización. La metáfora anatómica jurídico-disciplinaria de los sistemas de reconocimiento sónico hace eco en las interrogantes asociadas a su obra. ¿Qué factores le permiten «hablar» o «ser oído» a Guillén Landrián? ¿Quién y qué –es decir, qué instituciones, actores culturales o canales de distribución– redistribuye las políticas de «audibilidad» en su obra? *Coffea Arábiga*, así como las otras obras cinematográficas de Guillén Landrián, se mantuvo históricamente en los archivos cinematográficos Cubanacán, y fue proyectado con poca frecuencia. Su circulación fue reactivada a partir de copias informales y de la reproducción digital. Si consideramos a YouTube como un archivo informal en sí mismo, ¿cuáles son las rupturas y continuidades –en particular, de la contingencia digital– de las políticas archivísticas de Nicolás Guillén Landrián? Dicho de otro modo, ¿qué lugar ocupan el Estado y el mercado –en este caso, YouTube– en esta trayectoria del objeto cinematográfico? ¿Qué canales materiales –lo digital entendido como nueva manifestación de lo material– acompañan y salvaguardan a una obra a través de la historia, y le permiten «hablar» a una imagen silenciada?

La figura de Guillén Landrián, que en los últimos quince años ha asumido una nueva dimensión, permite condensar los campos de la percepción institucional y material y la omisión que constituye el canon cinematográfico. Sus películas de los años sesenta y setenta, muchas de las cuales casi no se han proyectado durante décadas, fueron desempolvadas y proyectadas en la Muestra de Jóvenes Realizadores de La Habana del año 2000, hacia el final de su vida; y de nuevo, póstumamente, entre 2003 y 2004, han circulado de manera informal a través de copias VHS. Los jóvenes cineastas cubanos contemporáneos, que revisitan a los productores culturales de los años sesenta y setenta que nunca se abrieron paso en el canon revolucionario, encontraron en Guillén Landrián un canal de revisión histórica y de la tradición cinematográfica.

El documentalista Manuel Zayas jugó un papel importante en este proceso. Como estudiante de la Escuela de Cine y Televisión de San Antonio de los Baños (EICTV), a inicios del siglo Zayas pedía poco a poco copias Betacam de las películas originales de 35mm de Guillén Landrián de los años sesenta y principios de los setenta, muchas de las cuales se encontraban en latas oxidadas con alto grado de acidez.

Las copias resultantes, en VHS y DVD, de las películas que sobrevivieron han creado un nuevo archivo interno, al que se puede añadir la circulación externa de estas copias a través de YouTube (Ramos 2013). El archivo de YouTube ha creado un nuevo archivo del corpus de Guillén Landrián, «reemplazado» y «apropiado», en el que su original (y degradada) materialidad en 35mm se reproduce de forma imperfecta mostrando el sello distintivo tanto del tiempo como de la «pérdida de resolución» de la transferencia a píxeles digitales (Steyerl 2009). Aunque no ha sido fácil visionar desde Cuba los videos que están en línea, miles de personas los han visto internacionalmente. Mientras que el archivo histórico ha sido concebido como público y privado, el archivo de Guillén Landrián en YouTube forma, y es a la vez resultado de, un panorama más amplio de desplazamientos y cambios en el archivo y la distribución de imágenes y sonidos, y en la relación que sostiene con la mediación de la cultura.

Como escribió la videoartista y crítica alemana Hito Steyerl a propósito de la circulación de obras cinematográficas raras, el archivo digital de películas es el resultado de cambios en el mercado y de la «reestructuración neoliberal de la producción mediática», así como del «desmantelamiento» de ciertas naciones-Estado después de la caída del muro de Berlín (2009: 4). El «aura» de estos objetos mediáticos, sostiene, ha dejado de estar en el «original», y ahora descansa en «la fugacidad de la copia», lo que Steyerl llama una «imagen pobre» (2009: 8) –la imagen audiovisual degradada, por las sucesivas compresiones de los diversos codecs de los sitios web. Citando el concepto acuñado por el cineasta y teórico soviético Dziga Vertov en 1925, para Steyerl estas imágenes crean un nuevo «vínculo» visual entre sus espectadores.

A través de su concepto de cine-ojo, Dziga Vertov –influyente entre los cineastas cubanos de los años sesenta– concibió una relación visual y sonora transnacional, la cual «relaciona» y «organiza» al trabajador, manifiesta en imágenes y sonidos que, a través de su naturaleza directa, eluden la autoridad falible de las estructuras y sujetos jerárquicos; a saber, los profesores, propagandistas, sacerdotes y escritores. Steyerl traduce esta «relación» y este llamado a las armas a un ambiente de «usuarios» e «imágenes», un ambiente más ambivalente y menos predecible políticamente en la actualidad. Se trata de una propuesta más amplia que las de los noticieros que Vertov defiende. Según Steyerl:

> en cierto modo, su sueño [el de Vertov] se ha hecho realidad, si bien principalmente bajo la regla del capitalismo global de la información cuyos públicos están conectados en un sentido casi físico por la excitación mutua, la armonización afectiva y la ansiedad». Estas obras históricas «ya no están ancladas en una clásica esfera pública mediada y sostenida por el marco del estado-nación o de las corporaciones, sino que flotan en la superficie de bases de datos temporales y ambiguos. (Steyerl 2009: 8)

El nuevo territorio simbólico que Steyerl imagina señala una reconfiguración de los territorios tradicionalmente marcados por la cultura, el mercado y el Estado. Esta reconfiguración gira alrededor de formas de mediación no institucionales (diferentes, al menos, de lo que tradicionalmente se entendía por institucionales), ya que el usuario-sujeto señala nuevas propuestas que suponen un problema para la figuración internacionalista que Vertov tenía del trabajador o de las plataformas conceptuales incorpóreas de las primeras utopías de internet.

Aún así, como la misma Steyerl reconoce en otros momentos, a pesar de su brillo de amateurismo, las narrativas emancipatorias y la anarquía del flujo de datos también crean un nuevo dominio de comercio y privatización de una amplitud y densidad hasta ahora desconocidas. Después de todo, el gigante de los motores de búsqueda Google compró YouTube en 2006 por 1.65 billones de dólares, una suma grande incluso para el inflado mercado *milenial* de las *start-up* de internet. Sin embargo, junto con otras redes informales y elementos «no-conformistas» (Steyerl 2009: 8), ese YouTube propiedad de Google, como los nuevos medios y nuevos vehículos simbólicos, seguramente señala una reforma de los territorios históricamente marcados por unas redes más ambiguas de circulación cultural y comercial, y de mecenazgo gubernamental que, a su vez, puede ser empleado como lente para ver las reconfiguraciones del canon revolucionario cubano. De hecho, si el archivo nacional de Cuba de los años noventa se deterioró debido a la falta de aire acondicionado y de fondos después de la caída de la Unión Soviética, posteriormente ha entrado en YouTube, adoptando no sólo nuevas estructuras en su diálogo con las filosofías DIY (del inglés Do It Yourself/ Hágalo Usted Mismo) e identidades diaspóricas de potenciación, sino también con una cultura comercial e incluso de vigilancia que, de forma no insignificante, ha marcado los regímenes visuales del «otro» colonial y neocolonial.

Los nuevos medios están lejos de ser un tema nuevo para la crítica cubana. En el famoso manifiesto «Por un cine imperfecto» (1969) Julio García Espinosa imagina una narrativa tecnológica progresiva («evolución técnica») en la que la industria de la «cinta de video», en uso industrial desde los años cincuenta, y de la «televisión», dispositivo doméstico ya omnipresente, ofreció el potencial de la «justicia social» y la integración del arte en la vida diaria de grandes sectores de la población. La implementación real de estas tecnologías, por supuesto, ha sido mucho más ambivalente. Por ejemplo, Tomás Gutiérrez Alea, una década después, en 1982, describió la apatía y atomización del espectador de televisión norteamericano: «el americano medio, bebiéndose una cerveza en la sala de su casa mientras contempla en el aparato de TV cómo el jefe de la policía de Saigón le abre un agujero en el cráneo a un prisionero en plena vía pública, y todo esto en colores» (1982: 25). Para Gutiérrez Alea, el espacio doméstico de 1982 y los aparatos mediáticos que lo acompañan, que ahora incluían las cintas VHS para este «americano medio», representan tanto sitios de la pasividad como un nuevo cruce entre las concepciones pública y privada del espectador. La proverbial sala de

Gutiérrez Alea y su televisión están simultáneamente en continuidad y discontinuidad con la acción de la calle; el espectador es, a la vez, radicalmente permeable e impasible.

Esta nueva relación con la calle, con su propio registro visual y sonoro, y con sus archivos domésticos privados y su público —más consolidada en Europa y Estados Unidos gracias a YouTube y la relativa inmediatez de internet— muestra de algún modo un giro significativo, si bien aislado, en el corpus de Guillén Landrián a principios del milenio. Mientras los documentales del ICAIC que Guillén Landrián realizó en los años sesenta se caracterizaron por la velocidad de sus montajes, que complejizaban el discurso *colectivo* y *constructivo* del Estado, el último y único documental digital de Guillén Landrián, *Inside Downtown* (2001), producido por Jorge Egusquiza, es una oda pausada y reflexiva sobre el paisaje urbano, corporativo y atomizado del exilio de Guillén Landrián en Miami en el cambio de milenio, así como del exilio de otros artistas cubanos de su generación, mientras la cámara se desplaza por sectores marginales de Miami. Las creaciones artísticas de Guillén Landrián y sus compañeros artistas se aíslan en el espacio doméstico frente al vacío del mecenazgo público de la cultura, donde los rascacielos y los yates actúan como «colonizadores» desordenados y expulsan a estos artistas del centro de la ciudad, en palabras del pintor Enrique Gay García.

El video, que empieza con el anuncio «Esta es una película de ficción», texto sobreimpreso en blanco sobre la figura de un evangelista indigente que predica en plena noche, a su vez exhibe todos los signos necesarios para comprender que se está viendo un documental. El ritmo melancólico del grupo cubano con base en Miami Grupo Nostalgia, el Buena Vista Social Club y una versión en francés de «Caballo Viejo», de Simón Díaz, marcan la pista de audio, la cual, hasta el momento, no se ha topado con conflictos de propiedad intelectual en YouTube. La canción de son «Chan Chan», de Compay Segundo, la primera canción en el álbum de Buena Vista Social Club, que atraviesa la pista a los dos tercios con invocaciones de ciudades del Este de Cuba, es también objeto musical emblemático de la conversión del «arte» y productos simbólicos en capital monetario a través de los nuevos regímenes de propiedad de la Cuba de los años noventa. Con este colchón sonoro, Guillén Landrián y Egusquiza graban a cada sujeto entrevistado –en un total de diez episodios– en sus espacios creativos, rodeados por libros de poesía en el caso de Esteban Luis Cárdenas, o de pinturas y esculturas en el de los otros (Enrique Gay García, Toni López, Julio Pichón y Gretel Alfonso –su segunda mujer–, entre otros). Estos informantes son identificados en los créditos finales. Las entrevistas son informales y podrían parecer una conversación improvisada a pesar de la puesta en escena. El diálogo final que vemos en pantalla con el hijo de Guillén Landrián, Nicolás Guillén Jristova, ocurre en interiores, en lo que el espectador puede extrapolar que se trata del espacio-taller de Guillén Landrián. De este modo, el documental cierra con este diálogo que intenta descifrar los rasgos distintivos e impersonales del «downtown» desde la configuración del espacio íntimo.

Intercalada con las narrativas de estos artistas, a la vez que las complementa, se percibe la cultura callejera de Miami. Una vía de tren atrofiada –la del Metromover, blanca, como el resto de las infraestructuras públicas representadas–, que entra en el centro de la ciudad, limita la zona de peatones y la vida pública, mientras los sujetos entrevistados por Guillén Landrián en espacios públicos aparecen como náufragos en esta ciudad –los indigentes, los adictos, los «desamparados» y los «anormales», invocados por la voz del poeta afrocubano exiliado Esteban Luis Cárdenas, que lee en cámara versos de su libro *La ciudad mágica* (1997) tras sus gafas oscuras. Una secuencia muestra a un hombre mendigando a Guillén Landrián dos dólares para gasolina; lo hace desde el interior de una camioneta en estado de abandono. Se trata de una imagen que se divide entre el imaginario de la bancarrota y el de la prosperidad del automóvil, alojada en el «downtown» que Guillén Landrián y sus informantes asocian con el centro financiero de Miami, Brickell, las corporaciones y el mercado. Una entrevistada anónima, de pie, exclama jocosamente: «I'm a hobo; I don't walk» (soy una vagabunda, no camino), comunicando de forma oscura y paradójica cómo se hace la vista gorda la sociedad hacia sus sujetos marginados y excluidos.

Los planos contrapicados registrados con una cámara digital «prosumer» aterrizan en los altos edificios de Brickell, en el centro de Miami, con una mezcla de reverencia y desdén; la lente deja atrás escaparates llenos de zapatos, que irónicamente nos hacen prestar atención a la inexistencia de peatones. En el espacio doméstico, a través de un formato de entrevista directa que se mueve entre el español cubano y el inglés —en un guiño de complicidad a la estética multilingüe de la diáspora, y subtitulado en español e inglés, anticipando una audiencia a la vez angloparlante e hispanoparlante–, Guillén Landrián se detiene en la producción artística doméstica, en las paredes de la cocina y la superficie de los automóviles. El sueño americano de la movilidad social y educacional tiene un dejo agridulce que de algún modo involucra a las tecnologías audiovisuales capturadas en la película —imágenes de VHS y cintas de audio-cassette visualmente prominentes en el documental—. Los cassettes VHS, en los que García Espinosa invirtió sus visiones utópicas de 1969, en 2001 se unen visualmente a los interiores trasplantados desde los que Guillén Landrián inmortaliza las vidas comprimidas de los residentes en el centro de Miami —en este caso, sus compañeros, artistas exiliados de la diáspora. Las cintas de VHS y cassette —aproximándose ya a la obsolescencia incluso en ese tiempo— representan simultáneamente los archivos afectivos personales y registran un contrato social fallido, mientras hacen un gesto hacia la revolución tecnológica de Espinosa, que nunca se llevó a cabo en las dimensiones radicales imaginadas. Estas cintas son la expresión material de un agotamiento; hay un *pathos* contenido en las cintas magnéticas y los envoltorios de plástico negro del archivo audiovisual doméstico, líneal y definido.

El archivo de YouTube está configurado —lejos de la fuente de muchas de sus copias de 35mm archivadas en Cubanacán— desde la distancia de Miami y a través de la reterritorialización elíptica y la pixelización de la búsqueda por internet. Las herramientas de búsqueda de YouTube, sugerencias para el «siguiente video», pulgares arriba y abajo, y lluvia de comentarios, generan nuevas afiliaciones y referencias cruzadas, que se multiplican con cada visitante o usuario. Tanto *Inside Downtown*, en particular, como el archivo de YouTube, en general, recuerdan no sólo a un «vínculo visual» (o un «vínculo auditorio») reelaborado por los nuevos medios, sino también a unas fronteras constantemente redibujadas y a la evolución de los cánones, así como a sus implícitas y cada vez más inciertas categorías de lo«nacional», lo «público» y el «horizonte social de la experiencia» (Negty y Kluge 1993).

El mercado, sus registros visuales y de audio y su atomización se relacionan, aunque de forma incompleta, con el destino del corpus cinematográfico de Landrián como proyecto de mayor magnitud. La «vida después de la muerte» de *Inside Downtown* nunca llegó a los archivos del ICAIC. El visionado de la película tiene lugar en los confines y la lógica, no de una sala de proyecciones, sino más bien de las pantallas de escritorio, portátiles, tabletas o teléfonos de los habitantes de YouTube. Este nuevo archivo no está organizado según procedencia de las imágenes, características cronológicas y conciliadoras del archivo histórico. Por el contrario, está en constante evolución, ganando y perdiendo títulos y créditos. El archivo de YouTube está construido según las prácticas domésticas de visionado y las recopilaciones que define la lógica individualista de canales, cargas, búsquedas y archivos compartidos por parte de los usuarios. *Inside Downtown* circula en combinación con el archivo, ahora digital, de Guillén Landrián, así como otras películas producidas por el ICAIC con documentales turísticos y destinados para la televisión, que se alternan en su sistema. Listada entre ellos aparece, por supuesto, la versión silenciada de *Coffea Arábiga*, como un recordatorio de la contingencia de la circulación de su obra.

Bibliografía

Dziga Vertov, Dziga (1984): «Kinopravda & Radiopravda (by way of proposal)». En *Kino-eye: the writings of Dziga Vertov*. Berkeley: University of California Press, 52-56.

Garcia Espinosa, Julio (1973): «Por un cine imperfecto». En *Por un cine imperfecto*. Caracas: Rocinante, 11-32.

Garland Mahler, Anne (2015): «"Todos los negros y todos los blancos y todos tomamos café": race and Cuban Revolution in Nicolás Guillén Landrián's *Coffea Arábiga*». En *Small Axe* 19 (1): 55-75.

Guillén, Nicolás (1958): «Un largo lagarto verde». En *La paloma de vuelo popular*. Losada: Buenos Aires.

Guillén Landrián, Nicolás & Egusquiza Zorrilla, Jorge (2001): *Inside Downtown*: <http://www.nbcnews.com/id/15196982/ns/business-us_business/t/google-buys-youtube-billion/#.VltEZmSrQ6U>.

Gutiérrez Alea, Tomás (1982): «Espectáculo y realidad: lo extraordinario y lo cotidiano». En *Dialéctica del espectador*. La Habana: Cuadernos de la Revista *Unión*, 23-27.

Livon-Grosman, Ernesto (2013): «Nicolasito's way: los sinuosos caminos de la estética revolucionaria». En *laFuga* 15: <http://www.lafuga.cl/nicolasitos-way/657>.

Negty, Oskar & Kluge, Alexander (1993): «The public sphere as the organization of collective experience». En *Public sphere and experience: toward an analysis of the bourgeois and proletarian public sphere*. Minneapolis: University of Minnesota Press, 1-53.

Ramos, Julio (2013): «Cine, archivo y poder: entrevista a Manuel Zayas en Nueva York». En *laFuga* 15: <http://www.lafuga.cl/cine-archivo-y-poder-entrevista-a-manuel-zayas-en-nueva-york/664>.

— (2015): «Los montajes sonoros de Guillén Landrián». Ponencia presentada en LASA, San Juan, Puerto Rico.

Rancière, Jacques (2006): *The Politics of the Aesthetic: The Distribution of the Sensible*. London: Continuum.

Steyerl, Hito (2009): «In Defense of the Poor Image». En *e-flux* 10: <http://www.e-flux.com/journal/in-defense-of-the-poor-image/>.

Zayas, Manuel (2015): Entrevista personal, 11 de febrero.

Filmografía de Nicolás Guillén Landrián

*Homenaje a Picasso** (1962)
*Congos reales** (1962)
*Patio arenero** (1962)
Un festival (1963)
En un barrio viejo (1963)
*El morro** (1963)
*Rita Montaner** (1964)
Ociel del Toa (1965)
Los del baile (1965)
Reportaje (1966)
Retornar a Baracoa (1966)
Coffea Arábiga (1968)
*Expo Maquinaria Pabellón Cuba** (1969)
Desde La Habana ¡1969! Recordar (1970)
Taller Claudio A. Camejo de Línea y 18 (1971) [también conocido como *Taller de Línea y 18*]
Nosotros en el Cuyaguateje (1972)
*El son** (1972)
Para construir una casa (1972)
Un reportaje sobre el Puerto Pesquero (1972)
Inside Downtown (realizada junto a Jorge Egusquiza en los Estados Unidos) (2001)

* No localizables.

De los autores

RAYDEL ARAOZ (La Habana, 1974) es escritor y cineasta. Graduado en Guión en la Escuela Internacional de Cine y Televisión (EICTV) de San Antonio de los Baños, ha dirigido los filmes de ficción *La escritura y el desastre* (2008) y *La estación de las flautas* (2010), y los documentales *Retornar a La Habana con Guillén Landrián* (2013, codirección de Julio Ramos) y *La Isla y los signos* (2014). Es autor de los relatos de *El mundo de Brak* (2000) y *Réquiem para las hormigas* (2008), de la novela *Casa de citas* (2014) y de los volúmenes de ensayo *Las praderas sumergidas. Un recorrido a través de las rupturas* (2015, Premio Alejo Carpentier) e *Imagen de lo sagrado. La religiosidad en el cine cubano de la República (1906-1958)* (2017).

ODETTE CASAMAYOR CISNEROS es profesora de literatura caribeña y latinoamericana en la Universidad de Connecticut en Storrs. Se doctoró en la École des Hautes Études en Sciences Sociales de París en 2009. Es autora de *Utopía, distopía e ingravidez: reconfiguraciones cosmológicas en la narrativa postsoviética cubana* (2013). Recibió el premio Juan Rulfo de ensayo en 2003 y el premio José Juan Arrom de la Unión Nacional de Escritores y Artistas de Cuba en 2009. Sus trabajos más recientes abordan la identificación racial en la producción cultural cubana contemporánea.

LIVIO DELGADO es uno de los camarógrafos más destacados del cine cubano, recordado especialmente por su trabajo en varios largometrajes de Humberto Solás: *Cecilia* (1982), *Un hombre de éxito* (1987) y *El siglo de las luces* (1992). Se desempeñó como camarógrafo en cinco documentales de Guillén Landrián: *En un barrio viejo* (1963), *El morro* (perdida, filmada en 1965), y la llamada Trilogía del Toa (1965) que incluye *Ociel del Toa*, *Reportaje* y *Retornar a Baracoa*.

JUAN ANTONIO GARCÍA BORRERO es investigador y crítico de cine y cultura cubana. Desde comienzos de la década del noventa se ha destacado como uno de los promotores fundamentales de la cultura fílmica en Cuba, con participación en la Asociación Hermanos Saíz y El Almacén de la Imagen en Camagüey. Dirigió la primera Muestra de Nuevos Realizadores, donde comenzó a promoverse la obra de Guillén Landrián. Es autor de numerosos libros premiados nacionalmente, entre ellos *Otras maneras de pensar el cine cubano* (2010). Actualmente trabaja en un libro dedicado a la biografía y al estudio del cine de Tomás Gutiérrez Alea.

OLGA GARCÍA YERO es Doctora en Ciencias Filológicas y Doctora en Ciencias por la Universidad de la Habana, y se desempeña como profesora e investigadora titular de la Universidad de Camagüey y profesora consultante de la Universidad de las Artes. Textos suyos sobre cultura y artes han aparecido en diversas publicaciones cubanas y extranjeras. Su último libro publicado, *Sara Gómez, un cine diferente*, mereció el Premio Nacional de Investigación Cinematográfica en el 2018.

RUTH GOLDBERG es profesora en el Departamento de Film and Media Studies de la State University of New York / Empire State College. Desde 2001 ha impartido cursos regularmente en la Escuela Internacional de Cine y TV en San Antonio de los Baños, donde da talleres sobre historia del cine, análisis fílmico, y estructuras dramáticas de personajes. Ha publicado numerosos artículos sobre cine y memoria cultural, documental experimental, cine de horror y cine cubano en general.

JESSICA GORDON-BURROUGHS es doctora en Culturas Latinoamericanas e Ibéricas por la Universidad de Columbia. Actualmente es Lecturer in Latin American Studies en la Universidad de Edimburgo. Sus artículos han aparecido en revistas como *A Contracorriente* y *Journal of Latin American Cultural Studies*.

ERNESTO LIVON-GROSMAN es realizador audiovisual y profesor de literatura y cine en Boston College. Ha dirigido varios videos sobre poesía.

Su primer largo documental es *Cartoneros* (2006), seguido por *Brascó*, que se estrenó en el Festival Internacional de Mar del Plata en 2016. Ha publicado textos críticos sobre literatura de viaje y poesía experimental. Es el coeditor de *The Oxford Anthology of Latin American Poetry*.

GRETEL ALFONSO estuvo casada con Nicolás Guillén Landrián desde 1988 hasta la muerte del cineasta en Miami, en 2003. Es una de las personas que mejor conocen su biografía y obra fílmica, tal como confirma su testimonio en *Retornar a La Habana con Guillén Landrián* (2013), documental donde comenta ampliamente los años de internamiento y reclusión de Guillén Landrián en Cuba y las dificultades luego en Miami y New York, así como sobre la obra pictórica y poética del cineasta, aún muy poco estudiada. Tras la muerte de Guillén Landrián en Miami, Gretel regresó a La Habana para enterrar a su marido. Reside en La Habana desde 2003.

ANNE GARLAND MAHLER es profesora de estudios culturales latinoamericanos en la Universidad de Virginia. Sus investigaciones se han enfocado en los discursos raciales, los movimientos sociales y las contribuciones de intelectuales y artistas afrolatinoamericanos. Es autora de *From the Tricontinental to the Global South: Race, Radicalism, and Transnational Solidarity* (2018). Algunos de sus artículos recientes han sido publicados en *Latin American Research Review*, *Small Axe: A Caribbean Platform for Criticism*, *Journal of Latin American Cultural Studies* y *American Communist History*. Dirige la revista digital *Global South Studies: A Collective Publication with The Global South*.

JULIO RAMOS (Río Piedras, 1957) es profesor e investigador de literatura y cultura visual latinoamericana. Sus libros más recientes son *Sujeto al límite: ensayos de literatura y cultura visual* (2012, con introducción de Camila Pulgar Machado), *Ensayos próximos* (2013, selección e introducción de Víctor Fowler), y *Latinoamericanismo a contrapelo* (2015, selección e introducción de Raúl Rodríguez Freire). Sus trabajos audiovisuales incluyen la codirección con Raydel Araoz de *Retornar a La Habana con Guillén Landrián* (2013), y *Detroit's Rivera: The Labor of Public Art* (2017), entre otros documentales. Es profesor jubilado de la Universidad de California, Berkeley.

DEAN LUIS REYES (Trinidad, 1972) es crítico, ensayista y profesor. Es crítico de cine para Canal Habana, Inter Press Service Cuba y *OnCuba Magazine*. Fue fundador de la Muestra Joven ICAIC en el año 2000, donde se hizo pública la obra cinematográfica de Nicolás Guillén Landrián. Tiene publicados *Contra el documento* (2005), *La mirada bajo asedio. El documental reflexivo cubano* (2012), *La forma realizada. El cine de animación* (2015) y *Werner Herzog: la búsqueda de la verdad extática* (2016). Textos suyos han aparecido en revistas especializadas y antologías en Francia, España, Estados Unidos, Brasil y Puerto Rico. Es profesor regular de la Escuela Internacional de Cine y Televisión de San Antonio de los Baños (EICTV, Cuba) y de la Escuela de Altos de Chavón (República Dominicana).

DYLON ROBBINS es profesor de la New York University (NYU) en el Departamento de Español y Portugués y en el Centro de Estudios Latino Americanos y Caribeños (CLACS). Ha publicado sobre cine y música, la materialidad en el documental, el trance y la subjetividad política, y la tortura, la pornografía y la obscenidad. Su libro *Audible Geographies in Latin America: Sounds of Race and Place* será publicado por Palgrave Macmillan en 2019.

JUAN CARLOS RODRÍGUEZ es poeta, profesor y crítico de cultura fílmica y literaria. Ha publicado el volumen de poesía *Campo minado* (2017) y numerosos artículos sobre cine y literatura latinoamericana en revistas internacionales. Coeditó el influyente volumen *New Documentaries in Latin America* (2014) y codirige la serie editorial *Reframing Media, Technology, and Culture in Latin/o America* de la University Press de Florida. Actualmente es Director del Programa Graduado en el Departamento de Español y Portugués de Georgia Tech University.

RAFAEL Rojas es investigador, profesor y ensayista. Su libro *Tumbas sin sosiego. Revolución, disidencia y exilio del intelectual cubano* (2006) recibió el Premio Anagrama de Ensayo. Sus múltiples investigaciones de historia cultural y política lo sitúan como uno de los intérpretes principales de la cultura y la política cubana. Es Profesor e Investigador en el Centro de Investigación y Docencia Económicas de México y ha sido Profesor Visitante por varios años en la Universidad de Princeton.

JORGE LUIS SÁNCHEZ es director, guionista, historiador y promotor del cine cubano, además de realizador de varios documentales importantes, como *Un pedazo de mí*. Su largometraje de ficción *El Benny* tuvo una trayectoria distinguida en numerosos festivales, con premios en Locarno, La Habana y la República Dominicana. Es autor de *Romper la tensión del arco: movimiento cubano de cine documental* (2010).

MANUEL ZAYAS es documentalista e investigador, y director de *Café con leche. Un documental sobre Guillén Landrián* (2003), su tesis de grado en la Escuela Internacional de Cine y TV de Cuba. Realizó luego otro ensayo fílmico biográfico titulado *Seres extravagantes* (2004) sobre Reinaldo Arenas. Coeditó recientemente con Orlando Jiménez Leal (co-director de *PM*) el volumen colectivo *El caso PM: cine, censura, poder* (2012).

Catálogo Almenara

Aguilar, Paula & Basile, Teresa (eds.) (2015): *Bolaño en sus cuentos*. Leiden: Almenara.

Aguilera, Carlos A. (2016): *La Patria Albina. Exilio, escritura y conversación en Lorenzo García Vega*. Leiden: Almenara.

Amar Sánchez, Ana María (2017): *Juegos de seducción y traición. Literatura y cultura de masas*. Leiden: Almenara.

Arroyo, Josianna (2018): *Travestismos culturales. Literatura y etnografía en Cuba y el Brasil*. Leiden: Almenara.

— (2019): *Fin de siglo: el secreto y la escritura en la masonería caribeña*. Leiden: Almenara.

Barrón Rosas, León Felipe & Pacheco Chávez, Víctor Hugo (eds.) (2017): *Confluencias barrocas. Los pliegues de la modernidad en América Latina*. Leiden: Almenara.

Blanco, María Elena (2016): *Devoraciones. Ensayos de Período Especial*. Leiden: Almenara.

Burneo Salazar, Cristina (2017): *Acrobacia del cuerpo bilingüe. La poesía de Alfredo Gangotena*. Leiden: Almenara

Caballero Vázquez, Miguel & Rodríguez Carranza, Luz & Soto van der Plas, Christina (eds.) (2014): *Imágenes y realismos en América Latina*. Leiden: Almenara.

Calomarde, Nancy (2015): *El diálogo oblicuo: Orígenes y Sur, fragmentos de una escena de lectura latinoamericana, 1944-1956*. Leiden: Almenara.

Campuzano, Luisa (2016): *Las muchachas de La Habana no tienen temor de dios. Escritoras cubanas (siglos XVIII-XXI)*. Leiden: Almenara.

Casal, Julián del (2017): *Epistolario. Edición y notas de Leonardo Sarría*. Leiden: Almenara.

Churampi Ramírez, Adriana (2014): *Heraldos del Pachakuti. La Pentalogía de Manuel Scorza*. Leiden: Almenara.

Deymonnaz, Santiago (2015): *Lacan en el cuarto contiguo. Usos de la teoría en la literatura argentina de los años setenta*. Leiden: Almenara.

Díaz Infante, Duanel (2014): *Días de fuego, años de humo. Ensayos sobre la Revolución cubana*. Leiden: Almenara.

Fielbaum, Alejandro (2017): *Los bordes de la letra. Ensayos sobre teoría literaria latinoamericana en clave cosmopolita*. Leiden: Almenara.

García Vega, Lorenzo (2018): *Rabo de anti-nube. Diarios 2002-2009. Edición y prólogo de Carlos A. Aguilera*. Leiden: Almenara.

— (2019): *Rostros del reverso. Edición y prólogo de Carlos A. Aguilera*. Leiden: Almenara.

Garrandés, Alberto (2015): *El concierto de las fábulas. Discursos, historia e imaginación en la narrativa cubana de los años sesenta*. Leiden: Almenara.

Giller, Diego & Ouviña, Hernán (eds.) (2018): *Reinventar a los clásicos. Las aventuras de René Zavaleta Mercado en los marxismos latinoamericanos*. Leiden: Almenara.

González Echevarría, Roberto (2017): *La ruta de Severo Sarduy*. Leiden: Almenara.

Gotera, Johan (2016): *Deslindes del barroco. Erosión y archivo en Octavio Armand y Severo Sarduy*. Leiden: Almenara.

Hernández, Henry Eric (2017): *Mártir, líder y pachanga. El cine de peregrinaje político hacia la Revolución cubana*. Leiden: Almenara.

Inzaurralde, Gabriel (2016): *La escritura y la furia. Ensayos sobre la imaginación latinoamericana*. Leiden: Almenara.

Kraus, Anna (2018): *sin título. operaciones de lo visual en 2666 de Roberto Bolaño*. Leiden: Almenara.

Loss, Jacqueline (2019): *Soñar en ruso. El imaginario cubano-soviético*. Leiden: Almenara.

Lupi, Juan Pablo & Salgado, César E. (eds.) (2019): *La futuridad del naufragio. Orígenes, estelas y derivas*. Leiden: Almenara

Machado, Mailyn (2016): *Fuera de revoluciones. Dos décadas de arte en Cuba*. Leiden: Almenara.

— (2018): *El circuito del arte cubano. Open Studio I*. Leiden: Almenara.

— (2018): *Los años del participacionismo. Open Studio II*. Leiden: Almenara.
— (2018): *La institución emergente. Entrevistas. Open Studio III*. Leiden: Almenara.
MEDINA RÍOS, Jamila (2018): *Diseminaciones de Calvert Casey*. Leiden: Almenara.
MOLINERO, Rita (ed.) (2018): *Virgilio Piñera. La memoria del cuerpo*. Leiden: Almenara.
MOREJÓN ARNAIZ, Idalia (2017): *Política y polémica en América Latina. Las revistas Casa de las Américas y Mundo Nuevo*. Leiden: Almenara.
PÉREZ-HERNÁNDEZ, Reinier (2014): *Indisciplinas críticas. La estrategia poscrítica en Margarita Mateo Palmer y Julio Ramos*. Leiden: Almenara.
PÉREZ CANO, Tania (2016): *Imposibilidad del* beatus ille. *Representaciones de la crisis ecológica en España y América Latina*. Leiden: Almenara.
PÉREZ CINO, Waldo (2014): *El tiempo contraído. Canon, discurso y circunstancia de la narrativa cubana (1959-2000)*. Leiden: Almenara.
QUINTERO HERENCIA, Juan Carlos (2016): *La hoja de mar (:) Efecto archipiélago I*. Leiden: Almenara.
RAMOS, Julio (2019): *Desencuentros de la modernidad en América Latina. Literatura y política en el siglo XIX*. Leiden: Almenara.
RAMOS, Julio & ROBBINS, Dylon (eds.) (2019): *Guillén Landrián o el desconcierto fílmico*. Leiden: Almenara.
SELIMOV, Alexander (2018): *Derroteros de la memoria*. Pelayo *y* Egilona *en el teatro ilustrado y romántico*. Leiden: Almenara.
TIMMER, Nanne (ed.) (2016): *Ciudad y escritura. Imaginario de la ciudad latinoamericana a las puertas del siglo XXI*. Leiden: Almenara.
— (2018): *Cuerpos ilegales. Sujeto, poder y escritura en América Latina*. Leiden: Almenara.
TOLENTINO, Adriana & TOMÉ, Patricia (eds.) (2017): *La gran pantalla dominicana. Miradas críticas al cine actual*. Leiden: Almenara.
VIZCARRA, Héctor Fernando (2015): *El enigma del texto ausente. Policial y metaficción en Latinoamérica*. Leiden: Almenara.